再不疯狂，我们就老了

韩寒三十年立了什么？

文正 著

台海出版社

图书在版编目（ＣＩＰ）数据

再不疯狂，我们就老了 / 文正著. -- 北京 ：台海
出版社，2016.4
ISBN 978-7-5168-0946-4

Ⅰ．①再… Ⅱ．①文… Ⅲ．①随笔－作品集－中国－
当代 Ⅳ．①I267.1

中国版本图书馆CIP数据核字(2016)第067644号

再不疯狂，我们就老了

著　　者：文　正			
责任编辑：晋璧东		封面设计：门乃婷	
版式设计：张丽珂		责任印制：蔡　旭	

出版发行：台海出版社
地址：北京市朝阳区劲松南路 1 号　　邮政编码：100021
电话：010-64041652（发行，邮购）
传真：010-84045799（总编室）
网址：http://www.taimeng.org.cn/thcbs/default.htm
E-mail: thcbs@126.com

经销：全国各地新华书店
印刷：北京建泰印刷有限公司
本书如有破损、缺页、装订错误，请与本社联系调换

开本：710×1000　1/16
字数：210千字
印张：18
版次：2016年5月第1版
印次：2016年5月第1次印刷
书号：ISBN 978-7-5168-0946-4
定价：39.80元

目录
Contents

自序 / 1

推荐序 为青春立传 / 3

评传摘录 / 6

第一章 天蓝年代 / 001

第二章 像少年啦飞驰 / 007

第三章 在松江二中的日子 / 019

第四章 一个人的复赛 / 027

第五章 走出"三重门" / 035

第六章 从报刊到央视 / 048

第七章 小镇生活 / 060

第八章 在北京漂移 / 070

第九章 通稿之乱 / 079

第十章 "我只是在探索" / 089

目录
Contents

第十一章　文坛的掘墓人 / 096

第十二章　狙击手单挑诗坛 / 109

第十三章　光荣日 / 121

第十四章　第一个年度总冠军 / 132

第十五章　很黄很暴力 / 140

第十六章　奥运前夕 / 147

第十七章　他的国度 / 160

第十八章　从中指到鸟巢 / 169

第十九章　封面上的"公民" / 178

第二十章　独唱没成团，成绝唱 / 187

第二十一章　浪人情歌 / 196

第二十二章　韩寒和流浪汉小说 / 203

第二十三章　像韩寒一样活着 / 216

第二十四章　如何走到"韩三篇" / 223

第二十五章　麦田是个守望者 / 237

第二十六章　光明与磊落 / 246

第二十七章　韩寒的高度 / 252

第二十八章　"其实我是一个作家" / 260

第二十九章　三十岁 / 269

后　记 / 274

自 序

　　《再不疯狂，我们就老了》是我三年前写的研究型韩寒评传。为了写这个评传，我搜集了两年资料，一稿写了整整半年。写传记不像写小说，不能想到哪里写到哪里，必须如实。拥有一万份材料，虽然不必都用上，但你却尽可能地都要看到，看得多了，才能找到你的视角。写完这本书，我深刻地体会到，可能传记是世间最劳神费力的文体了。写这个评传前，我的头发还郁郁如盖，写完后，已然秃秃似山。

　　完成二稿的那天，是2012年8月23日，刚好还有一个月，韩寒就30岁。我原本想将最后一章的标题改为"三十而立"，但转念一想，韩寒都已经"立"了很多年了。

　　对韩寒而言，早在他离开学校的时候，早在他拿到《三重门》版税的时候，他就已经自立了（虽然孔子的"立"并不完全是自立的意思）。那时候他还不到18岁。孔子说"三十而立，四十而不惑"，在韩寒身上，这些都要提前。经历方舟子质疑一事，他大概能"三十而不惑"了。

　　这是个很奇妙的事，很多东西仿佛冥冥中早已注定。"定数不是你生命的定数，而是一个时代的定数"，这句韩寒写在《长安乱》里的话，恰好在他身上得到了很好的印证。正如朋友所言，韩寒的每一步都踩到了时代的鼓点上，虽然他从未刻意强求。时势造英雄，韩寒有今天，自然与这个时代不无关系，但这个时代之所以选择了韩寒，自有其道理和必然性。上天仿佛对韩寒格外垂爱，要在他人生30岁的年龄上设置一道坎，给他一些磨难，让他在这磨难中更好地成长和成熟，"KO不了你的，也许让你更OK，没让你倒下的，也许让你更强大。"过去的十年，是最好的十年，也是最坏的十年，韩寒无疑是这十年里一道靓丽而耀眼的风景。

谨以此书献给那些读着韩寒的书长大的朋友，献给那些为韩寒这十余年来的精彩而感动的朋友，献给那些关心"方韩大战"真相的朋友。假如十多年前我没有接触韩寒的书，我可能不会喜欢上文学，也可能不会走进文学院。所以，谨以此书献给韩寒。请作为公众人物的韩寒允许我为其作此传记，以激励青少年一代，因为韩寒的故事充满着励志的传奇色彩。

为青春立传

2012年年底，那时我还在美国，借助QQ隔着千山万水指导本科生的毕业论文。在我需要指导的学生中，有一位名叫文正的，他突然在网上问我：老师，我可以用一本书做毕业论文吗？我吓了一跳，缓了缓神才说：当然可以！于是，我认识了文正，也读到了他长达三十万字的《再不疯狂，我们就老了》。

虽然我最终没有允许这本书成为文正的本科毕业论文，但我却绝对了解它对文正的意义，也绝对不敢小觑它的价值。韩寒，既像一位伙伴，又像一位导师，有时候又常常是精神偶像，他伴随着、指导着、招引着文正这一代人的成长。在文正的文章中，我常常会遭逢韩寒的影子，它拥有一种独特而神秘的气质，充满了向外奔突的青春力量。这种力量让我意识到，韩寒的成功绝非建构一种关于青春的想象或天才的范例，而是激励每一位青少年特立独行地扩张自己的梦想，坚守自己的个性，将一种叛逆与不羁内化于个体生命的深处，并在个体表述的每一处时空悄悄地释放它的威力。这样，"韩寒"就不再是他本人，而是如影随形，成为个体青春生命及其表征的一个重要部分。

从社会和文化的层面来看，"韩寒"可能很大程度上不再是个人奋斗的结果，而是商业化大众传媒时代的产物。但吊诡而又意味深长的是，"韩寒"既在这个时代如鱼得水左右逢源，又常常对这个时代的既定秩序冷嘲热讽左冲右杀。就文学叙述而言，"韩寒"注定不可忽视却又常常有意被忽视；评论家试图将之纳入历史叙述的惯性，却往往发现"韩寒"给历史叙述的企图带来了难度，构成了颠覆性的力量。可任何人又不得不承认，"韩寒"及"韩寒现象"所包含的文学、教育、社会、经济乃至政治等多重意蕴使其某种程度上成为了深度介入或破解我们当下时代奥秘的符码，具有极为特殊也极为重要的意义。

在个体与文化的双重视野中，且以当下的韩寒研究为背景，方能认识文正《再不疯狂，我们就老了》的重要价值和文化意义。

首先，《再不疯狂，我们就老了》是目前我目力所及最为详尽、最为全面、最为系统、最为客观的真正的"韩寒评传"。作者搜集任何一则与韩寒有关的材料，不厌其多。他对韩寒材料的占有超乎人的想象，这样对材料一网打尽式的搜集，没有长年累月的工夫是难以实现的。单从材料的占有上来看，本书就具有了无与伦比的优势，它不仅能为我们深入、全面、细致地认识韩寒提供依据，也能为文化界推进韩寒研究奉献参照。

其次，尤令人赞赏的是，《再不疯狂，我们就老了》试图以这些材料为基础还原韩寒成长轨迹的每一个细节。作者深知传记写作的真义，在全面占有资料的基础上，将这些资料进行系统性的整理，将材料作为开启韩寒成长大门的钥匙，力图将韩寒的每一个成长历程用细节一一还原出来。读完这本书，一个活灵活现、血肉丰满、痛苦反抗却又飞速成长的韩寒形象就浮现在眼前了。这是最能显出传记作者多功力之处，也是传记的核心价值之所在。

再次，对文正而言，他并不过多关心韩寒的"符号"意义，而更愿意将他视作"小伙伴"，拉回日常生活，感知他的体温，激活他的血脉，使与韩寒有关的一切的一切都生动起来、鲜活起来、丰满起来。我们在这本书里看到的，是一个普普通通的少年的成长史，它伴随着探索和追求，同时也充满了迷茫和感伤；它闪耀着鲜花和桂冠的芳泽，其内里却渗透着难以言说的辛酸与苍凉。正是基于"人"的丰富性与复杂性，文正笔下的"韩寒"具有了一定程度的深刻性。

文正告诉我，这本书他写了好几年，出版也颇费周折。当他觉得出版无望的时候，我却从未失去对它的信心。在这个时代，粗制滥造的文化产品虽然大行其道，但呕心沥血的精品绝不会被埋没，也会得到传主（比如本书主角韩寒）的认可与接纳。从古至今，公众人物的人生历史总会有热心人为其打理成章。如今，这本书就要面世了，它的出版，不仅是关注韩寒的人们的渴盼，也是韩寒研究持续深入的结果。我相信，对韩寒而言，像他人生的诸多印记一样，这本书的出版也会成为他成长历程中一个具有非常意义的大事件。

文正写这本书的时候还是学生，如今已为人师表。时光匆匆走过，却永远带不走青春的悸动和印痕。文正写韩寒，也是在寻找和确证自己。他为韩寒立传，也为自己立传；更为重要的是，他为所有正在怒放的独一无二的青春，留下了一份珍贵而永恒的集体记忆。

是为序。

李跃力

文学博士

陕西师范大学文学院副教授

评传摘录

1. 所谓天才，不过是在某方面有着一点天份和执着，再加上若干后天事件共同铸造的产物。没有人生下来就会说话。某些人抓住韩寒三年级的一篇短作文，评论说根本看不出文学天才的影子，这实在是无稽之论。（第一章）

2. 作家写文章，都是"取一点因由，随意点染"，事实只是"因由"，而文章之所以成为文学作品，关键还在"点染"上。事实是为创作服务的，而不是用创作来说明事实……作家要赞美一件事物，它便会比事物本身更美；同理，作家要批判一样东西，它便会比东西本身更丑。（第三章）

3. 到《1988》为止，韩寒的创作大致可以分为三个阶段，第一阶段的作品包括：《三重门》《零下一度》《像少年啦飞驰》，高峰是《三重门》，这是模仿期。第二阶段的作品包括：《通稿2003》《长安乱》《就这么漂来漂去》《一座城池》《光荣日》，高峰是《长安乱》，此为风格形成期。第三个阶段的作品包括：《杂的文》《他的国》《可爱的洪水猛兽》《1988》《青春》，高峰是《1988》，此为走向成熟期。（第九章）

4. 我觉得区别炒作和非炒作的方法是：你做这件事，是不是出于自己内心真实的想法，如果是违背本心去制造一条假新闻以抬高自己的知名度，那这肯定是炒作；如果是出于自己内心所想，那不能简单地用炒作视之，因为表达是人类忠实的欲望，你们还让不让人表达了啊？（第十一章）

5. 如果说韩寒的文章是西南辣椒，辣而有味，辣得你爽，有益脾胃；那郭敬明的文章就是厦门甜点，很多小女生很喜欢；而张一一的书，首先对你夸夸其谈，各种菜谱上的佳肴都齐了，搞得像满汉全席，等你问他要菜，他手向菜单一指："在那。"所以，你炒作也罢，最关键的，还是要仓库里有货，巧妇难为无米之炊。（第十二章）

6. 经典既不是专家努出来的，也不是天才蒙出来的，而是天才努出来的。（第十三章）

7. 在韩寒眼里，根本没有论敌一说，这些所谓的论敌不过是他发表观点的载体，以此形成一种一来一去的讨论氛围，因为只有这样，观点才播撒得更远。（第十七章）

8. 有韩寒文章中的观点和想法的人不只韩寒一个，有韩寒相当文笔的也不只韩寒一个，能够坚持用文章发表自己所见所思所想的也不只韩寒一个，但能够将这三者完美集于一身的，我虽然不敢断定只有韩寒一个，但无疑是少之又少，再加之韩寒生逢其时，机遇加上天赋再加上努力，造就了今天的韩寒。（第十七章）

9. 似乎作家大都这样，喜欢向人展示"天才"的一面，而不喜欢展示自己努力的一面，因为人们从来不太喜欢苦吟的诗人。（第十八章）

10. 跟大多数男人一样，韩寒也爱美女，不同的也许只是，有的男人满嘴仁义道德一肚子男盗女娼，而韩寒真实地展现了自己所爱。也许他这方面的观念与大家不同，也可能是，你本有这些念想，只是你没能力去实践。（第二十一章）

11. 我认为，《1988》是韩寒迄今为止最好的小说，如果说《他的国》让韩寒的小说看起来像小说了，那在《1988》里，韩寒让小说变得精彩而精致。时间会证明这是一部经典之作。小说不长，就像昆德拉的《身份》一样，虽然《1988》不及昆德拉《不能承受的生命之轻》深刻与厚重，但与《身份》相比，《1988》毫不逊色。（第二十二章）

12. 韩寒的小说，自《三重门》之后，另外的6本小说全部可以囊括在"流浪汉小说"麾下……韩寒退学从事赛车事业，在全国各地，甚至还要出国比赛，这些到各地比赛的经历，与其说是比赛本身的需要，不如说它们正是韩寒写作"流浪汉小说"素材的来源。这些"流浪"比赛的经历，增加了韩寒的阅历，丰富了韩寒的见识，而韩寒也以此为契机，开始了一系列"流浪汉小说"的探索。（第二十二章）

13. 韩寒15岁开始发表文章，到跨过30岁，十几年之间，韩寒在成长，文章也在成长，作品参差不齐是很正常的。你不能拿他16岁时候写的作品去评价他的文学水平，就像你不能拿《摩罗诗力说》去评价鲁迅的文学水准一样。（第二十八章）

14. 韩寒的自我认同是什么，或者说韩寒最希望被大家认可的身份是什么？还是作家。韩寒先前之所以一直称自己是"作家"，那是因为他对作家这个身份太看重了。和冯唐类似，作家在他心里也有一根金线，那是他自己的金线，他不拿它去丈量别人，但是他却用它丈量自己。（第二十九章）

第一章 / 天蓝年代

之所以称小时候叫天蓝年代，是因为记忆里那时很少下雨，总是蓝天白云……

——韩寒：《兄弟成长于天蓝年代》

上海市金山区①东北角有一个古镇，叫亭林镇，旧有"亭林八景"，这里历史悠久，民风淳朴。在亭林镇东村13组，1982年9月23日这天早晨，一阵响亮的哭声，一个叫"韩寒"的男孩出生了。与别的孩子不同，这个孩子早早地有了自己的名字，早到他还是负岁的时候，他（她）便叫"韩寒"。这源自孩子的父亲韩仁均，因为他是一个文学爱好者，曾在报刊的角落里发表过一些豆腐块文章，笔名"韩寒"，韩仁均显然对此不过瘾，他对"韩寒"二字情有独钟，决定把它用在自己将来的孩子身上。

---

① "1997年5月12日，原金山县与石化地区、石化实业公司联合建政，撤县建区。"——韩仁均《儿子韩寒》。

关于刚出生时候的韩寒，其父韩仁均是这样描述的："别看韩寒现在像模像样，但当时襁褓中的韩寒皮肤绯红，双眼紧闭，而且鼻梁也似乎有点塌，整个儿一个丑小鸭……就像当初我们和谁家换错了一个婴儿似的，韩寒也真的越长越'顺眼'了……后来，当人们知道韩寒不是生于寒冷的冬天而是生于气候适宜的秋天后，又问我：'韩寒'是什么意思？为什么叫'寒'？我说没什么意思，只是好记、好叫……"要是30年后那些喜好"质疑"的人们再不人道点，完全可以纠缠说韩寒不是韩仁均的儿子，哪有父亲不知道儿子名字意思的，哪有外貌前后相差这么大的，孩子到底是谁的！

韩寒的童年便是在亭东村度过的，这里广阔的天地造就了他以后一向无拘无束的性格。韩寒是幸运的，在经济高速发展的上海，他有幸赶在了出生地还没被城市化的年代来到了这个世界。作为上海郊区的农村，这里的发展远远高于全国农村的平均水平。当落后地区的农村孩子还在玩弹弓的时候，韩寒已耍上了玩具手枪；当落后地区的农村孩子还在乘板板车的时候，韩寒已骑上了自行车。韩寒从小就喜欢骑自行车，小时候练就的车技到长大后还很受用。但亭东村还是比较具有村野气息的，韩寒在这里还可以钓龙虾、玩"皮球"、挖竹笋，这些爱好一直保存至今。韩寒后来在比赛的间隙常常跑回老家钓龙虾，当获得美国《时代》杂志影响世界百位人物时，他还调侃说自己正在乡下挖竹笋。

正是这样的乡村培养了韩寒后来经常强调的"情怀"，这种情怀对于今天生长在城市的人来说是很难体会到的。出生在城市的孩子，像囚犯一样锁在百平方米的房子里，自顾自玩着各种高科技玩具，甚至连大杂院长大的王朔也比他们幸福。在英国人类学家莫里斯看来，人的退化是从城市开始的，他把城市看作"人类的动物园"。相对他们，韩寒的童年生活更像是一个充满乐趣的"百草园"。

村里和韩寒一块长大的有晓峰、春峰、春平、伟弟、沈超、澄澄，他们一块打弹子、钓龙虾、看《葫芦兄弟》，在村小学的矮篮筐里练习投篮，把《忍者神龟》《圣斗士星矢》的剧情重新演绎。这是20世纪80年代出生的一代人的集体记忆，只是很多人差不多都忘记了，唯有在高速旋转的城市疲劳奔波的间隙才偶尔怀念起，或者在多年后重逢当年的玩伴时笑谈起。与我们不同，这些儿童时的玩伴改头换面后常常出现在韩寒的文章和小说里，甚至是MV中，所以当我们阅读《像少年啦飞驰》《1988》这些小说的时候，看到的那些真实可感的童年描写，正是来源于韩寒自己的经历。

除了这些，韩寒小时候的另一玩伴是狗。韩寒和他母亲都属狗，他们都很喜欢狗，先后养过8条狗：一只小黄狗、不太漂亮的小花狗、不能称为黑狗又不像花狗的小狗、在街上花200元买下的一条可怜的病狗、袖珍小狗、漂亮的斑点小狗、金黄猎犬木木、金毛憨憨。此外，韩寒还时常暂时收留一些流浪狗，比如那只"红白来的狗"。在这些狗中，韩寒最喜欢的是木木，他曾经还萌生过写一本书叫《不死的木木》，不想木木死了，死于"韩白之争"期间。韩寒托父亲把它接回几十公里外的亭林老家安葬。韩寒现在的博客头像就是木木，这是后话。

韩寒在童年时期投入很深感情的一只狗，就是家里养的第一只狗。那时候韩寒还在念小学低年级，放学回家便牵着它玩耍，"在村里走来走去，爱不释手"。后来小黄狗误吃老鼠药死了，韩寒大哭一场，要父母好好埋葬小黄狗，让它入土为安。

从养狗的经历中，可以看到韩寒的情怀和爱心是从小就养成的，所以韩寒在杂文或是小说中体现出的悲天悯人，其实在很小的时候就已经扎下根基了。韩寒的文章表面风格常给一些初读他文字的读者"盛气凌人"的错觉，读者如要在文章中体味温暖与爱，需要一颗同样具备情怀的心。正如我一个朋友说的："韩寒就是太善良了。"

在这样的乡村生活中，或许再加之本性使然，韩寒还养成了一些后来为人诟病的自由散漫的作风，对自己不感兴趣的事物全然提不起兴趣，丢三落四，东西往家里随便一扔，玩具在哪里玩就忘在哪里。这也使他和爱整洁的母亲之间发生了一些小矛盾，上高中后成为室友"讨伐"的对象，因为他常常因毛巾挂歪了导致寝室文明分被扣。自己独立出去以后，还在钱包里写字条让捡到的人归还钱包（他写道"钱尽管拿去，而且还可额外加一部分，因为钱包里的证件对我太重要了"）。韩寒的这些性格让他不适合过集体生活，他与规则、体制决裂的根，也许早在那时就埋下了。因这散漫的性格，韩寒与规则第一次打交道就把"官"弄丢了，这是需要展开来说的。

1987年2月13日，韩寒进入幼儿园。

1989年9月，即将9岁的韩寒进入了亭林镇中心小学。与后来的情况不同，韩寒小时候很讨老师的喜欢。他思维活跃，知识面相对同龄人较广——韩寒在初识汉字以后，就常常熬夜看《故事大王》等刊物，并且还在《故事大王》和《故事会》上发表过几则小幽默笑话。这些知识的积累以及天生不服输、求真的性格，使他居然敢在一次考试后指出老师把自己的卷子批改错了，并且当场翻出《新华字典》作证说"一座桥"也可以写成"一坐桥"的，所以自己的语文成绩不是99分，而应该是100分。老师自然对他大大鼓励了一番。

韩寒小学时品学兼优，还当过三好学生。当然，这并非现在城市里的小孩被迫接受的那种填鸭式教育的结果。韩寒没有被家人要求去学钢琴、舞蹈之类的课外班，他的学习都是自由和兴趣式的，看书也只是爱好而已，就如同我们在一张照片中看到的那样，他7岁时就已经用粉笔在地上练习写字了。尽管后来他一度调侃说他字写得好是因为抄《中学生日常行为规范》抄出来的，但我们却不可忽略掉这从小的启蒙与训练。

家长为小韩寒唯一报的兴趣班是摄影，跟着学校的翁老师学习，而这也是韩寒父母发现他确实对此感兴趣才做出的决定。韩寒跟着翁老师学光圈、速度、用光、构图，拍掉了不少胶卷。这个摄影爱好持续了下去，以至于后来还发展成韩寒导演MV的行动。长大后的韩寒也很喜欢看电影，所以我们现在无法确认韩寒小说中所展现的犹如电影似的一幕幕情节，到底是受了看电影的影响，还是小时候对摄影的痴迷已经埋藏着影响日后文学叙事的因子。

　　事实上，没有一个人能否定童年的生活对自己将来的影响，谁敢说小时候画鸡蛋与达·芬奇后来成为一个画家没有关系；康定斯将自己早年对音乐的喜爱融入绘画中，获得了"画音乐"的美誉；《狼图腾》的作者姜戎把自己小时候学绘画的经验用在小说的描写上，以至于小说色彩感强烈，被李小江教授称作"写绘画"；导演费里尼和托纳多雷不约而同地将童年记忆搬进自己的电影里，才有了《阿玛柯德》和《天堂电影院》。可以说，韩寒的童年离不开环境教育，离不开老师和家长的教育，特别是后者，他有一个开明而有爱心的父亲，有一个能写一手好字和好文章的父亲，有一个注重培养儿子心理承受能力的父亲。若干年后，已为人父的韩寒在文章中写道："自己也要向父亲学习，如何做女儿的好父亲。"

　　作为父亲的韩仁均对儿子韩寒的影响是不可估量的，尽管后来韩寒无论是写字还是作文都已经青出于蓝而胜于蓝。至于韩寒在什么时候表现出文学的"天才"，这已不太可考。其实所谓天才，不过是在某方面有着一点天份和执着，再加上若干后天事件共同铸造的产物。没有人生下来就会说话。某些人抓住韩寒三年级的一篇短作文，评论说根本看不出文学天才的影子，这实在是无稽之论。尽管我们已经可以从这篇作文中看出韩寒不服输的气概，但韩寒关于创作的冲动还没被激发呢，创作的因子还隐藏在体内呢，看的书大多都还是童话呢。

　　由于小学时候韩寒的成绩还不错（虽然由于粗心从来没考过双百分），因此在一次班委选举中，他理所当然地成为候选人之一。韩寒自己参选的是班长一职，当时选班长的还有另一名同学。最终的结果是韩寒全票通过，而那个同学却比韩寒少了一票。很显然，韩寒自己也给自己投了一票。老师认为这孩子不谦虚，哪有自己给自己投票的道理，于是改让韩寒做学习委员，那个同学当了班长。可韩寒的学委一职也没当多久，由于他的粗心大意，他把小组长们交给他的作业本忘在了抽屉里好几天。于是老师借"停职察看"，免了韩寒的职。第一次做"官"的韩寒就这么把"官"弄丢了。

老师认为韩寒不够谦虚，这算是预见对了。后来上初中的事实证明，他确实是不够谦虚，而且是非常不谦虚：有一天，韩寒看着图书馆的书，信心满满地对父亲说："这些书我也能写，而且比他们写得好。"

第二章 / 像少年啦飞驰

> 自从我懂事以后就对每所我念过的学校充满失望。而更令人失望的是，在我进那学校之前，总是对它们充满希望。
>
> ——韩寒：《像少年啦飞驰》

韩寒的父亲韩仁均是1957年出生，4年中学①读完后在村里务农。1977年恢复高考后他参加了考试，被华东师范大学中文系录取。刚进校还没开课就在体检中查出患有乙型肝炎，按当时的规定，他要在学校的医务室里隔离，每隔一段时间查一次。10个月后，他的检验结果还是肝炎，于是被劝退学。"因为大家都'谈肝色变'，我在病房里也很识相，所以还没来得及认识一个同学就离开了学校。"

因为韩仁钧是考取过大学的，回到家乡被安排到亭新公社的文化站工

---

① 当时还不分初高中，中学总共4年，叫中一、中二、中三、中四。

作。这个时期陆陆续续写了些故事及散文发表在上海的《故事会》等刊物上，但只是少数几篇才用笔名"韩寒"，大多数文章还是用的自己的名字。韩寒出生那年国家开设了高等教育自学考试，韩仁均毅然选择了华东师大中文专业的考试，两年半后，拿到了华东师大的自学考试专科毕业证书。有了这个文凭，在1985年文化站转体制时，户口从农村迁到了城镇，到1994年年底，金山区要办《金山周报》时把他调了过去。

其时韩寒的小学生涯也接近了尾声，韩仁均就交了几千块钱的借读费，将韩寒转到了位于县城朱泾、教学质量等各方面都比较好的罗星中学就读。跟中国所有的家长一样，韩仁均有所考虑：一方面是罗星中学学生进入市重点高中的比率高；另一方面则是想让韩寒和县里读书的尖子生搞好人际关系，这对将来韩寒出来工作可能会有所帮助。

1995年9月，韩寒正式到罗星中学就读。差不多与此同时，为了照顾韩寒读书，韩仁均一家举家搬到朱泾。开始的时候借住在亲戚的空房子里。房子很小，只有一间，而且没有卫生设施。不光他们的房子没有，这一片老房居民区都没有，所以一到早上，公厕的门口就排成了长龙。韩寒则常常抱着忍到学校解决的态度，并自嘲"忍是一种美德"。后来，我们看到《长安乱》中对茅坑和"忍"乐此不疲地描写，或许就是来源于这段记忆。

对于罗星中学，我们可以从《三重门》开篇的这句话中大致看到它的影子："那学校门口'先进单位'的牌子都挂不下了，恨不得用奖状铺地。"让人意想不到的是，韩寒读的还是尖子班之一的初一（14）班（共4个尖子班，10个普通班）。进去时摸底考试，韩寒3科共考了273分，平均91分一门。韩寒心想还不错，可以进前十了，结果成绩单出来，排在42名，而全班只有54个学生。韩寒倍受打击，好在不久后语文课的第一篇作文《我》为他找回了一点信心，这篇自我介绍的作文得到了语文老师也是当时任学校副校长的彭老师的高度赞扬。

初到县城的韩寒，对那里的生活还不是很适应，周末常常回老家玩。好在他兴趣广泛，除了看各种各样的书，他此时已经开始接触《南方周末》，还踢得一脚好球。更重要的是，他初二时已经注意到了隔壁13班的一个女生。他的注意力为什么不在自己班而在隔壁班，并不是因为自己班的女生不好看，12年后的一次同学聚会后，韩寒还在博客里开玩笑说："依照现在我见过的许多美景和许多美女的标准来看，我们班级的女同学还是普遍很漂亮的。"那为什么非要看上隔壁班的呢？自然是因为"爱情这个东西很奇妙，也很奇怪，很难言说"。但韩寒还是不无调侃地说："当时我信奉'兔子不吃窝边草'，然后老师为了更好地监控我，又把我的座位安排在第一排，所以'好马不吃回头草'。"到后来，韩寒和这个女生之间故事发展的版本就已经有点像《三重门》里的林雨翔和Susan了。韩寒的这次恋爱几乎全校皆知，因为那女生和Susan一样，成绩好，人又长得漂亮，是班花。

也是在初二的时候，学校开运动会，韩寒班里报800米长跑的同学突然身体不适，跑不了了，这时班主任找到韩寒让他顶上去。在前一天还因罚站四节课双腿麻木的韩寒，在毫无准备的情况下居然一路领先。叙述到这里，便出现了两个版本：一个是其父韩仁均在《一个人的潜力》中写的"一路领先，跑了全校第一名"；另一个是韩寒在一次访谈节目里说的，内容更加波折玄乎：韩寒以第一名的位置跑完了两圈，便兴奋地冲过去跟同学相拥而庆，这时旁边的同学才告诉他比赛还没完呢，因为这个跑道非标准的400米跑道，只有250米，所以还有一圈多。此时后面的同学已经纷纷从韩寒身边超了过去。在大家都认为毫无希望的情况下，韩寒以百米冲刺的速度迅速追上了前面所有的同学，再次领先获得第一名，并一举打破了800米校纪录。到底哪个更真实一些呢？其实两者都有可能，后面一种看着玄乎，但你只要联想到后来韩寒长跑的壮举就不难相信了。但有人认为，因为这是韩寒在一个电视节目中叙述的，且韩寒是一个作家，很有可能采用了文学的修饰以助长听众的兴致。

韩寒作为长跑运动员的潜质就这样戏剧性地被发掘了出来。在同年罗星中学的运动会上，韩寒参加1500米长跑又破了校纪录。班上用班费奖励了他两张专辑，一张是范晓萱的《你的甜蜜》，还有一张是张信哲的《挚爱》。这差不多也是韩寒最早接触的流行音乐。在1998年金山区举行的全区中学生3000米迎春长跑比赛中，韩寒获得了全区男子组中学生第一名。因为跑步路段是区政府所在地的杭州湾畔的石化海塘公路上，韩寒还不无幽默地说："那种地方挺适合长跑，跑累了，看一眼无际的海，朝前继续跑。"正是这项无意中被发掘的长跑能力，后来在他进入松江二中的征途中起了关键性的作用。

但是，韩寒并没有继续发展这项特长，自古文武难双全，韩寒无疑是做到了，尤其是在"武"，韩寒离开学校以后虽说没继续开发长跑，却开发了另一项体育赛事——赛车，并获得冠军。评判文学好坏的标准各种各样，就像韩寒后来在一篇文章中说的，不像赛车，谁开在前面决定一切。然而让人没有想到的是，若干年后，竟有人说赛车不环保，嚷着要和韩寒比试跑步，一不小心又撞在了别人的另一个强项上。

也是在初二的时候，大概春节前后，韩仁均带韩寒去县图书馆办了个借书证，因为"韩寒对课外书籍的涉猎越来越广泛，我们这点工资远远满足不了他买书的要求"（韩仁均）。至于韩寒这期间看了些什么书，除了初一就看了一遍、后来又反复阅读的《围城》，其他已无从可考。肯定比一般中学生看的书多，但远没有他文章中涉及的书名那么多。原因很简单，跟很多爱好文学的少年一样，韩寒也有一个自己的摘抄本，这个摘抄本除了摘抄自己看的书本身的内容，还摘抄看的书中引用的别的作家的语句，而且以后者为甚。加之韩寒喜欢看的书多为民国时期的，那时期书的注释是比较多的，所以可以想见韩寒这个神奇的摘抄本摘了多少东西。

其实，使用摘抄本在作家中是比较普遍的，比如周国平曾出版过一本书叫《风中的纸屑》，透露这本书里的内容大多是自己平时用小纸片记录的一些零星的思想片段。更为显著的例子发生在贾平凹身上，该作家随身携带一个小本子，随时记录自己看到和听到的一些语句或段子，在文化界引为美谈。甚至在他的小说《废都》里，主人公庄之蝶常常和一帮文化界人士开座谈会，席间大家畅所欲言，但常常出现的情况是，在某个作家讲了一席话后提醒其他人："刚才我说的你们可不能写进文章里，我自己要用的。"

一些人搜集了韩寒早期文章里引用的书目，并据此得出数量之大根本不可能是一个中学生能够阅读完的。这是一个多大的逻辑陷阱啊。作为理科生的某些人完全没有想到写文章居然还有这一招，更不知道这在文学少年中间尤为普遍。少年皆爱扮成熟，装博学，文学少年扮成熟装博学的方法就是摘抄本，写文章的时候把自己摘抄本上的内容用进去。这其实是很容易的，让文章稍微拐一下弯就是了，而且有的时候更甚，就像后来韩寒回忆的："别人是为了写文章而引用，我是为了引用而写文章。"而且，如果更聪明的话，你完全可以买几本工具书，随时把工具书上的内容用进自己的文章里去。这招在现在的大学生中也存在，比如购买几本《后现代理论百科全书》《中西方哲学辞典》《中外作家词典》，在写论文的时候把词典里的东西往自己论文里塞。写文章和论文不同的一点就是，不必为自己的每一处引用详细注释，只需引用作家名和书名来吓倒别人就行了。现在大家拿引用之多来质疑有人代笔，正说明了你们被这种"假装的博学"骗过去了，被一个聪明的少年骗过去了。

那个年代用"摘抄本"写文章的少年很多，但毕竟最终只出来了一个韩寒，这说明即便是相同的方法，也有做得好与不好之分。作为同一方法的过来人，我不得不说，不到15岁的少年韩寒在这方面做得是相当成功的。初中时期的代表之作就是《书店》。

话说韩寒在金山区图书馆看了一些少儿报刊上的文章后，认为那些文章写得太烂太幼稚，自己完全可以写得比他们好。于是，1997年的整个3月份（这时候是初二第二学期），韩寒一连写了十多篇短篇小说、散文，大部分都寄了出去，连底稿也没留，有的石沉大海，有的发表了。最先等到的是江苏《少年文艺》编辑饶雪漫的回音，说《弯弯柳月河》（后来收在《零下一度》的时候改名《傻子》）准备刊用。据若干年后饶雪漫回忆，当时《少年文艺》杂志社正在进行人员调整，韩寒的稿件与别的稿件一起散落在地，饶雪漫刚刚来到杂志社，见地上有未拆封的稿件，便拆开来看，这一拆，拆开了一个少年通往写作殿堂的大门。

《弯弯柳月河》发表后[①]，韩寒很高兴，去外面吃了一顿自我祝贺。这种高兴是刻骨铭心的。我想起自己第一次发表文章后的情境，当时是收到一个信封，信封里除了一张汇款单什么都没有。但这已足够让我高兴了，高兴的倒不是汇款单上写明的那120块钱，而是自己的文章终于发表了。我把那120块钱从邮局取出来，用纸包好，放在衣柜的最深处，并对自己说："不到下一次拿到稿费，我坚决不用这120元。"可是我等待下一次发表文章的时间实在是有点漫长，等到没钱花了，终于忍不住拿出了这120元当生活费。

韩寒比我幸运，很快（两个月后，9月刊）他的第二篇文章《书店》也发表了，并且还附了《少年文艺》编辑的简评："把自己的笔瞄准了书籍出版中的弊端，用少年纯真明亮的眸子，透视出当代图书种种可笑可悲之处，毫不留情地将其中的荒谬乖戾、欺骗人、蛊惑人之处揭示出来。在写法上，借用了杂文常用的勾勒形象、比喻、夸张、幽默嘲讽等手法，把漂亮外表下的种种花招解剖得淋漓尽致，思想开阔，想象丰富，随手拈来，左右逢源，辛辣

---

① 发表于1997年江苏版的《少年文艺》7月刊上，这是韩寒的文章第一次变成铅块字。

老到，冷峻犀利，让对手在狼狈中无处可逃……"可谓极尽扬誉之辞。

在韩寒寄出去的文章里，还有几篇发表在广东的《少年少女》、上海少儿出版社的《少年文艺》等刊物上，其中在《少年文艺》1997年12月号发表的小小说《新老师》还获得了当年度该刊的好作品奖。

1997年3月是不是韩寒第一次创作文章？韩寒没明确说，但我的看法是，不是的。前文已经说过韩寒有一个摘抄本，那韩寒在3月以前就有零星的创作了。韩仁均在《儿子韩寒》中写道，韩寒是看到图书馆里同龄人的创作才激发了创作的信心，我想充其量也不过是激发韩寒创作的原因之一。

一些人说一个月创作10多篇文章不可能。可大家难道没有听说过文学史上著名的"波洛金诺之秋"么？普希金因霍乱滞留在父亲的领地波洛金诺，在三个月里创作了长篇小说《叶普盖尼·奥尼金》，完成了《别尔金小说集》（包括《射击》《暴风雨》《棺材匠》《村姑小姐》和《驿站长》），写成了《石客》《吝啬的骑士》《莫扎特与沙列里》《瘟疫流行日子的宴会》四部悲剧，另外还有几十首抒情诗和一些评论。可以说没有在波洛金诺的这三个月，就没有后来的普希金。相较普希金，韩寒一个月创作的那十多篇文章算得了什么，平均下来一天也就一千多字，任何一个写作爱好者，甚至兴许没这爱好的人都能完成。

那为什么写了这10多篇文章以后就很长时间不写了呢？我想有过写作经历的人都清楚，拿我自己来说，有一次我用10天完成了一部12万字小说后，基本上两年多来我就很少写东西了，至少没再完整写过小说，原因很简单，疲倦了，甚至厌倦了，就仿佛疯狂之后总是要有睡眠的。当然还有一个原因，尽管韩寒的文章发表了一些，但那毕竟是寄出去半年以后的事了，在这之前完全没底。一个人写作不能发表是很难坚持写下去的，我们常见的例子就是多年以后，当年的文青已经去搞学术或者"泯然众人矣"。另外，还有一个原因，那就是韩寒进入初三了，中考渐近了。

　　平心而论，在这些发表的文章中，除了《书店》较有思想和较成熟一些，其他的基本上还属于少儿习作，还很稚嫩。所以，一些人称这些发表的文章是韩仁均写的。然而一个成年人就算文笔再差，也绝对写不出那些如此稚幼的文章，这种文章恰恰只有韩寒那个年龄段的人才能写得出来。

　　相对于人们对《书店》一文的赏识，当时韩寒的班主任对此文并不感冒，或者说严重感冒，说《书店》一文恶心，文笔下流。这大概就是中年人所特有的感觉使然了。其实，这也正说明了此文非某些人指出的是所谓的中年男子所写，因为中年男子即便有此种猥琐嗜好也不会写在文章里。更何况，中年人对这些所谓的"黄"已经习以为常，并没有懵懂少年看世界时那般敏感，而且中年人出于世俗压力，没有谁愿意表现自己的猥琐。而敢作敢为的少年韩寒，他才不管那么多，甚至为了装成熟，为了凸显效果，他还要极尽夸张之能事，把事情往"黑"了说。可能在常人的眼光里，初中生应该是阳光的，所以尽管《书店》一文获得了编辑那么多的赞词，而当年的优秀少儿习作奖却还是颁给了韩寒的另一篇小说《弯弯柳月河》。韩寒自然对老师的评价很气愤，当即宣称："今后一百年里，我们初中部没有一篇文章可以超过我韩某人。"

　　韩寒这种不服输、不低头的性格自然将他与老师的关系推向冰点，一度被老师孤立，孤立的办法就是把他的位置弄到讲台边上。那位置其实已经不是第一排了，比第一排还超前呢，差不多与老师"平起平坐"了。这不光伤害了学生的自尊心，对视力也是严重有害的。好在韩寒眼睛质量可靠，只落下个轻度近视。

　　但其实此时韩寒的成绩还不算差，虽然在班上处于中下，但由于是尖子班，所以从全年级总体来看是中偏上的，初三一次数学测试居然还拿了满分。当时的数学老师就产生了怀疑，因为韩寒平时的数学成绩也就七八十分。就如同现在的网友们希望把韩寒关在一个小屋子里让他单独写命题作文，当时老师的办法是把韩寒叫到办公室让他重做一遍。可想而知，当时的韩寒忍着多大的愤怒，因为这意味着对一个人人格的不尊重。韩寒强按下胸中的怒火，答起了卷子。那卷子有个地方印得不是很清楚，韩寒就问老师那里是什么。老师说："你做过的都不知道啊！"便通过这样一种逻辑断定韩寒之前的卷子是抄袭的。这个老师的逻辑是存在问题的。这个逻辑推断掺杂了个人感情，即"我首先断定你是抄的，其次我还不喜欢你这个人"。这种有罪推论再加上感情色彩的论证，甚至还不管韩寒再次答卷的结果，只是一个劲儿地说："你就是抄的，你就是抄的，你就是抄的嘛。"

可以想见，韩寒多年后还对学校教育耿耿于怀，这恨之根是多么早就埋下了，而且在与日俱增。这期间的一些事情对增进这种恨又起到了推动作用，这里主要讲述两件事。

据韩仁均说，老师向家长告韩寒的"状"是家常便饭。有一天，韩仁均正准备去上班，接到了学校老师打来的电话，无非是说韩寒作业没交什么的。每当韩仁均看到学校来的电话就很不是滋味，你让一个父亲老是听到自己儿子昨天今天怎么怎么不好，而且听得多了，火气是难免的。但是又不能对老师发作，所以大老远赶到学校，只好把火都发到了韩寒身上。韩仁均说自己当时失去了理智，"不问青红皂白，就是一顿拳打脚踢"，并说，"也许，韩寒会为这件事记恨我一辈子；也许他会理解一个父亲的苦衷，因为他明白老师是不能直接打学生的，只能'借刀杀人'叫家长过来，而家长过来的目的自然不是来做客而是要教训子女。"这是一个父亲的辛酸之言，我甚至暗自猜测韩仁均先生是含泪写下这些文字的。

但我想，韩寒会原谅他父亲的，或许早已原谅了。韩寒在小说《像少年啦飞驰》和《通稿2003》里都有以类似的经历作为依据的描述，我们不妨来看看。《像少年啦飞驰》开头不久就有这样几个段落：

这年冬天的一个上午，铁牛去上课时，发现牛爹已经在教室里等候。同时还有陈露她爹，铁牛本来要逃，结果发现站着的陈露已经发现，只好也站住，姓刘的班主任生平第一次热情地召唤铁牛进来。刚跨进教室，铁牛的爹就一脚飞踹，让铁牛刚才那几步白走了。

我的刘班主任，外表和内在一样虚伪，她的口头禅是："×××，叫你的家长来一趟。"因为她仅存的师德告诉她，亲手打学生是一件麻烦的事情。所以她要做的是将这个任务下放给各个学生的家长。因为目的是一样的，结果也是一样的，而且自己还省下力气，可以有时间构思下一个挨打者是谁。

然后发生的事情可以预见了，这两个家长匆匆赶来，各踹自己的儿子几脚。姓刘的说："你们要注意抓孩子的思想品德啊，否则我们班级的分数就被你们扣光了。要培养他们的集体荣誉感。"而事实是，每个学期拿到班级评比第一名的班主任可以加奖金500块。

在《通告2003》里则是这样写的：

我上学的时候教师最厉害的一招是"叫你的家长来一趟"。我觉得这句话其实是很可笑的，首先连个未成年人都教育不了居然要去教育成年人？而且我觉得学生有这样那样的错误，学校和教师的责任应该大于家长和学生本人，有天大的事情打个电话就可以了，还要家长上班请假亲自来一趟，这就过分了。一些家长请假坐几个钟头的车过来原以为自己孩子杀了人了，结果问下来是毛巾没挂好导致寝室扣分了。听到这样的事情，如果我是家长的话，我肯定得把叫我来的那老师揍一顿，但是不行啊。第一，自己孩子还要混下去啊；第二，就算豁出去了，办公室里也全是老师，人数上肯定

吃亏。但是怒气一定要发泄，所以只能先把自己孩子揍一顿解解气
了。这样的话，其实叫你来一趟的目的就达到了。

一些读者在看了《通稿2003》和《像少年啦飞驰》这两本书后，说韩寒
太偏激，描写太黑暗，他们大概是不明白韩寒当时的处境。无论你同意与
否，这两本书里所体现的情绪，大致上反映了韩寒中学时代对教育、老师、
学校的看法。从中我们也可以看到，韩寒对家长是没有恨意的，他是个明事
理的人，这些恨意早在那个时期就已经转移到老师和学校身上，并且这么多
年过去了这些恨意也消解得差不多了。这一点我想作为父亲的韩仁均可以释
然了。2007年11月，韩寒回去参加了初中同学聚会，见到他初中的彭老师和
蔡老师时，这些年大风大浪里过来的韩寒还腿软了一下，他说："看来很多小
说和电影里一直强调的童年影响还是有根据的。"

其二，入团的事。我们知道，韩仁均和韩寒现在都是无党派无组织人
士，但其实韩寒初三时在父亲的"教育"下，递交了入团申请书，参加了少
年团校的学习。等到初中快要毕业时，讨论最后一批入团名单，韩寒名列其
中。过来人都很清楚，初中没入团是极少数人，所以韩寒还是赶上了入团的
末班车，学生团员表决的时候也通过了，但不喜欢他的老师独自把他给"拿
下了"，以致韩寒唯一的一次向组织靠拢的机会也被剥夺了。经过此事，年
少的韩寒增进了对社会复杂性的认识，并激动地表示："从今以后不再申请入
团了，就当个无党派人士。"

我们今天回过头去看，会庆幸韩寒没能入团，以他的性格，实在是没什
么团队能组织得了他。但作为当时年少的韩寒，这一系列事件无疑增加了他
对学校的厌恶。然而厌恶归厌恶，中考还得考。此时的他，仅仅是发表了几
篇文章，《三重门》也还只是在酝酿中，像新概念作文大赛这样的盛事还没
来临呢。更重要的是，他的女朋友，隔壁班的那个"她"，成绩很好，目标

是上海市重点松江二中，韩寒自然希望能与她朝夕相伴，但以自己现在的成绩，要考上松江二中绝无可能。然而爱情的力量是强大的，在女朋友的鼓励下，韩寒发愤图强，咬紧牙关用功了一番，或许《三重门》里林雨翔中考前进补习班的事在韩寒身上也真真切切地发生过。

与《三重门》中不同的是，最终她考都不必考就直接被松江二中录取了，而韩寒则只考了460分，加上他在金山区中学生3000米长跑中获男子第一名的8分的加分，也只有468分。而这年松江的正常录取分数线是486分。眼看着希望落空，一对恋人就要分隔两地——其实不是"两地"，韩寒早留了一手，既然想尽办法还是进不了松江二中，那就填松江其他的学校，而没有按照父母的要求填别的区重点，因为这样离女朋友的学校好歹近点。

尽管韩寒已经拿到了松江另一所高中的录取通知书，但是只要一有可能，他还是希望进松江二中。机会在暑假的某天来了，听说松江二中招体育特长生，韩寒就拿着自己3000米第一名的证明来到了松江二中。他向体育教研组办公室的老师们毛遂自荐，说自己1500米只需5分5秒。老师们看着这个身材单薄的少年，不相信他有这个能力，但鉴于他信心满满的样子，而且也有证明，教研组长王老师决定给他一次机会。他俩来到跑道上，随即测试就开始了。令王老师惊讶的是，韩寒在没有穿钉鞋，没有做任何准备活动，也没有竞争对手的情况下，1500米只跑了4分54秒，比他自己说的还要快。后来又测试了一遍，依然可以保持这个速度。王老师欣喜不已，在了解韩寒的中考成绩后，当即说韩寒进学校是非常有希望的，他先去给学校汇报一下。

或许是这个少年身体里的运动因子使然，或许从小就喜欢的足球运动，使这个即将17岁的少年凭着自己的体力和速度进入了松江二中这所百年名校。他再一次用刚才的速度在回家的路上飞驰着，这一刻，他最想告诉的人，应该就是他的"她"。

第三章 / 在松江二中的日子

　　其实我对松江二中很有感情，我非常中意学校的环境，以至于以后去一些大学的时候，老说你们大学比我的高中差远了。我永远记得占据学校最好的中心位置的居然是一个厕所。学校的教学楼是三排古楼，高一挨着厕所，高二夹在当中，高三面对花园，从楼盘的角度来讲，高三那栋楼是最好的，也应该是最晚开盘的，房价最高。高一的楼是最差的，挨着厕所和自行车库。无奈我成绩实在太差，读了两年还一直在厕所边上念书。

　　　　　　　　　　——韩寒在松江二中105周年校庆上的演讲
　　　　　　　　　　　　　　　　《纪念母校，致青春预备役》

　　松江二中始创于1904年，最初叫松江府中学堂，是上海市著名重点中学，上海市首批命名的实验性、示范性高中。进入松江二中，就意味着学生的另一只脚已经踏进了大学校门。然而韩寒当年进入这所学校，却不是冲这些去的——至少主要不是冲这些去的，在学校105周年校庆的时候，韩寒作为知名校友被邀请回学校演讲，在这篇充满欢笑的演讲词中，韩寒毫不讳言地说："当年进松江二中非常不容易，好在现在不怕老师了，也不怕被开除了，我就可以全部交代，当年是因为我初中的女朋友直接免试被这里录取，我才锁定了这所学校。"

时间回到1998年初秋，韩寒刚刚进入松江二中。跟很多高中不同，松江二中已成立了大大小小各种社团，有点像大学。他参加了合唱团、广播站、校刊编辑组等几个社团。和其他社团相比，当时韩寒心思花得较多的是文学社团，但韩寒在这里只是个"特殊编外社员"。这个社团只有24名社员，要进去不容易，需要先自己报名，再经班级语文老师推荐，最后参加考试，通过之后再由邱剑云老师亲笔写通知吸纳入社。

当时的文学社指导老师邱剑云虽然已经读过韩寒的文章，认为他是个成熟老练的睿智少年。但由于韩寒功课成绩严重不平衡，没有得到班上语文老师的推荐，他只好自己去找邱剑云老师。邱老师惜才，答应韩寒来参加考试，给了他一个"特殊编外社员"身份。

韩寒这期间大多数时间用来看书和写文章，用他自己的话说就是："上课看书，下课看书，图书馆的书更是被我扫荡干净，只好央求老师为我开放资料库。中午边啃面包，边看《二十四史》。为避免我的文风和别人一样，我几乎不看别人的文艺类文章，没事捧一本字典或词典读。"这里面自然有少年的自负和夸张。要把图书馆里的书"扫荡干净"是几乎不可能的，就算这只是一个高中的校图书馆，说是把自己爱看的书籍扫荡干净还可信。相信看过韩寒早期文章的读者能够找到他看字典或词典的明证，但他说自己几乎不看别人的文艺类文章，那就是谦虚或者骄傲了。至少，钱钟书、李敖、梁实秋三人的书韩寒是常看的。对于作家语言的真实性，读者要学会明辨。

事实上，韩寒这时候是看了不少书的，成名后的韩寒常说自己不大爱看书只看新闻资讯（我们姑且信之），可能他确实就像林雨翔一样，小时候已经阅读了足够的书，所以成年后不再需要大规模地阅读了。"语言学研究表明，人的大脑像豆浆变豆腐一样，在青春期前后存在一个固化的过程。写作能力本质上是一种语言能力，就跟学外语一样，过了青春期就不容易学好。反过来说，人也可以在青春期结束前就具备很强的语言能力，然后一辈子不用再多学。这意味着，韩寒成年后，即使真的较少读书，仍旧可以写出较高水平的文章来。"

尽管韩寒声称自己看过书后却不爱写，但这恰恰是反话。韩寒光给文学社就写了不少文章，现在找得到的有两篇，一篇是《戏说老鼠》，一篇是《三轮车》，后来都被邱剑云收录到一本二中学生优秀作文集锦里，书名叫《山阴道上》，由上海三联书店出版。邱剑云对文学社学生的指导是开放式的，同学之间常常有自由讨论，而且经常外出活动，同里、周庄，都有他们的身影。写到这里，读过《三重门》的读者应该会有熟悉的感觉。是的，《三重门》里林雨翔与Susan邂逅的地方就在周庄。而这个邱剑云老师，大约就是马德保的原型。只是韩寒将故事发生的时间挪到了初中。

事实上，韩寒在刚进入松江二中不久就动笔写作《三重门》了。之所以这么快就决定写长篇小说，主要是韩寒想证明自己，因为他作为体育特长生，还爱看书，这在别的体育特长生看来，觉得他特别虚伪，常常受到他们的排挤。另一方面，韩寒也是想把这本差不多以自己的经历为题材的小说献给自己的女朋友，所以后来在交给出版社的手稿扉页，韩寒还写着"谨以此书献给我的×××"，但被出版社拿下了。韩寒说："现在居然有人怀疑这本书是我爸爸写给我初恋女朋友的。"

决定了写长篇小说，韩寒很可能还写废了一本，关于这一点，我在第七章将进一步叙述。终于，韩寒将模仿对象锁定在自己喜欢的钱钟书的《围城》。我想，韩寒当时做出这个选择的时候，并没有考虑过多的因素，只是因为喜欢。但认真想想，这真是一个恰到好处的选择。《围城》也是一部故事性不强，主要靠文字取胜的小说，这对于基本只有校园经历的韩寒来说，真是再合适不过。虽然语言上的书呆气模仿起来困难一点，但他还有摘录本可供选用。后来韩寒也意识到了这一点，他说："像这种小说，钱钟书一天也只能写500字，何况像他这样学贯中西的学者也只能干这一次……就情节而言，《围城》是最好的模仿范本，因为对学校生活的人来说，生活经验缺失，这样的缺失恰好可以用幽默的文笔来掩盖。"由于生活经验的缺失，和很多刚开始写作的少年一样，白天发生的事情晚上韩寒就可以写到小说里，只需为了情节的连贯作出适当调整即可。

《三重门》的大部分章节，都写于课堂或晚自习上。与初中有段时间孤立的位置不同，韩寒高中的座位在后排的一个角落里。韩寒的桌子上堆满了书，上层用课本盖住作为幌子，下面则是各式各样的课外书。有的时候韩寒看书，并用摘抄本随时抄下看到的好句子，这些句子很可能接下来就要用到自己的小说里。大多数时候韩寒选择写他的《三重门》，面前是用书堆积而成的高高的围墙，他躲在"围墙"后安静地写，全然不顾老师上课。老师也几乎不管他，还以为这学生听课认真呢，一直在做笔记，但就是很纳闷他怎么每次测验成绩都不好，心想莫不是人有点笨。有的时候韩寒写完一篇，就给同桌的陆乐先睹为快，陆乐看了又传给周围的同学。韩寒的字写得很好，并不影响阅读。韩寒在很小的时候字就已经写得比现在很多大学生还要好，这当然是各种因素综合的成果。

有的作家喜欢表现人性之复杂，但极少有作家爱好解释琐碎的事物，因为作家的职责不是怎样把事物解释得更清楚，而是怎样让解释的效果更好看。所以在写字这件事情上，韩寒有个调侃的说法："我生性不爱受困，常常违反班规，班主任常罚我抄班规20遍，我只好三支笔一起握。我常对人说，我的一手好字就是这么练出来的。"这当然同样不足为信，经常抄班规不可否认也可以当练字，但三支笔一起握着写是断不会练出好字来的。文学语言是不能追究真伪的，只能研究其真、其善，还有其美。文学特别是小说本身就是矛盾的产物，故事的叙述在解决矛盾也同时制造矛盾，矛盾制造了故事并推动故事的发展。在散文杂文这样的短小篇章中，要考虑让文字更简洁潇洒。不能一边要求作家把文章写好，一边还要求他把话说得非常清楚。

我写这个评传，手头的资料浩如烟海，而且某些事实在细节上往往还有出入，我怎么辨别真伪？要设身处地以一个创作者的身份去比较。因为除去记忆的偏差，作家所表述的事件本身就是文学的语言，更何况我面对的还是两个作家（韩仁均也写作）的表述，怎能不出现矛盾。

《三重门》后来出版了，大家都知道它得益于一个"空前"的作文赛事。说它空前，其实当时谁也不知道这个大赛的影响，韩寒也只是从它不收参赛费这条规则判断它与别的作文比赛不同。这时的韩寒已经习惯"判断"一切。那时候网络还远没有现在这么时兴，各种中学生作文比赛还主要通过在杂志上打广告。我在念中学的时候常常看到这种广告，还傻乎乎地参加过两次，交了20块钱的参赛费，文章寄出去后杳无音信。这是一种很可耻的虚假广告，比电视上骗人的广告还要可恨！

因为电视上的广告就算让某个孩子上当了，最多是骗钱，还不至于到"伤害幼小的心灵"的程度。但对于文学少年来说，这种伤害就显得严重多了，因为喜爱文学的少年们一时半会不能分辨出这个骗人把戏，满心以为是"文章写得不好"没能被选上，并开始怀疑自己的作文能力，也许慢慢会觉得自己不是写作的料。这对一个热爱文学创作的少年是多大的打击啊！

韩寒能够从新概念作文大赛不收报名费的消息看出这件事情还比较靠谱，不知是不是也是在历经"被骗"之后得出的评判。事实上韩寒是参加过作文比赛的，初中的时候，现场的非现场的都参加过，还得过奖，不过基本是二等奖。这次既然叫"新"概念，韩寒想应该和先前的比赛还是有些不同的。于是，他很快写出了几篇文章，在周末回家的时候将这些文章拿给父亲看，并告诉他自己参赛的意图。韩仁均认真地看了那几篇文章，然后不顾儿子高昂的兴致，如实阐述了自己的想法：他认为这些文章并没有什么出彩的地方，不值得拿去参赛。尽管韩寒内心不服气，但父亲的看法却不得不考虑，这几篇连父亲都评价不高的文章能够征服大赛评委吗？于是，他并没有急着将这几篇文章打印出来（新概念作文要求来稿必须是打印稿）。

在韩寒冥思苦想筹备作文的时候，他感染上了疥疮，去医院配了药。班主任怕传染给别的同学，放他回家休息。在回家的路上，韩寒看着车窗外，想起刚才在医院的情景，又想起自己摘抄本里的几段话，一篇文章已经打好了腹稿。他在心里反复斟酌，摘抄本里那段屠格列夫的话要用到哪里才合适。又想了想，终于到家了。等到了家，韩寒赶紧来到书桌边，把打好腹稿的文章"抄"出来：

求 医

读书在外，身心疲惫，难免某日起床或腮边凸起一块或腿边红肿一片。笔者寝室如猪窝，奇脏无比，上铺更是懒得洗衣服。传闻一条内裤穿两个礼拜，第一个礼拜穿好后第二个礼拜内外翻个身穿，最终他得了疥疮。由于他整日踏我的床而上，我也不能幸免，一到晚上挠得整张床吱吱有声，睡衣上鲜血淋淋，而他却不日痊愈，这就是为什么佛教在印度创始而在中国发展。

......

应该说，《求医》是在一定的生活实际上创作的一篇虚构的文章。然而，如若你把这篇文章完全当成一篇纪实日记，那就错了。作家写文章，都是"取一点因由，随意点染"（鲁迅语），事实只是"因由"，而文章之所以成为文学作品，关键还在"点染"上。事实是为创作服务的，而不是用创作来说明事实。"睡衣上鲜血淋淋"明显是文学的夸张，"我一时不知痒在何处"明显是文学的幽默。如果把这两句当成写实，自然是矛盾的。文学不能这样分析。作家写文章，尤其是以幽默讽刺见长的作家写文章，常常将不良现象过度丑化。这篇文章也是这样。20世纪90年代的上海正规医院应该不至于这么不堪，但文章里作了文学性的夸张处理。作家要赞美一件事物，它便会比事物本身更美；同理，作家要批判一样东西，它便会比东西本身更丑。

当然，在我看来，《求医》一文并没有人们夸赞的那么好，文章处处可见少年的卖弄和故作成熟。人们之所以一个劲儿地夸它好，是要说明这样好的文章，少年是写不出来的。虽然文章并不见得那么好，但它出自一个高一学生之手，确实是难得的。放在高中生作文里，自然是好文章。

写完这篇文章，从小爱好踢球的韩寒就抱着球玩去了。下午韩仁均下班回家，看到随意扔在书桌旁边的那摊乱七八糟的东西，他知道儿子回来了，但韩寒昨天下午刚回的学校啊，不禁有些担心。正在韩仁均不安和猜测的时候，他看到了书桌上摊开的《求医》底稿。看了第一段，便知怎么回事了。前些天韩寒说寝室有个学生得了疥疮，老师怕他传染给别的同学让他回家休息，看来韩寒也是回家"休息"了。文章看完，韩仁均笑得不行，为儿子幽默的文笔折服。他想起前些天儿子和自己说的新概念作文大赛的事，这篇文章或许可以寄过去试试。儿子回来后，韩仁均就把这个想法告诉了他。韩寒表示同意，韩仁均就将文稿拿去打印了一份。

休息了几天，韩寒就带着文稿回学校去了。回到学校，韩寒想，既然要参加比赛，为求选中概率大一些，不妨再写一篇。联想到自己初中时的得意之作《书店》，当时是夜间创作的，"睡意袭来，匆匆收笔"，于是韩寒重新找出那篇文章看了一遍，觉得仍有必要以原题再写一篇。两年后书店变化也很大，颇有可写的。韩寒便开始了《书店》（二）的构思和写作。写完后，韩寒带着手稿去外面打印出来，又将它与《求医》的打印稿放在一起，一同寄给了首届新概念作文大赛评审组委会。

然而，稿件寄出去了好长时间，并没有什么消息。这事韩寒也渐渐淡忘了。他不知道，此时那边正在如火如荼地进行着评审。

第四章 一个人的复赛

中国看不起说大话的人。而在我看来大话并无甚，好比古代妇女缠惯了小脚，碰上正常的脚就称"大脚"。中国人说惯了"小话"，碰上正常的话，理所当然就叫"大话"了。

——韩寒《杯里窥人》

1998年12月，《萌芽》杂志社连同北京大学、复旦大学等几所高校发起了新概念作文比赛，在征文启事中承诺获奖的或入围的应届高中毕业生将进入7所著名高校重点关注的范围，视其情况予以提前录取或优先考虑。很少有人知道《萌芽》杂志社办这个作文比赛的初衷。巅峰时期《萌芽》的发行量是30万份，到赵长天1995年接手的时候，只剩下1万份，这是一个"全民经商"的年代，作家都"下海"了。赵长天开始思索如何改造这份杂志以增加其发行量，他甚至尝试着在这本文学杂志上登足球明星范志毅的大块头文章，但是最终还是没有多少起色。

1997年，赵长天和他的同仁经过研究，开始了新的努力：寻找一批年轻的创作者。起初是由中学老师推荐，收到的都是学校里的"优秀作文"，千篇一律，毫无生气。于是赵长天决定由《萌芽》自己来找。这时，时任《萌芽》杂志社编委的李其纲提议举办一场面向学生的作文大赛，声势一定要浩大。但如何做声势才浩大呢？经过一番努力，先后找到了华东师范大学的常务副校长王铁仙、复旦大学人文学院的陈思和、北大校长陈佳洱、南京大学副校长董健，得到了他们的大力支持。到了1998年，"新概念作文大赛"终于有了眉目。没有人可以预料到这项赛事的未来，就连被邀请来当评委的作家叶兆言心头也始终悬着疑问：这事靠不靠谱？还有铁凝、方方心里也都在担心，很可能办这么一届就黄了。最担心的还要数当时的赛事总干事李其纲，他甚至已经做好了心理准备，很可能到最后收到一件像样的稿件都没有。

赵长天说："教育部有一个文化基地班，给一些特殊政策，可以优先提前录取，但这个政策却无法实施，恰恰遇到了这个大赛……第一届的时候还不知道能不能进入这些大学，只是说会重点关注。所以第一届的学生几乎都是真正热爱文学的，文章质量真不错，像宋倩茹、刘嘉俊、徐敏霞的文章都不错……"韩寒当然也在这"不错"之列。是胡玮莳最先看到韩寒的文章的，直叹好。这个感叹吸引了正皱眉看稿的评委们，一下子都围了过来。宁静的办公室顿时变得热闹起来，纷纷传阅韩寒的《书店》（二）和《求医》。《书店》（二）这篇文章，成为唯一的一篇所有评委们都打满分的参赛作品。编辑胡玮莳就多了个心思，她把韩寒的电话号码留了下来，如果韩寒不得奖，她也会去弄明白这小子是什么来路。

首届新概念作文大赛的评奖是根据初赛作品决定的，也就是说，韩寒凭这两篇文章，已经是进入了一等奖的行列。而现场复赛，由于时间紧张，评委不过是将它作为检验初赛文章真实性的手段而已，因为不排除初赛作品是找别人操刀的可能性。当时的作文比赛还没有复赛，新概念安排复赛，已经是一个创举。1999年3月27日在上海市女子中学复赛这一天，评委们特别留意韩寒的座位，然而直到考场时间到了，座位上仍是空空如也。评委们担心韩寒找不到考场，还派人到赛场外去喊，一直没人应。又叫人到校门口去等，仍然没有等到韩寒。考试结束了，韩寒还是没有到来。

为什么韩寒没有来？是因为复赛通知书的原因吗？有四种可能：其一，负责发放通知的人忘记向韩寒发出复赛通知书了；其二，向韩寒发了通知，地址却写错了，韩寒没有收到；其三，向韩寒发了通知，地址也写对了，但由于韩寒家的邮箱没上锁，被别人取走了；其四，向韩寒发了通知，韩寒也收到了，但韩寒假装没有收到，故意不来。对此，有人认为是第四种，认为韩寒的获奖是和《萌芽》杂志社的李其纲串通好的，故意避开和大家一起现场复赛写一样的题目，而让李其纲单独给韩寒出题。因为李其纲和韩仁均是校友，同样毕业于华东师范大学中文系，他们事先串通好，由韩仁均先写好文章，韩寒在家背诵好准备的文章，在考场把它抄出来就是了。

然而，这是不可能的。首先，韩仁均和李其纲并不认识，虽然考取的是同一所学校，但李其纲比韩仁均晚一届。韩仁均因为肝炎离校的时候李其纲还没进入大学，后来所谓的"自考"只是在家自学考试，根本没在学校。其次，李其纲事先并不知道是由自己出题，让他出题也是大赛临时作出的决定。他并非一直就被委以出题的重任，如果是这样，他大可在正常复赛之前就将题目告诉韩仁均，没必要多此一举另外来一场。其实，复赛的题目是比赛即将开始时大家才讨论决定的。再次，就算有这样的"好事"，以韩寒家当时的经济能力，怎么也轮不到他们。

韩寒父亲被质疑者逼得无奈，公布了一封家书，内容如下：

爸爸：

　　展信佳。这次我写信过来就是想试探一下我家的信箱。"萌芽"说通知书是寄到家里的，那肯定是邮局和贼子的问题了。我家的信箱乃是信的坟墓，来一封没一封。这次认识了十个一等奖的，有几个挺有才华的，至少知道王国维是怎么一回事。钱尚有余，裤子已买。奉劝早装信箱。让妈妈别去搓麻将了，言下之意不是你去搓了。我一切好，只是稍有牙疼，蛀得不行，不过我最怕补牙了，还是拖着好。补课还好。草草而就，字迹不明……（后面的几个字看不清楚，省略。）

　　祝一切都好

　　即颂暑安！！

　　　　　　　　　　　　　　　　　　　　　　　　　儿 寒

　　　　　　　　　　　　　　　　　　　　　　　　99.5.30 晨

　　这封信虽然收到了，但并不能排除上封信没有收到的可能。但这至少可以证明串通一说纯属子虚乌有、无稽之谈。如果串通好，韩寒收到信却假装没收到，他没必要给父亲写这样一封信。这就已经排除了第四种可能。而剩下的那三种都是有可能的，但无论哪一种，韩寒确实没有收到复赛通知。

　　话回到比赛。下午评委们就开始检验考生们现场写的文章。虽然在后几届的比赛中已经取消，改为初赛复赛计分制，但这种以初赛作品定奖次、以现场的复赛作品来检验初赛中的作品是否为本人所写的方法其实还是可取的。因为比赛时间有限，且每个人现场写文章的心理素质不一样。况且，为了不耽误远道而来比赛的学生和评委们的时间，第二天（3月28日）下午就得举行颁奖仪式。不到一天的时间让评委们评改那么多的文章，要做到细读是很困难的。所以在一等奖入围者的名单里，韩寒和刘嘉俊、陈佳勇、宋静茹等人的名字就已经名列其中了。

　　由于韩寒复赛没来，也就让评委们没法检验其初赛文章的真伪，最多只能得个入围奖，所以一些开始看好韩寒的评委产生怀疑：那文章会不会是请他人操刀的呢？难道是怕露馅不敢来？但也有一些评委认为，如果文章真是他自己写的，那他没来参加复赛就太可惜了。一直到第二天上午，开会最终确定一等奖获得者的名单，这时评委叶兆言和陈思和还是觉得不甘心，就向《萌芽》杂志的编辑们建议：要不要打个电话确认一下？征求了各位评委们的意见，结果一致同意。正是评委们的惜才爱才最终改变了韩寒的命运。打电话的是胡玮莳。当时，因为是星期天，一向懒散的韩寒还没起床，当听到是《萌芽》杂志社打来的，韩寒跑过去拿起电话，竖着耳朵，精神高度集中地听着对方陈说。韩寒说自己没有收到复赛通知，并表示随时可以参加复赛，以证明文章都是自己写的。胡玮莳于是挂上电话向评委们说明韩寒没来参加复赛的原因，当评委们得知韩寒未收到复赛通知，一致决定让韩寒在中午吃饭前赶到参加复赛。没多久胡玮莳又把电话打到了正等在电话机旁的韩寒那里，转告了评委们的意思，让他中午以前赶到上海市区评委驻地进行复赛。

　　韩寒早饭也顾不上吃了，马上和父亲一起赶到金山汽车站，搭了一辆黑车出租车，急迫，价钱也懒得砍了，车主说200元就200元。在车上，韩寒就在思索待会的作文怎么写。他在心里准备的材料是关于人生的，无论对方出什么样的题目，他都决定朝这方面套，因为他觉得写人生显得深刻，能拿高分。这其实是比较容易做到的，就跟很多人语文考试前准备一些句子往作文里套一样。当然，同样的方法有做得好与不好之分，做得不好有可能跑题。一个多小时后，他们终于到了评委们住的宾馆青松城，赶在评委吃中午饭前，找到了和韩寒电话联系的胡玮莳。

　　评委们将韩寒带到一个客房里，《萌芽》编辑李其纲临时受命负责出题。李其纲灵机一动，将自己喝剩的半杯水推给韩寒，说："这就是题目。"

但瞬间，他又觉得这个题目太过简单了，便说，"前面的题目作废，请注意，以下是完整的题目。"李其纲拿了一张纸，把它揉成一团塞进杯子，说，"这就是题目。"据李其纲后来透露，这种题目带了行为艺术的意思，与"被咬过一口的苹果"保持着某种一致。

面对这个猜谜语一样的题目，站在一旁的韩仁均真为韩寒捏了一把汗。韩寒思考了一会儿，在答卷上写下了"杯里窥人"，便径自写下去了。此后，评委和《萌芽》的工作人员都吃饭去了，留下一位叫林青的编辑监考。韩父也出去给韩寒买点心去了。韩寒"纹丝不动地写了一个多小时，既没喝水，也没上厕所"（林青在接受采访时说，自己也纹丝不动盯着韩寒一个多小时），杯子里的纸沉到了水底，而韩寒的文章浮出了水面。韩寒检查了一遍，修正了错别字，就将文章交给了监考。监考林青说按复赛规定，可以考三个小时，你还可以写将近两个小时。韩寒说不用了。不一会儿，评委们吃完饭回来，林青就把韩寒的文章交给了桂未明。韩寒向评委们证明了自己的写作才能，下午3点的颁奖会上，他"轻松"地抱回了一等奖。这个过程，后来经过了媒体的反复演说。

其实，韩寒能够拿到一等奖并不轻松。排除参赛故事的曲折性，就写文章本身来讲也不轻松。我认为现场作文靠的是实力，还有运气。对于一个17岁的少年来说，当场能够写出《杯中窥人》这样的文章，运气是占了很大因素的。当然，运气只属于那些有准备的人。韩寒的准备就是，平时看了一些书，并将书中的他认为可能有用的精彩句子抄到摘录本里，没事的时候翻着，反复熟悉，而在这篇文章中，恰好就用到了。

这次现场复赛，韩寒其实用不着写那么好的。别的靠初赛作品入围一等奖的参赛者基本没有人有他现场发挥得这么好，但这并不妨碍他们拿一等奖，因为只需证明初赛文章是自己写的就可以了。现场写就的"证明"文章自然无须超过初赛的文章。然而韩寒的这篇文章不同，可能在一些人看来，他甚至是超过初赛的那两篇文章的。

为什么一个少年临场写的文章会高出自己平时写的文章的水平？这里有一个关于"超常发挥"的问题。超常发挥一般有几个条件，首先，精神紧张但又不至于太过紧张。这正好有利于思维的迅速跟进。以韩寒当时的心理素质应该刚好处于这种状态。其次，遇到一个自己擅长的题目。无疑，韩寒这篇文章的主题恰好是自己擅长的，他对"试题"的解读朝着自己擅长的方向进行着，在车上"预备"的人生方面的素材和语句恰好可以用上。

有人质疑说《杯中窥人》出现了拉丁文（尽管还拼错了一个字母），16岁的少年怎么知道拉丁文？这又得回到他那本神奇的摘抄本了。韩寒是背过一些东西，但不是背文章，而是记忆那本摘抄本里的句子。这方法不止韩寒一个人使用过，另一个新概念一等奖得主郭敬明也使用过。我曾看过一本书，叫《青春散场：挚爱郭敬明》，是郭敬明的一个朋友写的，里面就有一段讲到郭敬明参加复赛前的故事，他从四川坐车到上海，住在当时在网上认识的，也就是这本《青春散场》的作者一草的寝室。一草见郭敬明在本子上整理一些句子，问他这是干什么，郭说在写新概念决赛的文章，一草说你又不知道作文题目，现在写有什么用。郭敬明说："放心吧，肯定有用的，有些文章题目是什么根本不重要，反正内容是可以往里面套的。我这篇文章是我花了很长时间写出来的，不管明天出什么题目，我都可以用进去，最起码，大部分内容可以用进去。"①这段对话于我戚戚焉。不信你把韩寒《杯中窥人》里的某些精彩句子找出来插到他别的文章里去试试，稍微拐拐弯就可以了。所以我认为，文中用小脚比喻小话这样的句子可能不是韩寒现场想出来的，很可能是之前就写过或想到过，只是刚好把它用到了这篇文章里。

---

① 见一草《青春散场：挚爱郭敬明》第14节"他居然提前写好了决赛文章"。朝华出版社，2006年1月。

　　真正有心的作者和聪明的将军一样，不打没有准备的仗。机会总是留给那些有准备的人。韩寒成功了，他就这样走进了人们的视野。试想，如果没有这次新概念作文大赛，没有胡玮莳老师的那个电话，韩寒的人生是不是要改写？我认为，就算没有新概念，韩寒最终也会走出来，但可能没这么早，新概念让他在恰当的时候走了出来。

　　新概念作文获奖是他人生的第一步。当下午4点多颁奖大会结束后，韩寒拎着他的一等奖奖状和韩仁均走出来时，外面已经下起了小雨。快走到肇嘉浜路分手的时候（韩寒要乘开往金山的车返校），韩仁均问韩寒："这一等奖的奖状要不要拿到学校去，跟老师讲一声，你是二中的学生，能够获奖，毕竟也是学校的光荣。我看了一下名单，松江二中好像没有别的人获奖。"

　　韩寒想了想说："还是你带回去吧。"也许，他觉得这次参赛的作品没有经过学校或老师的推荐，纯属"个体户"行为。而更为重要的是，他想这样的一次获奖，老师们是不会在意的，因为在老师们眼里，他就是那个"差生"。

第五章 走出"三重门"

> 其实当时我的正确行为应当是爬过学校门，爬过宿舍楼门，爬过寝室门，总之简洁的形容就是爬过三重门。

> ——韩寒《像少年啦飞驰》

若干年后，在松江二中的知名校友名录上可以找见"韩寒"这两个字，但是谁曾想到，他当年是以一个差生形象出现在这里的。他是这个学校最著名的"差生"。尽管他不愿意把自己获奖的情况告诉学校的老师，但是这个消息很快就通过媒体传开了。韩寒会写文章，他们班的同学，以及认识他的人都知道，所以对于获奖大家并不奇怪。上学期刚入学的时候他就当着全班同学的面放言："当今用汉语写作的活着的人里边，钱钟书排第一，我排第三，中间是李敖。"这等豪言壮语当然不能凭空说，还得证明。韩寒一直干着证明自己这件事，他不间断写作的《三重门》，这时候已经接近了创作的尾声，而新概念的获奖，也是他证明自己写作能力的一个手段。

然而无论他如何证明，在老师们看来，他也只是一个差生，成绩就是这个结论的最好证明。

写《三重门》占用了韩寒高一的很多时间，他本来对数理化就不感兴趣，挂科太多，于是他"成功地"留级了。和现在不一样，那时候的中学还有留级这种制度的。父母知道韩寒留级的事后，非常生气，在电话里将他骂了一通。韩寒为躲避父母的埋怨，放假干脆直接回亭林乡下的老家——那个他度过了整个童年的地方，如今他爷爷奶奶还住在那里。韩寒一直很爱乡下的这片土地和房子，尽管后来在上海市区买了房，但每隔一周总要回乡下一次。2008年的时候他特意将那里的房子修整一番，铁门上挂了彩灯，有种旧时大上海的感觉。还给自己重置了一间宽敞的娱乐室，中间摆放着一张台球桌，角落里有一辆摩托，架子上是一些看过的书籍杂志，电视框上安有赛车游戏设备，墙脚是足球和篮球。这是后话。

当时社会上流行一句话：学好数理化，闯遍天下都不怕。韩寒对此明显不认同，他反倒是认为英语可能将来对自己有用处。于是便自学起英语来，在爷爷屋子的各个地方贴了好多记单词的小纸条。事实证明韩寒是正确的，他离开学校以后几乎用不到课上学到的数理化知识，但却经常与英语打交道，因为赛车的很多知识都要用到英语。韩寒说："对自己有用的东西，我会学的。"与大多数的同龄人不同，这个年轻人老早就知道了自己的方向。半个月后，韩寒才回到金山的家。

留级已成为事实，父母只好寄希望于韩寒在开学后要认真读书，毕竟都是第二个高一了，何况小说都已写好，只差出版。事实上韩寒非常认真地在读书，只不过是"闲书"而已。在韩寒写的一封要求父亲为他代购书的家书中，我们可以看到这样几本书：黄裳《榆下说书》、孔凡礼点校本《西溪丛语·家世旧闻》、王士祯《分甘余话》、苏东坡《东坡志林》、刘昌诗《芦浦笔记》、王士祯《古夫子亭杂录》、赵绍祖《读书偶记·清暑录》、庄绰

《鸡肋编》。前两本书是韩寒从《杂文报》上看到的。应该说，这些书对于一个中学生来讲，的确是很偏的。韩寒当然不可能真的对这些书有多大的研究兴趣，还是那句话，这些书注释多，可供引用的多。

韩寒课外书读得比别的同学多，说话自然就有了底气。但在第二个高一（韩寒此时复读于10班），一开学他就犯事了，而且还是在语文课上。那天李老师上语文课，讲如何阅读一篇课文时说："一要通读课文，二要划生词等等。"韩寒觉得那是废话，所以坐着不动，不记笔记。老师发现韩寒不记笔记，就问："最后这位同学（韩寒一个人坐在后面），为什么不记笔记？"

韩寒说："我上课从不记笔记，我语文是班上最好的。"

李老师说："这位同学话不能这么说，去年考试考几分？"

韩寒说："考60分。"①

语文考60分的学生居然自称是班上最好的。老师一看学号，发现韩寒的学号是班上最后一个，估计不是留级生就是出钱进来的。而以韩寒当时的脾气，说自己是班级最好的已经够谦虚了。两人当着全班学生的面就吵起来了。现在回头看这件事，就算韩寒坚持自己的想法不记笔记，但当着全班同学的面和老师吵架也是不对的。但韩寒和李老师"不打不相识"，李老师对韩寒有所了解后，两人关系还不错，对韩寒也实行了"特殊情况特殊对待"。

班主任将韩寒与语文老师顶撞的事打电话告诉了韩寒父母，当晚父母便打电话过去骂了韩寒一顿，星期五等韩寒回家又接着骂。韩寒父母的意思自然是，就算你没错，但态度错了，不能这么对待老师，况且第一节课就和老师搞得这么僵，今后日子怎么过。韩寒母亲一怒之下，把儿子骂走了。韩母骑着自行车出去追，也没有找到韩寒的身影。

———————

① 见韩仁均《儿子韩寒·从留级到退学》。

　　韩寒乘车到了金山区政府所在的石化城区。在那里打了个公用电话到家里，说今晚自己不回去了，叫他们放心。这天晚上韩寒是在海边度过的，这个经历后来被他写进了《来自海边》一文里。这个时候天已经比较冷了，晚上听着海浪声，韩寒心里想了些什么，只有他自己知道。也许他此时已经有了豁出去大干一番的想法，但当务之急是要把小说出版了，可这事八字还没有一撇。《萌芽》主编赵长天于当年4月的时候将它推荐给了上海的一家出版社，半年过去了，好不容易等来这家出版社的回信竟然是："人物描写概念化，缺少生动的情节和细节，小说的青春味、校园味不足，缺少生活气息……小说的文字较油滑调侃，表现了中学生的某些阴暗心理……小说某些地方格调不高，使人怀疑作者本身的品位……"

　　此时的韩寒，正如《三重门》结尾时的林雨翔，尚在犹豫到底离不离开学校。他只能挣扎着，暂且在学校待着、混着。一切都还完全没有一点着落，《首届全国新概念作文大赛获奖作品选》出版，虽然韩寒是书里唯一一个收录文章达三篇的作者，但稿费却只有七八十块钱。

　　这时候，韩寒和初恋女友分手了。分手的原因是有一天他趁女友回家了，翻进她的寝室，撬开她的抽屉，发现了一封男生写给她的英文信，而且明显是封回信。韩寒后来没忍住和女友摊牌，女朋友于是提出跟他分手，因为跟韩寒在一起没有安全感。分手后韩寒特别难受，抱着室友痛哭了一阵。没想到过了两周女朋友又回来找他，但以前的那种感觉他们再也找不回来了。过了些日子，就正式分手了。"和女朋友分手后，还泡过学姐，追过学妹，中意过老师，后来留级以后，又认识了同班的女朋友。"

　　韩寒的高中生活更像是大学，而且恐怕很多大学生也望尘莫及。在社团中，韩寒颇受女生欢迎。话剧《海的女儿》正在寻找扮演王子的演员，剧中饰演七个公主的"美女"竟然一致推荐韩寒，尽管话剧社副社长谭旭东认为怎么看韩寒都不像王子，但"美女们"非韩寒不演。谭旭东没有办法，只能任着韩寒去扮演了一个"深沉"的王子。韩寒哄女生还是颇有一手的，为了哄一个新认识的女生开心，他兀自在晚自习画自己的素描，取名"韩寒的维纳斯"，然而由于画得太烂没敢拿出手。他于是另出"奇招"，一次带那女生出去游玩，爬上一棵梧桐把两只校徽别在了树枝上作为友情的纪念，等几年后再回去寻回。金丹华（韩寒同学）在知道这件事后顿时怒发冲冠，因为其中一只是他的校徽。若干年后，不知道韩寒是否仍记着这一幕，离开学校后是否记着去取回别在树上的校徽？

相比较这些，韩寒还有更绝的，他研究了很久，画了图纸，终于研究出半夜爬水管子去女生寝室的线路，然后他就按照图纸开始实行了。当然，爬到女生寝室的最后一个程序是需要有人给你开门，"不然你爬上去干吗？"①当时松江二中的寝室是套房设计，二室一厅外加一个双便池的厕所，虽然是16个人一起住。如果是几人住一间寝室，那韩寒就太疯狂了。韩寒的这个"壮举"，让我想到《西厢记》里的张生，或是《墙头马上》里的裴少俊，只是不知韩寒的这番翻墙摘花是像裴少俊一样顺利呢，还是如张生似的一波三折？

这期间韩寒还假装抽烟喝酒，虽然后来离开学校后反倒是没有沾过。当年在学校的韩寒十足是个"坏孩子"，但他追的女生都是好学生，他说："追女孩子的时候，我有一个秘诀判断她们的好坏，我从小到大能好好相处的我所痴迷的女孩子，最少都是两条杠，基本都是三条杠。学习成绩好的又漂亮的女孩子一定是很好的。"

韩寒靠什么吸引女生呢？他的才华。这期间他除了交友、看书，就是和人吹牛，尤其以和金丹华"吹"得比较多。金丹华是韩寒第二次高一时玩得最好的同学之一，其他同学都叫金丹华"蚊子"，唯独韩寒叫他子文，因

---

① 见韩寒在松江二中105周年校庆的演讲《纪念母校，致青春预备役》。

为韩寒觉得这样叫比较文雅。起初金丹华并不觉得韩寒的文章有什么过人之处，一天晚自习金丹华草写了一篇国庆颂，兴致勃勃地拿去请韩寒"雅正"，结果韩寒毫不谦虚，起初还只是改正用错的几个"de"字，后来就开始大刀阔斧地给人删了几百字，还洋洋自得地写了一篇评语，篇幅之大顶人半篇文章了。说到这里，想到网上有人质疑说韩寒此时自己都分不清"的地得"，还跑去给人修改文章？其实，我估计韩寒此时也只是刚注意到区分这几个字，一知半解就跑去人前卖弄了。如果你留心生活，不难发现，那些喜好卖弄的反而是一知半解、学艺不精之徒，而真正的高人反倒很谦虚。正是因为本来对这几个字掌握得还不扎实，加之后来离开学校不会因为用混这几个字导致作文被老师扣分，韩寒就没把这当回事了，又开始乱用了。

韩寒给金丹华推荐过很多书。多年以后，金丹华还能记得韩寒当时书架上摆放着苏童的《刺青时代》、鲁迅的《野草》、金圣叹的《天下才子必读书》、石康的《晃晃悠悠》、余华的《活着》、梁晓声的《父亲》、村上春树的《挪威的森林》等等。韩寒白天飘忽不定，只有晚上才可觅得人踪。每当晚上寝室熄灯后，韩寒喜欢跑到金丹华床上与他纵谈文学，主要是韩寒说金丹华听，听他侃侃而谈《魔鬼夜访钱钟书先生》，谈李敖，谈梁实秋，谈梁晓声，等等，这几乎成了他们的必修课。韩寒话特别多，没一两个小时打不住，一直到深夜11点多，金丹华实在困极了，想赶他下床，此时韩寒就会以"近日某某作家新出一本书，我再躺5分钟以表支持"为由，一直与金丹华拉锯到午夜。正当金丹华精神抖擞睡意全无的时候，韩寒却"如一只银貂般从被中轻轻滑落，打着哈欠回自己床上睡觉"。

若干年后，有人却质疑韩寒不谈文学，满嘴女人与赛车。是的，与少年时代不同，韩寒在社会上混了这些年，学聪明了，收敛了，他知道什么该谈，什么应该尽量少谈，观众都喜欢听他谈什么。而文学属于少谈之列，原因很简单，韩寒没接受大学中文系学习，对文学的认识仅仅是经验性的，基本没有理论修养。他可能没读过福柯等大师的理论，也许连能指所指这类概念都分不清楚，所以让他谈文学，唬唬中学生还行，要是在媒体面前谈，那是要让专家学者们笑话的。韩寒聪明地选择了回避。作家的工作是创作文学，至于谈论它，留给教授们吧。同样地，我们也少见搞文学研究的人能创作。这个世界从来就有分工。

韩寒这样下去，成绩可想而知。关键是，韩寒根本就没把心思用在学习上，他还要处理从各处飞来的信件呢。来自全国各地中学生写给他的信，每天高达几十封，使韩寒一度过着"信生活"（韩寒自嘲）。韩寒看不过来，晚自习时金丹华等几个好友要帮韩寒把信看一遍。甚至金丹华在"中文自修"上发表了一篇写韩寒的文章后，他都可以收到千把封信。

这期间韩寒还去参加了一些电视谈话节目，比如浙江卫视的《韩寒现象》，韩寒说自己语文成绩考够60分就不答题了。现在有些人不相信，认为是韩寒语文只能考这点儿分。事实上，就算韩寒中考语文发挥失常、作文立意不高被扣分了，也还是有90多分的，而当时的满分是120分，用100分制算下来，也是80分左右。如果你还不信他这么做是情绪抵触、故意考这点儿分的，那我们来看当年他在一张化学卷子上写了什么：

顾老师：

展卷悦。我刚才略翻了一下这张试卷，发现这次估计又会不及格，所以不如不要玷污这张卷子的清白，争取下次努力后有及格的机率后再做，以免出现太多红灯，打击自信。不是老师教学无方，纯属学生驽钝不化。为歉。看下次的。

韩寒

99.12.23

当然，我并不赞成这种做法，我只是用这个实证来说明韩寒当时确实对考试是有抵触情绪的。这期间媒体的大肆报道（下一章详述），应该说在某种程度上助长了他的这种抵触。但是有些人却用这个来质疑韩寒，说一个语文不及格的人不可能写出长篇小说，尽管韩寒的语文成绩很少不及格，他每次都是觉着够60分就不答题了，当然，也有一不小心差几分才60分的时候。

然而，就算韩寒语文成绩一直不及格，这与他写出小说、成为作家又有什么联系呢？法国19世纪有个伟大的数学家叫艾尔米特，他的数学考试就特别差，大学入学考试重考了5次，每次都是因为数学考不好。好不容易进了技术学院念了一年以后，法国教育当局忽然下一道命令：智障者不得进入工科学习。埃尔米特只好转到文学系。文学系里的数学已经容易很多了，结果他的数学还是不及格。他痛恨考试，尤其是数学考试，就像韩寒痛恨语文考试一样。艾尔米特后来在文章中写道："数学课本是一滩臭水，是一堆垃圾。数学成绩好的人，都是一些二流头脑的人，因为他们只懂搬垃圾。"还说，"学问像大海，考试像鱼钩。老师老是把鱼挂在鱼钩上，教鱼怎么能在大海中学会自由、平衡地游泳？"

正是这个痛恨考试、数学不及格的人，在法国的数学研究期刊《纯数学与应用数学杂志》上发表了文章《五次方方程式解的思索》，震惊了数学界。尽管已经名满天下，数学水平远超过当时所有大学的教授，但是因不会或不喜考试，没有高等学位的艾尔米特，只能继续做助教批改学生作业。直到49岁时，巴黎大学才请他去担任教授。此后的25年，几乎整个法国的大数学家都出自他的门下。我们无从得知他在课堂上的授课方式，但是有一件事情是可以确定的——他教授的课程没有考试。

这年（1999年）年底，《文汇报》上刊载了一篇题为《语文考试60分的孩子写出了长篇小说》的文章，时任作家出版社编辑的袁敏看到报道后对韩寒的小说产生了兴趣，且之前就听过《萌芽》的两位看过此小说的编辑对韩寒的才华大加赞赏，但同时也对这部小说能否出版表现出担忧。于是袁敏马上打电话联系韩寒，因为是白天，韩寒没在，袁敏又把电话打到韩仁均那里，让其想办法转告。晚上9点半以后，韩仁均打通了韩寒的电话，转告了袁敏的意思。

次日上午，韩寒捧着厚厚的书稿到了袁敏住宿的宾馆，坐在袁敏面前，他充满自信地说："我要的不是比《花季·雨季》好一点点的东西，我要的是独一无二、旁人无法替代的最棒的东西。"要知道，《花季·雨季》这本由深圳中学生郁秀写的反映中学生校园生活的长篇小说，当时销售量已经突破了100万册。但袁敏对韩寒表现出来的如此坦荡、率真的狂妄没有计较。韩寒还告诉袁敏：《中文自修》曾选载过《三重门》的其中两章，但删掉了许多可能会"遗毒"同龄人的东西。当时袁敏还没有看过《三重门》的稿子，但她隐约觉得：这个不惜以6门功课高挂红灯而留级为代价的少年所创作的这部长篇处女作，将由她当责编了。

事实上，第二个高一时，韩寒的数理化等多门课程成绩仍然红灯高挂。如果说第一个高一挂红灯是因为忙写《三重门》，那第二个高一挂红灯是因为什么呢？事情可多了，韩寒此时俨然一个大忙人：每天有看不完的信，在《新民晚报》上发表抨击应试教育的文章《穿着棉袄洗澡》，在《萌芽》的刊中刊上发表短篇小说《一起沉默》，而第二届新概念作文大赛的初赛文章《头发》也已寄过去了。2000年1月27日，是第二届新概念作文大赛复赛的时间，韩寒很快完成了自己复赛的文章《人生的定义》。

这一次参赛韩寒更像是玩票，毕竟第一次已经证明了自己的实力。所以韩寒快速完成后便开始游走于各个考场考察美女，终于在见到一个漂亮的女孩后他驻足下来，且干脆坐在人家旁边看人家写，全然不顾可能会给对方产生心理压力。然而，这次韩寒的文章只得了个二等奖。有媒体评论这是有人故意为之，怕他再得一等奖而颠覆了现行的教育体制。其实事实没有这么复杂，是因为部分评委认为韩寒已经得过一等奖了，应该把机会让给新人，并且他们也认为韩寒这次复赛的文章不如第一届时的《杯中窥人》。韩寒对此稍有微词，打比方说不能因为某球员踢球的脚法没有上次好看所以进球不算。不过这不悦不久便被另一件好事冲淡了。

2000年年初，袁敏给了韩寒一个惊喜：作家出版社决定尽快出版他的《三重门》。但是，出版社要求韩寒对《三重门》做一次修改。袁敏起先担心韩寒不能接受她提出的要求。韩寒怎么会不接受呢？此时只要书能出版就已经谢天谢地了。韩寒在修改时耍了个小聪明，他对别人所担忧的某些东西已极有分寸地做了处理，但对小说的修改又完全保留了自己想要的。

距此不久，另一件"惊喜"也来了。2000年2月3日，农历大年二十九，松江二中的乔校长带着几位校领导和班主任专程从松江区赶到金山进行家访，商量韩寒的学习问题。"惊"的是，这样庞大的由校长带队的家访在这所已有95年历史的上海名校前所未有。但这却使人"喜"不起来，老师们围绕着的话题是不希望韩寒不及格，这已经是第二个高一了，这样下去，到第二学期结束时将很麻烦，因为根据校规，不及格就只能留级，而留级又不能留两次。乔校长甚至说："可以把韩寒作为一个班级来对待，派五六个任课教师专门教韩寒；韩寒要看书，学校可以给他安排看书时间；韩寒要写作，可以给他安排写作时间。但是，韩寒要将功课应付过去，至少得求个及格。"可以说，学校已经做了妥善而仁慈的安排，这与初中时候老师对待韩寒的方式大有不同，这个学校给了韩寒足够的宽容，开学后还给他一个人安排了一个寝室，一人坐拥二室一厅外带卫生间的套房，里面还有电话，熄灯时间又晚。即使初到学校任教的老师都没有这种待遇。所以很多年以后，韩寒说："我特别感激这所学校，我认为，在当时的教育体制下，它已经给了我最大的宽容，甚至还给我安排了单独的宿舍，当然，这是怕我影响其他同学，也为了我可以更好地写东西。在当时这样的做法已经很有魄力了。"

韩寒搬寝室那天，室友们都积极地帮韩寒搬东西，大家还唱起了当时流行的一首歌《常回家看看》。韩寒的新寝室就在原来的寝室下面，他嘱咐以前的室友们每天晚上睡觉前踩三脚以示告别。这让我想起《秋天的童话》这个片子里，钟楚红有事叫周润发时就踩楼板。

搬到新的寝室后，韩寒并没有安心学习，一个人自由自在的，仿佛又回到了小时候在亭林乡下的日子。变本加厉的是：上课经常迟到，晚自修经常出去买东西，上课不是睡觉就是看课外书，耳朵里常塞着耳机，寝室乱哄哄的，班级的分数让他扣光了，等等。一次半夜韩寒从外面喝酒回来，把门卫室老头叫起来开门，这事被老头告到了班主任那里，韩寒被罚写检讨。韩寒的检讨写得趣味横生，念的时候全班都在笑，一点不像检讨。

2000年3月18日这天，班主任的电话又打到了韩仁均那里，让他到学校来一趟，说校长找他有事商量。3月21日下午，韩仁均抽空忐忑不安地赶到学校。校方在说了韩寒的一系列表现后，正式进入了主题："韩寒如果继续读下去的话，一是首先要给个处分，因为他有上述诸多违反校纪的行为。但韩寒根本不把学历、文凭当回事，而且上次老师对韩寒说没有处分他的缘故，学校对其他违纪学生也难以处分，不然摆不平，韩寒马上爽快而真诚地说，那处分我好了，所以这招可能对韩寒毫无约束力。二是韩寒照这样下去，估计还是不及格。再留级的话，根据有关规定就得退学或转学。对此，校方提出，现在最好的办法是先回去，休学一年。一年中，如果走出自己的一条路，最好；如果一年以后自己回过头来想读书，还可以回到学校，学校为其保留一年学籍。期间，他还是松江二中的学生，还可以参加学校的一些活动。"

韩仁均认为，这所古老的学校能做出这么一个很有新意的决定，已经算是大大的破例了。他感到，在没有别的办法的情况下，这也许是最好的办法。班主任这个时候也把即将劝离学校的韩寒找来了。此时有一个插曲，校领导办公室来了一个即将到香港留学的好学生，韩寒和韩仁均只好耐心地等着。校长不厌其烦地叮嘱那位即将去留学的好学生一些生活和学习上的事情。因为留学和留级毕竟不是一回事。也许这是校长对韩寒的一种现身说法教育。总之，他们等了很长时间，听了校长和好学生探讨了很长时间，可能过了半个小时，可能一个小时，甚至更长，因为"等待本身会扭曲时间概念"，"但我和韩寒都知道，这是一种必须要装着笑脸忍受的难堪和冷落。"

终于轮到说韩寒休学的事情。韩仁均征求儿子的意见，韩寒表示非常愿意休学。韩仁均想了想，说："那我尊重你的选择。"在离开校领导办公室送父亲去乘车的路上，韩寒说："爸爸，你放心，我会做出成绩来证明自己的。别人看不起我，我自己要看得起自己。再说我又不是没有一点理科基础，将来用得到，我会自学的。"

2000年3月底，在韩寒的最后一次晚自修上，韩寒和金丹华传递纸条畅聊，其中一张给金丹华的纸条上这样写道："离开学校以后，我会骑车去北京，然后转火车至内蒙古。这世上没有极端，每个人都有自己的生活思维方式。我只是烦了这种不自由的日子。我们这么活着，却只学会许多废物。一个人只有一辈子，一辈子只有一次青春，趁我年少，我要万水千山走遍。子文兄，等你进了大学，你就会明白一些所谓的有思想又反叛的大学生是多么虚伪平庸，你一定要多接触最底层社会的人。切记，要不附权威，不畏权势，不贪权力，为了快乐，切莫做官。有失必有得，明白否？"这更像是一封给好友的告别信。

离校前的一天晚上，文学社指导老师邱剑云和韩寒进行了一次长谈，为这个冒犯了所有人的勇敢少年送行，这位老者后来在一篇文章里提出了他的劝告："《三重门》是对前人的模仿，那里面的智慧是'纸上得来终觉浅'的智慧，你还远未成熟。"他动情地叮嘱，"你走出校门，去行'万里路'，去读'人间书'，你就得好自为之，不要总像个宠坏了的孩子。"

　　就这样，韩寒朝着他所认定的道路义无反顾地走下去了。韩仁均也决定放手让他去闯。于是，由韩寒自己写了休学申请书，周末回来的时候，让父亲签了字，韩寒回学校的时候就带去了。但是，2000年4月4日韩父又被叫到了学校。原来是校领导觉得韩仁均和韩寒的字迹太像，以为是韩寒签的。问过后不是，校领导说："我们看了韩寒的休学申请书，经研究同意韩寒休学，现在就可以办手续。"于是校领导就去校务处签了个名，韩寒十多年的学生生涯就此结束了。

　　第二天，韩寒在前来接他的母亲的帮忙下，带上上万封全国各地中学生的来信，以及许多平时买的"闲书"回家了，而教科书被他全扔掉了，因为他坚信："所谓教科书，就是过了每年9月份就要去当废纸卖掉的书，而所谓闲书野书也许是你会受用一辈子的书。"

　　不同的仅仅是，韩寒的教科书没能过得了9月，这一天是2000年4月5日。走的时候，韩寒没有和谁告别。虽然"三重门"这三个字来自朱熹《礼记》中的批注：礼仪、制度、考文，韩寒这本书是对这三方面的藐视。但我更喜欢韩寒在另一本书里对它玩笑似的解读：学校大门、宿舍楼大门、寝室门，合称"三重门"。只是这一天，韩寒是倒着顺序走出来的。

　　韩寒未来的路会怎样，谁都不敢打包票，人们更多的是担心与怀疑。在办公室办理休学手续的时候，有老师问韩寒以后靠什么生活，韩寒回答说"版税"，引起了老师们的讥笑。这不怪他们，这个世界虽然复杂多样，但常人走的路不外乎大学这一条，韩寒不经过大学，他能生活得如何？对此，难怪人们打了一个大大的问号。

第六章／从报刊到央视

在一年以前我还是一个现象，之后也有很多人争做什么现象，这些并非是我的意愿。我只是觉得，与其这么讨论还不如去做点什么。这场讨论丝毫没有意义。谁都无法改变谁……同时我发现电视台的谈话节目是很愚蠢，从此以后我再也不会参与这样的节目并且试图表达一些什么东西，这样的感觉尤其在北京做了几个节目以后特别明显。坐在台上的这些高学历的专家，居然能够在连我书皮是什么颜色都不知道的情况下侃侃而谈我的文学水准到底如何，对此我觉得很遗憾。

——韩寒《像少年啦飞驰》序

最早关注韩寒的媒体是1999年4月12日第15期的《新民周刊》，该刊在封面上以《"新概念"苹果——挑战中国语文应试作文教育》为大标题，里面有一篇报道专门说到了韩寒参加新概念复赛的传奇经历。这个对韩寒比赛经历形象而夸张的描述后来被别的媒体一再引用。然后是《新民晚报》于1999年10月11日刊登该报记者钱勤发写的特刊《青春的光彩——"新概念作文大赛"幕后的故事》，其中包含"韩寒补赛的故事"。接着同年10月27日，《文汇报》刊载了题为《语文60分的孩子写出长篇小说》的文章。至此，与韩寒相关的报道大规模出现在报纸杂志上。

　　从1999年11月1日至27日，《新民晚报》在其一个版面上就"一个'高才'生留级生引出的话题"展开了讨论。韩寒11月8日就《新民晚报》上一系列针对他的讨论发表了《穿着棉袄洗澡的人》，表明了自己的观点。11月23日，《上海中学生报》头版以整版篇幅刊登了记者徐明的长篇报道《作文比赛一等奖的获得者，六门功课"开红灯"的留级生——韩寒：我是谁》。这篇报道在上海市教育界引起了强烈反响，老师和学生纷纷写信到编辑部发表自己的看法。12月7日，该报刊登了部分来信。同日，《解放日报》以《长篇小说作者＝高一留级生——松江二中学生韩寒给教育界出了道"难题"》为题进行了报道。2000年1月1日，《浙江日报》主办的《家庭教育导报》在创刊号上以《高才留级生》为题对韩寒进行了报道。此后，韩寒开始受到上海以外省市媒体的关注。后来，媒体干脆总结为"韩寒现象"。2000年3月，浙江卫视邀请韩寒录制了一期谈话节目，节目名就叫"韩寒现象"。不久，上海电视台又邀请韩寒录制了《有话大家说·留级状元》节目。韩寒在上海俨然成了"名人"，他是作为反对应试教育的斗士走出学校的，成为厌倦中学生活的学生们的偶像。

　　但其实，韩寒作为一个反对应试教育的斗士，甚至包括韩寒最终从学校走出来，选择与学校、教育彻底决裂，是各方面因素综合出来的结果。首先，当然与韩寒从小养成的自由散漫、"无组织、无纪律"的性格有关，且这种性格又因为爱看课外书、爱写作变得更甚。其次，当然也与应试教育本身有关，而这里面又涉及教育体制、教师制度、学校管理等各方面问题。再次，与媒体的宣传有很大关系。韩寒因为写文章，落下了很多课程，挂了很多红灯，但韩寒内心其实还是想过学好的，也有想过上大学。韩寒的班主任顾韦平老师在接受《人民日报·华东版》记者的采访时说："韩寒刚留级到我班时还是想读点书的，具有明显进步，毕竟有高考压力。但期中考试结束，媒体纷纷报道他出书以及多门功课不及格的事后，情形就不一样了。"

松江二中政教主任洪韵焘在《少女》杂志2000年第8期上发表了一篇名为《千万不要再炒作韩寒了》的文章，文中说："曾记得，去年（1999年）11月份期中考试刚结束，我校文学社组织了一次南浔之行，韩寒随队前往。途中，他很高兴地对我说，这次期中考试我进步了，物理肯定及格，数学也比以前好，而且很自信地说，期末我的目标是消灭红灯。看着韩寒真诚而兴奋的目光，我打心底里为他高兴……然而此后，报界、电视台对韩寒的炒作日益火爆，随之而来的副产品是每天像雪花片一样从全国各地飞来的邮件……上任何课又都恢复到听不进的状态……一些与他年龄很不相符的话语会从他的口中吐出，令周围的老师和同学为他脸红……上学期期末韩寒的考试成绩又退回到了十几分甚至个位数……"

很显然，在媒体的炒作中，韩寒有一段时间是迷失了自己的。尽管迷失，但他对未来却很清楚，而且他早就深谙媒体的所谓"炒作"之道："他们炒我，我也才炒他们。"韩寒知道以自己现在的成绩几乎不可能在学校混下去了，他决定奋力一搏，顺着媒体的宣传，把自己名气炒得越大，小说能出版的可能性就越大，出版后销量也越大。后来，《三重门》几乎确定是可以出版了，这时候学校劝他休学，他就"理智"地答应了。所以，尽管韩寒确实讨厌应试教育，但韩寒扛上反对应试教育的旗号，是有多种原因的，最终它们与韩寒一拍即合，韩寒就义无反顾地走下去了。

由于媒体的宣传，《三重门》还没出版，就有许多中学生在问哪儿有卖。还有一些中学生写信到作家出版社，表示他们担心出版社对小说进行删改，他们希望作家出版社能把原汁原味的《三重门》呈现给读者。

　　韩寒休学后回到家，最初几天，父母要韩寒什么也不做，先调整心态以适应新的生活。韩寒每天除了睡觉，就是看电视、看书、踢足球。有不少亲戚朋友对韩寒的休学表示了担忧，还有人怪韩寒太冲动了。早熟的韩寒很早看事情就比较理智，只有在不了解他的人眼中，他才是一个叛逆少年的形象。《萌芽》杂志社的主编赵长天也很关心韩寒休学的事，韩寒休学还不到一周，2000年4月10日，赵长天就打电话要韩寒去《萌芽》杂志社一趟。韩寒到杂志社后，赵老师给了他一个头衔：《萌芽》杂志社特约记者。还开具了证明，把韩寒的身份证号打印了上去。尽管后来韩寒没有用过《萌芽》编辑部"特约记者"的身份，但韩寒对赵长天和《萌芽》杂志社的那份关爱铭记在心。

　　4月23日晚，韩寒背上行囊第一次独自远行，踏上了开往北京的K14次列车。第二天下车后他打通了作家出版社编辑袁敏的电话，袁敏将他带到了自己在钓鱼台附近的家里。在袁敏家，韩寒看到了经过修改后的定稿，他对这个定稿很满意，袁敏几乎没有大的改动。袁敏又给韩寒看了《三重门》的封面，并告诉韩寒这是由一个高中学生设计的。韩寒对这个封面也很满意。袁敏告诉韩寒《三重门》首印3万册，并和韩寒签了合同。韩寒悬着的心总算落了下来，毕竟之前合同没签，随时都可能有变数的。袁敏了解到韩寒这次出门是向父母"借"的钱后，主动预支给韩寒5000元的稿费，还送给韩寒不少作家出版社的书。

　　当时通常有三种方式向作者支付稿酬：稿费制，按字数算，一次付清；版税制，印多少算多少；稿费+版税制，以稿费为基数先付一定数目，以后的按印数版税算。袁敏问韩寒："如果想马上拿到稿酬，我就按千字80元给你计稿酬（这在当时是比较高的了），但如果你愿意等的话，那要4个月以后才能给你，就是版税制。"① 韩寒对自己书的销量还是比较有信心的，他说："版税制，我不等钱用。"可以想见，如果韩寒当时签的是稿费制，就是按30万字算，也才24000块钱，对于一本后来销量逾200万册的书来说，韩寒的收入将会显著减少。

当晚袁敏将韩寒安排在中国作家协会的一个宾馆住下。因为作家出版社送的书太沉，韩寒原本决定去山西的采访临时改成了去张家口。2000年4月30日晚回到北京，5月2日回到上海金山。这次出行，涉世未深的韩寒三度被骗，这让他明白在学校和外面还是有很大区别的，"未知的世界里虽然没有围墙，但什么都没有了。这些老师们虽然赞同或者不赞同，挽救或者不挽救，但是至少没有一个人对我有任何的坏心，所有人都希望我有好的未来，但是在学校以外，你就需要去分辨好人和坏人。"

2000年5月，历经一年坎坷的《三重门》终于出版了。在媒体的"千呼万唤"下，在全国各地中学生的等待下，首印的3万册上市3天就销售一空，出版社立即组织加印。加印的5万册也很快售罄，于是再次加印、再次加印……出版社完全没有估量到一个新人的书会有这么大的销售量。不像现在印韩寒的书，动辄好几十万上百万册，那时候出版社印得相当小心翼翼，每次加印的数量也很是有限。袁敏说："我做新概念作文书的时候确实是开了新闻发布会，约了媒体，我想用语文教改的话题引起媒体注意。但是《三重门》出来，我从来没有请过媒体，没有做过宣传，都是媒体追访韩寒……韩寒在这方面是不配合的，低着头，头发很长，把脸都遮住……"

然而，越是不配合，越是在公共场合表现出一副酷酷的叛逆的样子，越能赢得中学生们的喜欢。《三重门》一再加印，到今天已经突破200万册，是

---

① 袁敏后来说："《三重门》签给作家出版社当时都没有签年限的，现在一直在出版……当时给韩寒签的8%，当时成名的作者的书像《永不瞑目》也就8%。但是后来等到《三重门》大卖的时候，我就去找社长，我说应该给他增加，提高到10%，后来畅销提高到12%。"

中国近20年来销售量最大的文学类书籍。

如果说新概念作文比赛是韩寒人生的第一步，那《三重门》的出版则是他的第二步。新概念作文比赛的获奖和随之而来的"韩寒现象"的讨论，让韩寒声名鹊起，但这时候名声还是小范围的，差不多仅限于上海等地区。而《三重门》的出版，为韩寒带来了全国范围内的读者。到今天，我们已很难分清究竟是"韩寒"这两个字带动了《三重门》的热销，还是《三重门》的热销让"韩寒"这两个字炙手可热。或者说，他们就是一个相互推销的过程。说实话，比《三重门》写得好的小说多了去了，但它出自一个少年之手的确不凡，更何况还是个退学少年，小说表现的又是退学少年对应试教育的抗议。这些都是这么具有话题性。韩寒想不火都难，《三重门》想不大卖都难。抛开这些，《三重门》所反映的中学生生活以及它表达出的对应试教育的不满，结结实实地敲打着中学生的心坎。中学生这个阅读群体在之前还是一个空缺，《三重门》填补了这个空缺。当然，《三重门》不可能填满这个空缺，由它掀起的青春小说热潮将继续对这个空缺进行填补。

为什么会出现这个空缺？这是由代沟造成的。以前的时代，社会落后，经济发展缓慢，相隔二三十年都像没啥变化似的，几代人看着一样的书。改革开放以后，社会面貌发生了翻天覆地的变化，80后便是在这背景下成长起来的一代，他们眼前的世界，他们所接触的事物，他们玩的东西，他们吃的食物，他们所思考的问题，都与之前的人们有着天壤之别。你让这一代人，特别是还处在青少年时期的他们去阅读老一辈读的书，难度有点大。不是他们不喜欢文学，是没有找到他们喜欢的文学。图书市场在这一块还是空缺的，随之而来的青春小说热填补了这一空缺。后知后觉的出版界这才明白年轻人才是最大的市场。人们把这些满足青少年阅读口味的书籍统统称为"青春文学"，而韩寒，便是第一位青春文学领军人物（也许韩寒不喜欢这个称呼，但当时确实是这样），一两年后郭敬明、张悦然他们也相继登场了。

2000年6月10日，出版方给韩寒在上海书城安排了一次签售。这已经不是韩寒第一次签售了，第一次是为《首届全国新概念作文大赛获奖作品选》做签售，他只是所有一等奖获奖者中的一员。和后来低头忙于签售不同，那次买书的人少，韩寒签名前一般还要看看买书的人，如果是个姑娘，如果这个姑娘长得还颇有姿色，韩寒就横着签，表示为其美色倾倒的意思。这次不同之前，等待签名的队伍从二楼咖啡馆顺着楼梯一直排到6楼，韩寒已经签了超过1000本，居然还有几百人在等待。

当天，韩寒从报纸上看到自己11日（第二天）在静安书店签售的消息，但却从来没有人告诉他有这样一次签售。而更为严重的是，韩寒已经答应了明天去金山新华书店签售。如果一处不去，读者不理解，会将"罪名"算在自己头上。无奈，韩寒只好将金山的签售稍微提前一点，把静安书店的签售稍微推后一点。第二天，因为金山新华书店只进了500本《三重门》，韩寒花一个多小时签完后马上赶到静安书店，这才两边读者都没耽搁。不久，韩寒又在北京进行了签售，北京的电视媒体也到现场进行了采访。这之后，韩寒又陆续在杭州、青岛、厦门等地进行了签售。

2000年8月，《零下一度》由上海人民出版社出版上市了。拿到书的韩寒，才发现这和自己之前交的稿件大为不同，"缩水"不少，不仅大量删除了一些文章中的段落或句子，还整体性地将《都市人，不归夜》《找个地方去喝酒》等近10篇文章拿掉了。更加讽刺的是，这本被删得薄薄的书的屁股上，居然找了一篇他人写的长长的后记，来骂书的作者。这在中国出版界恐怕还是第一次。出版前全然不知情的韩寒写序说《零下一度》更能代表韩寒，但后来在接受采访的时候只好改口说这书被删得已经不能代表自己了。尽管如此，《零下一度》的销售同样火爆。

2000年10月10日，韩寒按照自己的计划去了西双版纳。有记者打电话告诉他，报纸已经刊出了他将于14日在南京书市签售《三重门》和《零下一度》的消息。但是在消息刊出来前却没有人正式征求过他的意见，甚至没有人告诉他具体的时间安排。书商和媒体已经学会了"先斩后奏"。无奈，韩寒只得13日乘飞机返回上海。回到上海，已是晚上，坐出租车回到家中时，已近半夜，他立即联系了作家出版社、上海人民出版社、南京书市举办方。结果，三方竟然表示活动并非自己组织，与他们无关。可以想象，此时韩寒一定感到很无语，报纸上报道他明天上午在400多公里外的南京签售，而他到现在还不知道是谁组织的。韩寒连夜高价租了一辆车到了南京，几乎一夜没睡的他赶到现场后，又被告知签售被安排到了下午。

次日，主办方又安排韩寒参加了一个读者见面会。主办方开办这个活动的目的是促销《我们的留言——致韩寒》一书，要求读者须购买此书方可进去参加韩寒的见面会。但该书的出版与韩寒不存在利益分配。于是，读者们纷纷拿着《我们的留言——致韩寒》一书让韩寒签售。这是个骗局，从始至终，举办方就没有通知过韩寒来参加此次活动，如果不算报纸上的"通知"。加之连续几天的奔波，韩寒已是身心俱疲，于是发生了如下对话：

"'三重门'是什么意思？"

"忘了。"

"你觉得通过读者见面会的形式来跟大家交流，好吗？"

"不好。"

"你现在有什么短期的，或者长期的计划呢？"

"长的没有，我走一步算一步。"

"那短期的呢？"

"这个见面会早点结束。"

"我们刚才进来的时候，要买这本《我们的留言——致韩寒》，他们说，你会签名的。"

"我不会再签名了，我觉得签名的就是一个SB，后面跟着一帮SB，天底下没有比这个更SB的了。"

韩寒一再拒绝签名，现场读者却坚持要签，最终在工作人员的协商下，以"按手印"的方式了结。事后，媒体马上作了"韩寒签售现场耍大牌，拒绝签名只按手印"的报道。总之，举办这次活动的"书商"是不道德的，伤害了韩寒。

对于这样的签售生活，韩寒是真的累了，以至于若干年后韩寒回忆起还说"签售是掉价、愚蠢而且没范儿的事"，并在博客公告里明确表明不签售。书也出了，名也有了，韩寒坦言一开始对媒体的采访和报道感到新奇，但不久就有点"厌烦"了。

2000年年底，韩寒被请到了中央电视台的演播室。韩寒事先要求不要有现场观众，央视也同意了他的要求。到了节目录制现场，韩寒才知道自己又一次被骗了，下面坐满了上百个观众。主持人在对韩寒以及韩寒的书毫不了解的情况下①，开始了这个《对话》节目。

节目组请来两位教授担任现场嘉宾，他们从各种宏观的视角用各种专业的术语分析了"韩寒现象"。观众中一个扎着麻花辫的女士频频站出来指责韩寒，从最初把韩寒形容成毛毛虫和飞蛾，到最后的土鸡，再到最后的烤鸡。她还发表高论说韩寒没有长大，理由是成人都用ICQ聊天，而韩寒是用聊天室。

最后，节目组将准备好的撒手锏甩了出来，请出时任"全国十佳少先队员"、福州市学联副主席、于3岁开始学钢琴小学6年级就达到十级水平、刚刚从美国留学归来的黄思路同学，用以证明韩寒的"偏才"是不可取的。尽管韩寒一再强调说自己也是全才，德、智、体、美、劳均衡发展。可以想

---

① 主持人在一开始介绍的时候出现了三个错误：其一，说《三重门》是高二学生写的，事实上韩寒连高二都没念过；其二，说韩寒凭《穿着棉袄洗澡》获得第二届新概念作文大赛二等奖，事实上韩寒第二届新概念作文大赛初赛的参赛作品是《头发》，复赛是《人生的定义》，而《穿着棉袄洗澡》只是韩寒发表在《新民晚报》上的文章；其三，说韩寒的《三重门》是2000年6月出版的，其实是5月，当然，比起前两点，这一点不是很重要。

见，栏目组就是要通过这样一个节目将韩寒树立成一个反面教材。

有意思的是，10年后，网上出现了一篇广为流传的文章，叫《刘亦婷，黄思路，韩寒，时间给了这个社会大大的耳光》，文章这样写道：

> 十年前，我觉得这个节目很不光彩，满口的仁义道德，字里行间都是吃人。十年后，我怀疑这是××当时有意为之，通过这样的方式，来衬托韩寒是一个难得的合格人类。十年前的社科院博导陈××，认为韩寒的影响只是昙花一现。十年后，在陈××不遗余力地歌颂祖国时，韩寒却成长为中国百大公共知识分子之一。十年前的华东师大教授陈××，认为社会应该把握韩寒、拯救韩寒。十年后，社会已把无数学生把握成了房奴，而韩寒却在"拯救社会"。十年前用来歌颂中国教育制度的黄××，被主持人得意扬扬地请来反衬韩寒。十年后，黄××跑路去了美国，而韩寒却在用文章改变中国人的价值观。十年前那个会用ICQ以及OICQ的麻花辫妈妈，认为韩寒是只幼稚的土鸡。十年后，她随着ICQ和OICQ一起消失在人海，而不用聊天工具的韩寒却话语传遍中国……十年前那个说韩寒是记仇的人，认为韩寒的讽刺是一种报复。十年后，韩寒用他的成长，让上面的每一个人贻笑大方，不妨说他确实记仇吧，他分分秒秒都在报复。

这篇文章通过人物对比和时间前后的对照，不遗余力地赞美了韩寒。然而，韩寒认为这对文中出现的黄思路等人是不公平的，于是2012年6月他写文《一个流传多年的谣言》对此进行疏解：

> 黄思路、刘亦婷和马楠，她们只是按照自己的意愿做出了选择。我知道类似的传言能煽动民族情绪。把这些未经查实又没有关

联的内容捏合在一起，虽对我有利，却结结实实损害了另外三个女孩子的清白和名誉。对社会现状的不满不能转嫁到这三个没有做错任何事情的姑娘身上。她们自食其力，出国留学，爱上外国人，这很好，我待在中国，没娶洋妞，也不代表高尚。

至于我，的确没想过要移民海外。没有什么崇高的理由，也不怕你用动机论阴谋论来解释，说白了，纯粹就是因为到了国外过不惯。我的朋友、家人、亲人、读者、车队、赛事都在这里，我也喜欢看中文字，吃中国菜。我热爱一片土地，是因为这土地上站的人。我爱的人们在哪里，哪里就是我的所在。……最后祝福任何移民的朋友、定居海外的人、在国外念书没有回来的学生，愿你们替我多呼吸几口清新干净的空气，愿你们在更公平的环境里创造一切，能造福到你们的，迟早会造福到我们。

这就是善良的韩寒，这就是包容的韩寒。

这件事到这里还没完。12年后，一个公众人物跳出来说，韩寒居然在这期《对话》节目中再次说自己不知道《三重门》这本书书名的意思。人们常在对一件事毫不知情的情况下擅自发表自己的看法，普通大众如此没什么，作为公众人物，在没有认真了解这样一期节目的情况下就擅下定论，这是让人无法理解的。

其实，就算在一种和谐的环境下，韩寒也有权对他的读者说我忘了"三重门"什么意思。有的作家写完小说会在后记里总结小说反映了什么思想主题，比如余华。但很多作家是不希望这样的。韩寒一向反对谈论自己的文章、书、书名表达了什么思想，他说："我有一个观点，在2001年的时候，包括2011年的时候，给别人的书写推荐的时候，我也说过：'一个作者不应该去

谈论自己的东西，也不应该去介绍他人的东西，因为这会影响到读者阅读，
会让读者有先入为主的感觉。'"

　　况且，那时的韩寒，在大人们尤其是专家学者的围攻之下，常常处在自
我保护之中。赵长天认为，其实一直存在两个韩寒，一个态度偏激粗野无礼
口无遮拦，另一个文质彬彬温文尔雅勤奋好学。只有站在像赵长天这样温和
宽容的长者面前，前一个韩寒才会放下防卫，让后一个韩寒站到前面来。金
丹华直言评价了韩寒早期面对媒体的表现："年纪轻，紧张……以这种状态
去对话成人世界的时候，提防，讲话比较小心。小心以后看到的表现跟我
们私下看到的完全不一样……私下里的韩寒很爱讲笑话、吹牛、聊天……"

　　要知道，这个"公开场合的韩寒"向"私下的韩寒"握手言和，花了整整
10年的时间。

第七章 / 小镇生活

> 三年前我从校园逃出来。我觉得我是全世界最聪明绝顶的人。
> 因为有些博士其实见识没有多少长进，只是学会了怎么把一句是人
> 都听得懂的话写得连鬼都看不懂。本来我会待得很好，反正大家都
> 是混日子，出去以后也要交房租，那还不如待在寝室里舒服。
>
> ——韩寒《小镇生活》

《三重门》出版后拿到稿费，韩寒就在朱泾租了一套房子独自居住。这期间，他看了很多电影，各式各样的，各个国家的，大都是从小镇上租来的光碟，看完了第二天就开着摩托车给人家还回去。他过着《他的国》里左小龙似的生活。

没有人能论证电影对人的影响到底有多大，也很难找到一个具体而恰当的人作为研究标本。但如果非要找一个研究标本，韩寒倒是个不错的选择。按照韩寒自己的说法，从2006年开始，他便几乎不再看别人的小说，只看新

闻资讯。一个写小说的人不看别人写的小说，这在以前多少有点说不过去。2006年恰好是韩寒小说的一个分水岭，这之后他写了《光荣日》《他的国》和《1988》。如果你认真读过韩寒的小说，你会发现这3部小说与韩寒之前的小说有显著的区别，除了故事性增强了，另外一个特征就是电影性增强了，小说中的场景很有镜头感，一幕接一幕。如果将它们拍成电影，我甚至觉得连剧本都可以不要。所以，当看到关锦鹏买下《他的国》的电影版权，准备将其拍成电影的时候，我想，这个导过《红玫瑰与白玫瑰》《阮玲玉》等片子的人，由他来拍《他的国》，只要剧中每个人正常发挥，应该会是一部不错的片子。可惜后来剧本没通过审查。在这里笔者可以大胆预言，如果有一天《他的国》和《1988》被搬上银幕，必将成为经典片，因为它们写得实在太电影了。

其实，韩寒的小说中，最早可以看出电影镜头感的是《长安乱》，只不过还不似后来明显。这些，都可以看出韩寒的小说创作受到电影的影响。那么，韩寒是从什么时候开始大量看电影的？正是退学待在小镇的这段日子。这期间，韩寒看了几百部电影，大陆的，港台的，欧美的都有，以经典片居多。这是韩寒成长积累中非常重要的一部分。基本上，一个看了百部以上经典影片（一定得是经典影片）的人，多少会积累一些艺术鉴赏力。后来韩寒在博客里点评刚上映的电影时之所以能发出独到的见解，这是因为在他脑子里已有这些经典片作对比。

电影之所以在这个时代这么受欢迎，我想是因为它的"快"。这个时代充斥着太多的东西，让我们目不暇接，消耗、占据、吞噬着我们的时间和精力。具体到书，世界各国每天出版的图书加起来必是一个天文数字，信息量如此之大，我们如何选择获得对自己有用的信息？书籍永远是人类获取信息的一条途径，但未必是最快捷的途径，尤其是小说，看一本30万字的小说大概需要10个小时，但有可能摄取到的对自己有用的东西却极为稀少。

传统的看法是写小说的人必须看别人的小说，但事实是不是这样，并没有人论证过。以我的经验来看，要学会写小说当然首先要大量阅读别人的小说，观察别人是怎么写的，留心各种各样的写法，然后你开始模仿并逐渐形成自己的风格。然而，等你看了不少小说后，你会发现很多小说对你已经没有吸引力了，你进入不了故事氛围，你会不由自主地以一个创作者的身份去解构它的情节，甚至你可能早已看到了结局。一段时间以后，你看过的小说在你头脑里剩下的只有故事片段，并不比看电影留下的东西多。但同样的故事，你看电影只需要两个小时。最关键的是，看电影你还能被吸引和带入。这个时候，我果断地选择多看电影少看书籍。如果看书仅仅是为了看书，不管能不能获得东西，也不管过程愉快不愉快，觉得别人看了我也要看，那看书的意义和价值就丧失了。

当然，以上所有的书仅仅指小说，别的诸如思想类哲学类学术类著作，是电影无法替代的。自然，尽管是小说，也不是所有的小说都能被电影取代，尤其是后现代一些经典著作，比如卡尔维诺的《寒冬夜行人》，就根本没法拍成电影。说句题外话，我想西方之所以出现后现代主义，除了受他们高度发达的社会生活的影响，我认为还有一个因素不得不考虑，那就是电影的崛起和兴盛，可以假设作家们会这样想：既然传统的小说电影都能表达，那我们一定要写点电影不能表达的！

韩寒的身上同时包含着传统文化和快餐文化。本质上讲，他是一个传统的人，他从小受的家教，上学后看的课外书，皆属传统文化。但韩寒选择了一条不经过大学的道路，踏入社会后更多接受的是快餐文化，以至于不少人说他没文化。很明显，他们口中的文化是指传统文化。韩寒才懒得管这么多，他只按照自己喜欢的路走下去，如果旁人的几句话就能改变他的方向，他也就不是今天的韩寒了。小镇的晚上，他照常选择看他的电影。

白天，韩寒还有另外的事要做。这时他痴迷上了"速度"。其实早在

1993年在电视上看港京汽车拉力赛的时候他就对速度有了兴趣，立志长大后要开赛车。7年以后，韩寒终于有钱买车，尽管买赛车还不够。但他还没拿到驾照，所以就先买了一辆50CC的轻骑摩托车饶有兴致地玩漂移。50CC的轻骑本是一款经济、省油、速度低的家用车，但韩寒固执地要把它改装成赛车，用尽一切办法使它达到极限外的速度来玩甩尾。终于，此车不堪忍受，将轮子一起甩了出去。韩寒只好承认每个人每辆车的承受能力都有限，于是他买了一辆速度更高的、YAMAHA V2的两冲程摩托车。这是一辆公路版的赛车。关于此车，韩寒在《像少年啦飞驰》中有这样的文字：

> 我特别喜欢飙车，并且买了一辆YAMAHA V2的两冲程摩托车跑车。此车性能优异，在公路上开的时候其爽无比，那些桑塔纳根本不是对手，六个前进挡，在市区按照转速表红区换挡的原则基本连换两挡的机会都很少。使我这种以前开惯了50CC轻骑的人一时难以适应。

之所以将《像少年啦飞驰》中的文字引用到这里，是因为韩寒曾对赛车记者方肇说《像》就是一本自传性质的小说。而且，在《韩寒H档案》（作者王帆）这本经过韩寒家人核实过的书里，明确地记载着韩寒刚离开学校不久买50CC轻骑和YAMAHA V2的事。王帆说韩寒离开学校后很长一段时间没写东西了。但我认为不是这样，证据就是《像少年啦飞驰》。这部小说由多部分构成，而每一部分又由很多琐碎的片段组成，而这些片段，其实相当于日记，只是韩寒把日常生活中的事夸张化了。

我曾认为，韩寒在离开学校不久就开始了《像少年啦飞驰》一书的写作，但他那时还几乎没有什么社会经历，所以小说的第一部分就把他小学和初中的经历夸张地回忆了一遍。后来我听韩寒接受我国台湾地区电台的采访时说"写了《像少年啦飞驰》，因为《三重门》还没写"，这句话被人断章取义拿来质疑韩寒对自己的书不熟悉，居然连出版的先后顺序都搞错了。我认为，这有两种可能：一是韩寒不小心说错了；二是《像少年啦飞驰》的写作时间真的比《三重门》早。

当然，整体上都比《三重门》早是不可能的，《像》里有很多韩寒休学后踏入社会的亲身经历。通过对《像少年啦飞驰》文本的仔细分析，我认为，该书的第一部分，也就是从"某个时候我有一个朋友，号称铁牛"，到"若干时间以后我很不幸地进入另外一个流氓圈子"之前的文字，韩寒很可能写得比《三重门》早，但因为写了这些内容觉得不够好便放弃了，转而决定写《三重门》。

理由是：《像少年啦飞驰》第一部分的内容主要是写韩寒的小学和初中经历，而且最主要的是文笔很幼稚，和小说后面部分的语言差别是很大的。当然，在我看来，小说后面部分的内容也有一些小章节是写于《三重门》以前或者差不多同时，比较明显的是94小节，该小节分为上中下三篇，这明明就是韩寒当年写的日记嘛，把它们夹在小说中充数还不忘标记，或许是想向日记中的那个女孩暗示些什么。那为什么这部刚开了个头就被废弃的小说后来又接着写下去了呢？原因很简单，韩寒玩车把钱花得差不多了，所以"只好本色一把，拿自己的经历来应付了"。

小说到第二部分，即"若干时间以后我很不幸地进入另外一个流氓圈子"后，写作时间就基本上与韩寒自己的生活接壤了，所以从这时候开始，小说描写的内容相当于小说化了的日记。另外，小说自始至终几乎都有两个"韩寒"，一个是"我"，另一个就是各个部分除了"我"以外的那个主要人物，比如第一部分是铁牛，第二部分是老枪，第三部分是老夏，这样写的好处是便于情节推进，同是也可以弥补"我"视角的不足，与"我"互为补充。

当然，《像少年啦飞驰》毕竟是小说，不能完全把它当自传来读。有一些别有用心的人，推断小说中的主人公比韩寒大5岁，并据此说该小说不是韩寒写的。事实上，在这部小说里，年龄基本是隐藏了的。倘若与作者自己的年龄一样，那么，便无法解释"我"为什么在那么小的时候就离开了学校。但其实，细心的读者会发现，小说中的故事情节几乎是按照韩寒自己的经历顺序进行下去的，也就是说，第一部分是写"我"和铁牛在小学和中学的故事，以韩寒自己的经历为背景。第二部分是写"我"和老枪在上海闲荡当枪手的故事，以韩寒离开学校后在朱泾租房子住的经历为背景。当然，韩寒不可能当枪手，为了塑造小说中小人物的落魄形象，他有意将"成功的"自己隐去，但又要与自己的身份保持某种联系以方便"日记体"小说的叙写，只好选择让人物当枪手。第三部分以韩寒到北京飙车为背景。当时韩寒的女朋友在读大学，他们租的房子离大学比较近，韩寒时不时到大学去闲逛，对大学的生活有所了解，因此小说中出现了主人公上大学这一情节。

然而，这直接导致某些不明原委的人认为小说的正常顺序应该是：第一部分、第三部分、第二部分。他们的理由是：第三部分"我"在念大学，显然应该先于第二部分"我"已经离开了学校混社会。这样，就导致了他们认为第二部分中与"我"相关事物的年代早于韩寒5年左右。事实上，这正说明了第二部分大致就是那个时间段，即韩寒在朱泾居住的那一年：2000年下半年到2001年下半年。有人认为这段故事在小说中应该在第三部分后面，即在念完大学4年后面，这样算下来时间背景当然就提前了大约5年。而这在小说中的矛盾之处，恰恰说明它是符合韩寒的个人经历的。

在写《像少年啦飞驰》的时候，韩寒已经用电脑代替了手写，但"用的是最落后的电脑，存个盘等同于我们把泡面冲开的时间"。[①] 电脑系统装的是

---

① 《像少年啦飞驰》第27页。由于这段时间韩寒的经历现在可参考的资料相当有限，所以我将以《像少年啦飞驰》中类似"日记"的片段，去除小说成分的虚构与夸张，所剩下的作为部分资料来源。不当之处或不正确的地方，敬请韩寒及了解的人指正。

Windows98，打开奇慢，里面有一个很早的三国游戏，一个四倍的光驱装在机器上，用来读租来的各种盗版碟。另外，韩寒还买了一个CD唱机，买了很多张CD，一张齐秦的精选，一张老狼的，一张肯尼基的，还有一张披头士的，等等。屋子里一开始没有暖气，后来弄来一个，但当插上电源取暖的时候，"这里的电线无法承担"，保险丝细如头发丝。有时候实在太冷，韩寒就选择去国宾馆住一个晚上。

有的时候他也会和几个朋友去酒吧或者舞池，看那些舞池上的人们头摇得要掉下来。有的时候，他和几个朋友蹲在学校门口，等放学后观看从大门走出来的漂亮姑娘。有的时候，他会被叫去参加所谓的文人或者作家聚会，听他们瞎掰。有的时候，他和一些朋友去一条小弄堂里看一些导演搞的地下电影。有的时候，约几个朋友出去踢踢球玩玩桌球。有的时候，独自开车到金山区的石化去练习卡丁车。

这期间他还经常出入一个叫"狐朋狗友"的聊天网站，在上面认识了"独立主格"（马日拉当时的网名，当然"马日拉"也只是现在用的另一个网名）、苏佳、苏莹等人。韩寒当时的ID是"印度阿三"，经常和ID"苏莹"成双结对出入，一时成为美谈。但这时马日拉在现实中还没见过韩寒，他们的第一次见面是在2000年冬天"狐朋狗友"在上海亚新广场举办的第一届冬季舞会上。

在某个过道里，"一袭黑色风衣，长发墨镜的韩寒，如电影里升格后的慢镜头一般缓缓走来，他的左边是刘嘉俊，右边是苏莹，三个人的步调和节奏仿佛《纵横四海》里的三人一般，潇洒地迈入了一家肯德基……韩寒脱下能遮住人半小腿的黑色风衣，开始点餐……"马日拉鼓起勇气，对着长发遮面的韩寒说了一句："韩寒？"韩寒故作低调，头发掩去了整张脸，回了马日拉一句："啊？你认错人了。"可见这时候他们并没有认识。

一直到2001年上半年的某一天，在杨浦中学的校园里，他们再次相遇。

这一次马日拉学聪明了，问了一句："阿三？"韩寒问："你是？""主格。"马日拉答道。然后他们开始热情地交谈起来，还踢了场球。之所以费这么大力气介绍这段，是因为在第二届"狐朋狗友"冬舞会上，韩寒看上了扎着几根细细的小麻花辫，上面绑着五颜六色的橡皮筋的清纯女孩，韩寒对马日拉说："主格，你帮我个忙……"10年后，这个女孩成了韩寒的妻子，之后他们有了个漂亮的女儿。她就是金丽华。

　　在历经了几次补考后，韩寒终于拿到了驾驶证。在拿到驾照之前，他就已经迫不及待地拿稿费买了一辆汽车。稿费有限，可供选择的大概有三种车型：桑塔纳、富康、捷达，当时上海的出租车大多是桑塔纳，考虑"怎么也不能买一辆出租车"的韩寒最终选择了富康。追求速度的韩寒首先考虑的是怎么把自己的车改装成赛车，他一路把自己的车开到了北京的一家改装店进行改装。到了北京，他才惊讶地发现，富康正是北京的出租车。于是韩寒就让改装店对自己的车做了相当夸张的奇形怪状的改装，加了涡轮增压装置，换了变速箱、避震、场地赛宽胎、音响系统，以及赛车用的方向盘和筒形座椅；装了鲨鱼腮，整了个大包围，加了尾翼。总之，让人很难认出来它是辆富康。韩寒就开着这辆"怪物"回到了上海，穿梭于上海的各条街道上：

　　　穿过淮海路，看见美美百货……然后穿过宝庆路，到达衡山
　　路。我们这时候和外滩是背道而驰的。我们路过衡山宾馆，看着老
　　时光从视线里消失，路过地铁站，然后拐上肇嘉浜路，看见无数的
　　写字楼在两边消失，无数的穿得像个人样的从里面走出，叫了一辆
　　车后也消失了……我们的身后是南浦大桥，我们沿着中山路，看着
　　旧的上海，对面是东方明珠……我们站在外滩的防汛墙边的时候正
　　好是黄昏……然后我们站在外滩，看着来往拥挤的人群，无数的人

对我们说过这样的话："让一让，正拍照呢……"我们走过无数的相拥的情人、无数的暗淡的路灯、无数的江边的座椅，最后看见一个类似杨浦大桥模型的东西，知道到了老枪最喜欢的地方，外白渡桥……老枪的保留节目就是在桥上沉思。说是沉思一下，应该写些什么。每到这个时候我会觉得无比的滑稽和悲伤，觉得很多事就像老枪苦思冥想的文章，花去你无数的精力，最后你终于把它完成，而它却不是属于你的。

读到以上文字，就仿佛自己开着车看到车窗外的景物从眼前飞驰而过，然后慢慢地，一股淡淡的忧伤奔袭而来。我想起由韩寒作主题歌歌词、范冰冰主演的电影《观音山》，一部描写年轻人内心孤独与流浪的电影；我想起十余年后韩寒在接受《南方周末》采访提及此段经历时说的那句话："孤独，深深的孤独。"

这里想起一个故事：美国一对夫妇向大学文学院教授寻求使他们儿子成为作家的方法，教授说："给他1000万，让他去流浪。"这对夫妇照做了，这个孩子流浪到过很多地方，若干年后，他成了一名优秀的作家。我又想起《青年报》记者吴弘在一篇报道里说，满舟已经提前进入复旦学习，这让人们对另一"偏才"韩寒的去向表示关心，于是记者去采访了复旦大学中文系的教授，教授们对韩寒的评价是："作品无论从思想性还是驾驭语言的功力上看都十分老到，是有才气的。但是，中文系并不培养作家，因此，韩寒如果想成为一流的作家倒真的不一定要读中文系。"复旦的这个说法是中肯的。韩寒自离开学校后的这一年包括后面几年到全国各地参加赛车比赛的经历，对于他的创作有相当大的帮助，是他进行小说创作的一笔财富，除了《像少年啦飞驰》，韩寒后来的很多小说，包括《一座城池》《他的国》《1988》，都可以看出这些经历的痕迹。

　　当然，与那对夫妇的儿子不同的是，韩寒的这些经历并非刻意为之，它们非常流畅，路金波先生称之为"钝感力"。韩寒离开学校是因为不喜欢过集体的有组织有纪律的生活，喜欢漂泊是因为喜欢赛车，有钱买车是因为出了书。故事中的孩子得益于父母有钱，能支付他1000万让他去流浪。韩寒没有这样的幸运。但韩寒又是幸运的，他的《三重门》和《零下一度》都销量惊人，前者连续10个月排名第一，全国图书销售排行榜上榜时间达33个月，是2000年全国最畅销图书；而《零下一度》是2001年全国图书畅销排行榜第一名。所以韩寒才有钱买车和玩卡丁车。卡丁车的消费是相当高的，差点儿的室内场地一天的费用也要500元人民币以上。金山区的石化有一个室内卡丁车场，在那里经常可以看到韩寒和别人在比拼时间纪录，"有一段时间我几乎风雨无阻去那练车。那时候刚刚从学校离开，全区我怀疑也就那么一个非色情无赌博娱乐场所。随着我与那里的员工慢慢熟悉，换句话说也是随着我花的钱越来越多，我终于知道了哪辆是快车哪辆是慢车。"

　　时间到了2001年年底，韩寒离开学校已经一年多，"休学"的一年期限早就过了，他没有返回学校继续上学，期间也没有再出版别的书籍。这个在大家看来休学一心搞创作的才子韩寒，很少有人知道他在干什么，更没有人知道他将要干什么。

第
八
章 ／ 在北京漂移

在我参加赛车的三年以及之前准备的两年，在我记忆中只是一
个拼命想往前跑的过程。所有能被叫作过程的，都是短暂的……在
三年里，自己的确花了不少钱。还被很多报纸指责赚了读者的钱以
后就去开车花了。但是我觉得这是件骄傲的事情。因为无论我的钱
用途是如何，钱还是那个数量，在很多人买房子买车子开铺子戴链
子的时候，自己把它花在体育项目上，并努力希望自己得到好成
绩。我不明白这有什么可以指责的地方，不明白是不是我把钱用来
买套豪宅或者嗑药就无人指责了。莫非名人就得那么花钱？

——韩寒《就这么漂来漂去·序》

在2001年，韩寒经常奔波于北京和上海之间，要办事就去北京，没事就
回上海。他甚至在北京地下室居住过。一直到这年的下半年，他在望京小区
租了房子，才算是在北京安顿了下来。房子是两室两厅两卫，1000多块钱一

个月的房租。韩寒把版税都拿去改车和练车了，差点连这样的房子都没能租起。后来终于积攒下5万块钱，在北京买了一套房子。当时的房价是每平方米3800元，60平方米的房子，首付5万，月供1200元。房子位于朝阳区，但韩寒开车去通州狗市只要5分钟，而去朝阳公园却要半个小时。很快韩寒发现京通高速走到头就连着长安街，于是，他很简约地告诉父母自己住在长安街沿线。经过乡亲们的一通乱传，韩寒回到老家，人们都羡慕地问他："听说你住在天安门边上，见过国家领导人了么？"

韩寒在北京安顿并不像人们通常想的那样，认为搞文化就得去北京。事实上，韩寒的理由更简单，他要在北京搞赛车。这得从一个叫苏阳的人说起。苏阳还在念大学时就组建了一支乐队，就是后来的"麦田的守望者"，他在乐队里担任鼓手。乐队还时常被邀请到欧美等国演出，1996年的一次出国演出，苏阳在街上看到一些造型奇特的车，经过了解，才知道那是"改装车"，他第一次听说车还是可以改的。苏阳立即对这件"新事物"来了兴趣，开始着手搜集车辆改装的各种知识，到处学习改装技术。经过两年多的准备，1999年，苏阳终于成立了自己的改装店：北京极速改装俱乐部。在经过两年生意的冷淡期，2001年终于迎来了一线转机，一位美国客商通过互联网了解到极速改装的信息后，希望和苏阳合作。后来又有一些外国公司与极速俱乐部进行合作，苏阳的生意渐渐好了起来。当时的中国赛车改装从业人员还很少，北京倒是有几家，极速俱乐部就是这几家之一。韩寒的第一辆车就是在北京改装的。

韩寒来到北京，结交最多的当然也是热爱赛车和改装车的人。经朋友介绍，韩寒认识了苏阳。而苏阳，自然就成了韩寒学赛车的第一个"老师"，韩寒就跟着他们一起开着自己的改装车在街上飙。但大家都不怎么快，"我们那时的技术其实是很差的，唯一可以拿出来在全球范围里炫耀的就是穿车档子的技术，绝对是小到连自己都不能想象，每次都以为车要卡在里面，还有时候居然能车漆没刮但贴纸没了。""这方面的祖先是苏阳和王秀兰。""两人绝对是闲的，每天傍晚四环开始堵车的时候从改装店出发，然后'飞街'去吃饭。饭店老板如果知道他们俩是这样一路高速争先恐后来吃饭的，肯定感动不已。话题基本上是'刚才你有没有看见一辆奥迪在后面跟我飙了一段，后来已然被我废了'，另一个肯定说'我在前头开太快了，实在没看见'。"韩寒说，他们"虽然不具备在赛道上将车游走在极限里的能力，但是在一堆车里钻已经是达到极致"。韩寒常常坐在苏阳的副驾上，学到了"关键所在"，也达到了极致。

这段时间也是韩寒最迷茫的日子，每天睡到下午起，"去朋友改装店，扯淡，晚饭，扯淡，宵夜，扯淡。各式各样的姑娘在眼前过，当然，都是朋友的。"他说，这段生活，就像开车行驶在能见度一米的大雾里一样迷茫。这些经历，被他写进了2002年年初出版的《像少年啦飞驰》里。我一个朋友非常喜欢这本书，认为特别是最后几页具有浓浓的情怀，带着迷茫和孤独的情怀。我认同朋友的这个看法。这本小说尽情而无保留地描述了韩寒自离开学校以后的心路历程，是一本"日记体"的小说，可以看出韩寒的个人生活痕迹，其中某些段落，明显有将"日记"穿插进去之感。但同时，站在小说的立场上讲，这些零散的"日记"没能黏合，缺乏一条明晰的线索，或者说缺少一个完整的故事将它们串联起来，不能不说是一个遗憾。

《像》的后半部分都是北京生活的描写，摘录一些句子供欣赏：

> 过完整个春天，我发现每天起床以后的生活就是吃早饭，然后在九点吃点心，十一点吃中饭，下午两点喝下午茶，四点吃点心，六点吃晚饭，九点吃夜宵，接着睡觉。

　　在一段时间里我们觉得在这样的地方，将来无人可知，过去毫
无留恋，下雨时觉得一切如天空般灰暗无际，凄冷却又没有人可以
在一起。自由是孤独的而不自由是可耻的，在一个范围内我们似乎
无比自由，却时常感觉最终我们是在被人利用，没有漂亮的姑娘可
以陪伴我们度过……总之就是在下雨的时候我们觉得无聊，因为这
样的天气不能踢球飙车到处走动，而在晴天的时候我们也觉得无
聊，因为这样的天气除了踢球飙车到处走动以外，我们无所事事。

　　这可能是寻求一种安慰，或者说在疲惫的时候有两条大腿可以
让你依靠，并且靠在上面沉沉睡去，并且述说张学良一样的生活，
并且此人可能此刻认真听你说话，并且相信。

　　或者说当遭受种种暗算，我始终不曾想过要靠在老师或者上司
的大腿上寻求温暖，只是需要一个漂亮如我想象的姑娘，一部车子的
后座。这样的想法十分消极，因为据说人在这样的情况下要奋勇前
进，然而问题关键是当此人不想前进的时候，是否可以让他安静。

这些文字是韩寒某个时段内心真实的写照。

韩寒解决迷茫的办法就是选择一个目标，并且把它拿下。他选择着手正
规赛车。其实，在"野路子"的马路飙车之余，他从来没停下正规的卡丁车
训练。到了北京，场地从原来的上海金山区石化换到了北京电视塔附近。卡
丁车，对成为一名真正的赛车手有很大的基础性帮助。韩寒是有参加正式赛
车野心的。在2002年的大部分时间，苏阳和韩寒都在筹建一支车队。韩寒还
在著名车手周勇的指导下考取了拉力赛赛车执照，同时还按照拉力赛的要
求改装自己的三菱EVO V。为了练习在砂石路上驾车的技术，韩寒一行来到

了滴水湖练车，在这里他差一点掉进超过百米深的悬崖，那可真是悬崖勒车了。这是韩寒自小时候被汽车追尾①以后，第二次近距离靠近死亡。事后韩寒总结道："给你教训但不给你代价是最好的。"

经过一年艰难的准备，2003年3月22日，北京极速改装俱乐部正式宣布成立北京极速车队，车队将参加全国拉力锦标赛，主力车手是著名车手张江红和新人韩寒。因为是朋友，韩寒与北京极速车队甚至都没有签任何车手合同，只是口头上答应为车队免费开场地赛车。后来为了更好的成绩，韩寒去了上海大众333车队，为了当初一句没有合同的承诺，韩寒赔给北京极速车队40万元，这让他一度很窘迫。当然这是后话。

作家韩寒去参加赛车的消息传出来后，大家的反应是，这个年轻人太闲了、玩票去了。没有人会想到，若干年后，韩寒会一次次地走上中国赛车的最高领奖台。但当时确实是够困难的，之前口头承诺的赞助商等到真正组队比赛的时候也没有兑现。韩寒和张江红用的是自己的车在比赛。车队分期付款买了一台维修卡车，最便宜的那种，还没开到上海就自己先坏了需要被维修。

在韩寒所在的拉力赛N4组，2003年参加比赛的车队主要有红河车队、佳通轮胎车队、咳速停车队等。红河车队有多次获得N组冠军的陈自华，还有实力派车手刘斌；佳通轮胎则招来了上个赛季N组冠军文凡，还有驾驶全场唯一一辆EVO VII的重庆小将刘曹东。相较这些车队，首次参加比赛的北京极速车队不仅赛车不先进，后备维修更是相当薄弱，韩寒要获得好的名次几乎不可能。

在中国汽车运动联合会公布的2003年赛历中，共5站比赛，比赛时间和地点如下：

---

① 这次事故详见韩仁均《儿子韩寒》中的《一场车祸》一文。

第一站　3月22日—23日　上海

第二站　4月26日—27日　浙江龙游

第三站　5月31日—6月1日　北京

第四站　7月16日—17日　吉林长春

第五站　10月11日—13日　广东韶关

关于第一场比赛，韩寒后来回忆道："在上海比赛，穷苦的车队将要出发。为赛车花光了所有的钱，义无反顾地去了这完全陌生的领域。博得众人的又一轮批评嘲笑。当时什么也不懂，特别没信心，从北京一路开车去上海的时候不停地在想，我这是在干嘛呀。所有人都觉得，写书的也能比赛啊，别车毁人亡啊。那次是第六名，奖金1000元，当时还留小辫子小胡子。"

计划赶不上变化，在上海第一站比赛结束，临近第二站龙游比赛时，一场名为"非典"的灾难开始肆虐全国大部分地方，大赛组委会被迫于4月23日宣布取消第二站比赛，所有车队必须于4月24日16:00之前全部离开浙江龙游县。车手们遗憾地离开了龙游。

因为浙江龙游距离上海较近，韩寒没有回北京，而是回到了上海的家。"非典"期间，韩寒待在家里无事可做，只好写作。但鉴于自己刚刚出版了《像少年啦飞驰》，经历被用得差不多了，于是韩寒选择写杂文，关于中国教育的杂文，他决定对中国应试教育的"问题"做最后一次总结。于是，一篇篇以"××的问题"为题目的杂文随之诞生了。

到2003年6月，肆虐的"非典"得到了控制，比赛得以恢复。原本是第四站的长春站成了第二站，而北京站推迟到8月16日到17日举行。原本因"非典"被迫取消的龙游拉力赛也重新于9月举行，而原本的第五站广东韶关站则取消。在龙游站韩寒的赛车滑出赛道，无法再驶上赛道，这是他参加赛车以来首次退赛。这样，这年参加拉力锦标赛下来，韩寒的成绩是：上海站获N组第六名，长春站获N组第十四名，北京站获N组第六名，总成绩年度积分排在N组第八名。N组前三名是刘斌、华庆先、陈自华。

9月浙江龙游比赛结束后，韩寒与极速车队回到了北京。不久，中汽联放出消息，将举办5站短道拉力赛，分别在重庆、北京海淀驾校、北京通州汽联基地、湖南常德和广东顺德举行，韩寒报名参加了北京的两站。这两场比赛，韩寒在初赛中一次排在第十七名，一次排在第十八名，连前十六都进不了，无缘十六强复赛，更别说八强决赛了。对在写作上——至少在书的印数上叱咤风云的韩寒来说，这种滋味是不好受的，虽然自己的车确实不够先进，车队也才成立，各方面都不成熟，但是无疑他明显感觉到自己在技术、心理以及经验上与别人的差距。他决定向高手学习，他选择学习的对象，就是后来成为他好哥们的徐浪——在这一年的比赛中，徐浪参加的是1.6升组比赛。

徐浪是浙江人，"性格外向活泼，乐于帮助别人，为圈内人士所共赏。徐浪驾驶风格剽悍勇猛，但是有时未免拼得过头，以致不能完成比赛，所以几年来成绩优异，却始终被队友王睿压制，未能获得年度总冠军。"

2003年年底，韩寒按照事先的约定，开着他的三菱EVO V从北京来到杭州。与徐浪见面后，两人来到徐浪的家乡浙江武义。休息一晚上，第二天清晨，韩寒坐在徐浪自己改装的高尔赛车的副驾上，他要亲眼近距离地目睹这位国内一级车手是如何驾驶的。徐浪第一个转弯就让韩寒吃惊不小，原来转弯还可以这样。徐浪将车开到住家附近的一座山上，徐浪告诉韩寒，自己常一个人开车来山上练习。徐浪练车从不封路，他的车一飙上山，村民基本靠着人口相传，赶鸡圈小孩。正说着，车进入了一个盲弯，车精心地贴着弯心侧滑通过，正在侧滑的过程中，突然出现一个行人，韩寒很紧张，生怕刮到行人，但徐浪镇定自若地轻松避让过去。接着又是一个盲弯，徐浪都一一流利地开过。韩寒大为叹服。这一天，韩寒似乎对驾车领悟到不少。

第二天两人来到龙游，在看了徐浪开过车后，韩寒就开始自己驾驶。徐浪还要去参加顺德的短道比赛，韩寒便独自驾驶在这条几个月前退出比赛的赛道上，一方面弥补了自己退出的遗憾，另一方面，他已经暗自在为来年的龙游比赛努力。毕竟，人不能掉进同一条河两次。

2004年，韩寒再次征战全国汽车拉力锦标赛（CRC）。此外，他还获得亚洲宝马方程式资格赛冠军，拿到了参加亚洲宝马方程式的奖学金5万美元，但由于时间冲突，他不得不放弃这年的全国汽车场地锦标赛（CCC）。对韩寒来讲，这段方程式比赛的经历是宝贵的，毕竟这样的经历在当时的中国赛车圈里还没有几个人有过，何况多数情况下比赛用的还是F1赛道。最终的成绩也还不错，巴林站第七名，新秀杯第一名；马来西亚站第八名，新秀杯第二名；上海站第七名，新秀杯第二名；日本站第六名，新秀杯第一名。

然而，在CRC方面，韩寒和他所在的北京极速车队仍然只是配角。采访他的记者，多是娱乐早晚报一类的外行报刊，人们关心的还是他的青年作家的身份，且努力将其参加赛车往不务正业的方向上引。对于韩寒而言，自己绝不是在抱着玩票的心态，写作的时间只占了他的5%，而赛车的时间占到了95%。他决心在赛车这一行干出一番名堂出来。他说，要么死磕，要么磕死。这种精神并非两年前街上飞车性质的，这时候的他，对街上飞车已经没了兴趣，当上正式的车手后，真正的战场是赛道，他要成绩，只有成绩才能证明自己。

为了成绩，广受关注的韩寒可谓是顶着巨大的压力。一方面，车队经济条件不好，自己经济也有点窘迫，别人用的都是赛车油，排气管内侧都是白的，他却只能加平常的97号油，车都被熏黑了。另一方面，对一般车手而言，发动机水温过高的情况下是不敢强行比赛的，因为很可能爆缸，但韩寒不好意思不继续比赛，那么多人关注自己呢，粉丝都在"加油"了，媒体摄像头都对着了。对这些外界朋友而言，无论什么理由，如果没有成绩，一切都是借口。尽管韩寒在上海站还战胜了上届冠军刘斌，排在N组第七名、国内车手第四名，但这个名次在早晚报的记者眼里，是证明不了什么的。更加不幸的是，这时候北京极速车队决定将有限的资金投放到CCC上面，所以到了2004年5月份的北京站时，韩寒就只能以自己的名义征战了。什么都是自己的，但什么都得自己出。比赛开始之前，他从红河车队买了一台发动机，将就着可以上场。这一场，组委会为了直播收视率和观赏效果，将韩寒和台湾艺人林志颖放在同场竞技。明星对阵，两位的粉丝都已经在呐喊助威了，然而韩寒的发动机再次水温升高，这一次，韩寒理智地选择了退赛，自己的赛车玩不起，如果非要冒着爆缸的危险强玩，那接下来就吃不起了。

好友徐浪跟他红河车队的老板麻俊昆说："老大，让韩寒挂在我们这里吧，他一个人折腾实在太可怜了，北京站比赛前，修车就修了两天，40个小时没睡觉。"麻俊昆想，韩寒好歹是个作家，跑比赛不行但是写作还是很有名气的，就"收留"了他。但韩寒仍然不算是红河车队的正式车手，需自带干粮，赛车开翻了维修费自己承担，"当时大家谈合同的焦点主要聚集在发动机上，发动机出问题了钱怎么办，参加比赛撞车了修车怎么办，领航员的钱谁掏？我真的不善谈事，基本上谈的都是不平等条约。当时着实难过，我还没一发动机值钱吗？"韩寒后来回忆道。就这样，在六盘水站开始之前，韩寒给赛车喷上了红河车队的标志。

然而，在接下来的六盘水站和惠州站，韩寒依旧没有什么大的成绩。更加严重的是，红河车队还丢掉了年度总冠军，车队已经做好了新赛季的安排，"成绩方面，老麻把宝押在了飞车王徐浪身上；人气方面，则签下了小飞侠林志颖。2004年赛季结束的时候，韩寒知道，明年，他得重新找东家了。"

第九章 / 通稿之乱

北京的三年里，我来回出了自己的合集、精选集，甚至好文好字集，对文字也失去兴趣。出版这些东西，是需要赚比赛的钱。我自己需要，朋友的车队也需要，甚至替人还债也需要。在出版过程中，我唯一能做到的就是书不塑封，不让读者觉得这是新书，想后再买。当时我的书已经是非常高的价码，但对写东西完全失去兴趣。死磕赛车了。我就不信了。

——韩寒《没标题，行吗?》

赛车是需要巨大投入的，尤其是在刚刚起步的时候，除了投入时间、精力，还有钱。尽管韩寒几本书的销量都还不错，但赛车就是一个砸钱的行业，加之韩寒一贯大手大脚，因而有一段时间，他甚至穷得连轮胎都买不起。没钱了怎么办？只好再出书。那段时间，韩寒差不多已经停止了写作，甚至厌恶了写作。然而为了赛车，为了赛车的钱，他不得不出书。2002年10

月，韩寒出版了一本广为人们诟病的书，叫《毒》。因为这本书几乎没有什么新的内容，是前3本书中好词好句的摘录，有人大呼上当了。当然，韩寒有他的理由："我的书从来不塑封，况且我已经在序里说明了这就是一本词句精选集，又没逼着你买。"其实，这本书还是有纪念价值的，首先，书的装帧设计是韩寒迄今为止所有书中最好的；其次，这本书对于当时像我这样的刚上初中的人来说，爱不释手，因为它就是一本练习写作的宝典。鲁迅的经典语录离我们太远，不容易模仿，但《毒》中的句子，近在咫尺，我和一些喜爱文学的家伙们开始学习怎么把一句话说得精辟些。

2003年9月，韩寒"非典"期间写的《通稿2003》出版了。这本书设计独特，豆腐块大小，大大的章形圆圈几乎撑满了整个封面。圆圈内有一个五角星，五角星上是"韩寒"二字，围绕五角星的是"通稿2003"和"作家出版社"。这样的设计是限于它的字数只有几万。正是这几万字，却引起了巨大的风波。翻开目录，题目顺次排下去是：序言、教师的问题、军训的问题、恋爱的问题、学校的问题等等。从题目大致就可以看出这是一本什么样的书。

这是韩寒对中学应试教育的一次全方位集体式的批判，也是他最后一次对应试教育总结性的发声，按他的话说，这本书本来是5年前就想写的。写这本书的时候，韩寒已经离开学校整整3年，韩寒在序言里说"从我离开学校算起，已经有四年的时间"，这是他记忆错误，他从2000年4月5日休学，到2003年4月至6月"非典"期间写作此书，刚好3年。韩寒记忆力一直不太好，或者说他对这些无关紧要的诸如离开学校具体多少时间不上心，就像他在这本书里说的"该记住的总会记住的"，这种随意的态度导致他很多时候说话前后矛盾，有些矛盾后来成了一些人的"证据"。

纵观全书，可以归纳出7个观点：一、中学教育的问题是老师的问题；二、中学教育的一个问题是对各学科不能做到一视同仁，培养的不是真正全面发展的人才；三、学生的压力来自升学的压力，而这压力又来自今后生活的压力；四、这些问题终究需要改变招生制度才能解决；五、有的学科为了量化考试出题死板，不能让学生真正学到一些东西，甚至学到了一些错误的东西；六、学生干部规则不利于学生健康地成长；七、学习不一定要在学校。除此以外，还有《大学生的问题》《诗歌的问题》《自己的问题》三篇，我没有计算在内。接下来，笔者主要对韩寒学生时代以及由学生时代产生的对学校教育的看法做一个总结。

对于教育的思考，韩寒错了吗

在归纳出来的上述这7个观点中，我比较同意的是中间5个，第一个和最后一个看法我不太同意。先说第一个。韩寒说：

> 我曾经说过中国教育之所以差是因为教师的水平差。

> 教师本来就是一个由低能力学校培训出来的人，像我上学的时候，周围只有成绩实在不行，而且完全没有什么特长，又不想去当兵，但考大专又嫌难听的人才选择了师范。而在师范里培养出一点真本事，或者又很漂亮，或者学习优异的人都不会选择出来做老师。所以在师范里又只有成绩实在不行，而且完全没特长，又不想去当兵，嫌失业太难听的人选择了做教师。所以可想教师的本事能有多大。

> 我国几千年来一直故意将教师的地位拔高，终于拔到今天这个完全不正确的位置，并且称作阳光下最光辉的职业。其实说穿了，教师只是一种职业，是养家糊口的一个途径，和出租车司机、清洁工没

有本质的区别。如果全天下的教师一个月就拿两百块钱，那倒是可以考虑叫阳光下最光辉的职业。关键是，教师是一份极其简单的循环性工作，只要教材不改，永远就是两三年一个轮回，说来说去一样的东西，连活跃气氛用的三流笑话都一样。

我个人认为韩寒的这个观点是有问题的。他说中国教育最大的问题是教师的问题，这个看法是有很大偏颇的。笔者认为，中国教育最大的问题是教育体制的问题，教师是体制之下的牺牲品。为什么大多数人不愿意当老师？主要有三个原因：一、工资低；二、工作杂，人累；三、在应试教育体制下，不能实现自己的教育理想。

先说第一个原因。韩寒把教师的水平差归咎于教师的地位高，被称作阳光下最光辉的职业。其实恰恰相反，教师的水平差是因为教师的工资待遇低，教师的工资待遇低是因为教育体制出现了问题。就像韩寒说的，那些什么都不能干的人最终才选择当老师，可想而知，这样的教师队伍是什么样的素质。为什么素质高、文凭高的人不选择当老师？不是因为老师的地位高，是"太阳下最光辉的职业"，刚好相反，是老师的工资待遇太低了，大家看不起，有一些实在没办法的人会选择当老师。光是口头上宣传教师职业最光辉是没有用处的。所以，要提高老师的水平，办法就是增加老师的工资，到不亚于别的行业的收入水平时，这样势必有很多大学毕业生抢着当老师，教师岗位将供不应求，供不应求的结果就是择优选择，这样，教师队伍的整体素质就提高了。

然而，即使教师队伍的整体素质提高了，教师的整体教学水平也不一定会提高。在自己当了老师之后，我才深切地意识到，中专毕业生可能更适合当中学教师。通常来说，文凭高的大学生，想法很多，所以不免会产生很多痛苦。应试教育下的高中老师就像个机器一样，而整个学校就像个工厂，生产的是分数，是一件件通过高考输入大学的产品。如果你抱着自己是塑造人、生产"作品"而不是"产品"的想法去当高中老师，势必会很苦恼。

我是一所重点高中的语文老师，参加工作不到半年时，老实说，就已经厌倦了这样的生活，语文课被要求上得跟数学课一样，领导的眼里只有分数，学校的管理不带一点儿情感，学生过着犯人一般的生活。我们这样的新老师，除了教学工作，还常常被要求干一堆乱七八糟的杂事，你若不做，就被威胁要扣工资；你若因为将时间和精力都花到了这些杂事上，以至于没时间好好备课而导致学生考试成绩低了几分，你又会被狠狠批评一顿。作为新老师，我们处处被阻碍，前段时间甚至有刚参加工作的西南大学的免费师范生因不堪工作压力而自杀。

我在没有做老师之前，也认为"教师是极其简单的循环性工作"，但等我做了老师后，才发现不是的。首先，除了教学任务，还会有一堆让你意想不到的事。其次，就算只上课，面对不一样的学生，教学方法也是不一样的，除非你是待在一所不注重升学率的学校。如果你待的是一所重点高中，整天都有忙不完的事。据我所观察到的，重点高中的老师很多身体上都患有这样那样的病，一般退休后不出几年就去世了。这都是工作的原因。所以，称老师是"阳光下最光辉的职业"，我觉得这个评价不为过，老师工资低工作又累，至少该给一点儿安慰。

第二个观点（中学教育的一个问题是对各学科不能做到一视同仁，培养的不是真正全面发展的人才）和第三个观点（学生的压力来自升学的压力，而这压力又来自今后生活的压力），我放在一起点评，因为它们有很多关联。我有一个疑问，我们教育的出发点是培养什么样的人才？尖端型的？数学家？物理学家？化学家？但其实这些所谓的家不是培养就能培养出来的，培养"家"不应该是教育的初衷，因为"家"毕竟是少数，硬要培养只能适得其反，我们教育出的大量毕业生，到现在也没有培养出一个诺贝尔奖得主。（莫言、杨振宁等人不是接受中国正规学院派教育的孩子。）

　　教育应该为大多数的利益考虑，换言之，就是培养人，培养一个能在社会上生存的人。但问题是，我们现在在学校学的很多东西，对于我们踏入社会、在社会上生存几乎是没有帮助的，但我们却为此学了十多年。人是单个的，自己只有一个，各人热爱的东西不同，所以应该要有更多可供选择的空间。而我们现在的教育剥夺了大家的兴趣选择，高中的主科是：语文、数学、英语、物理、化学、生物、历史、地理、政治。其他的，像什么吹拉弹唱跳什么都不重要。就像韩寒说的："大家都会有感觉，如果一个学生很喜欢专注于除了应付考试以外的别的东西，比如踢球打球上网写作等等，那很多人的评价就是不务正业。不光老师家长这样看，别的学生也在潜移默化的影响下这样认为。然后结果往往是老师出面加以干涉。"但其实，高中数学、物理、化学、生物所学的很多东西，对于将来不从事这方面工作的人来说，是基本用不到的。有人会说，多学点东西总是好的。可我们学了这么多对自己没有帮助的东西，究竟是否值得？

　　我想，一个有魄力的父亲，当看到自己孩子某方面的特长，就应该不遗余力地去开发孩子这方面的特长，所以我特别佩服丁俊晖的父亲。但是有的大学生却为此指责丁没上过大学，没文化，这是很好笑的。

　　上大学是为了什么？如果是为了实现自己的梦想也就算了（也许一些人的梦想就是上大学），我相信很多人是为了找份好点儿的工作养活自己。从这一点出发，丁俊晖能养活自己，而且过得比你好，而且他从事的还是自己喜欢的职业。所以从某个角度出发，他实现了他的理想，这就很好。

　　这里有一个问题，假如有一个同学热爱文学，想读大学中文系，而众所周知的是，热爱文学的同学其语文成绩未必是最拔尖的，那怎么办？我认为语文是一门基础课，如果真对文学创作或者文学研究有兴趣，想进大学中文系，可建议设两门特长考试，一是文学创作，二是文学批评。通过这两个特长的成绩决定你进入哪所大学的中文系。当然，可以参考一下历史课的基础成绩。所以，这样下来，衡量智商的不作为大学录取选择的高考基础科目有：语文、数学、英语、物理、化学、生物、历史、地理、政治。这几个科目及格了，则高考进线，然后看特长科的成绩。

现在谈谈韩寒的最后一个观点：学习不一定要在学校。

韩寒说："中国人首先就没有彻底搞明白，学习和上学，教育和教材完全是两个概念。学习未必是在学校里学，而在学校里往往不是在学习。"

这话其实只说对了一半，学习和上学，教育和教材，肯定是两个概念，它们的定义都不同，这毋庸置疑。但问题在于，在韩寒看来，它们之间是没有联系的，或者联系非常少。真的是这样吗？我觉得不是的，现在图书市场消费的主体是青少年，换句话说，看书的基本都是学生。而离开学校的、在社会上混着的、自由职业者、上班一族，反而很少看书，为什么？因为他们缺乏闲情去看书，他们有更重要的事情要做，要养家糊口。只有在学校里，相对来说，对金钱的追求要小些，更有利于学生静下心来学习。可以说学习不光是书面知识的学习，还有社会知识的学习，那就又是另一回事了。当然，我说的是普遍例子，个别特例除外，而韩寒，显然就是特例。所以，我觉得韩寒的看法是没有错的，他只是在表达他自己，就像他说"数学于我而言，学到初二就可以了"。关键在于，读者要明辨，要学会独立判断。

《通稿2003》中并没有提出解决方法，只是提出了一系列问题，我由此想谈一谈自己对这些问题的看法，并初步构想了一套解决方案，尽管我以为今后的教育应该是按照这个方向去走的，但由于谈这个貌似有点跑题，所以不再做延伸。

《通稿2003》《长安乱》与韩寒文风的形成

《通稿2003》的定价是9元，是韩寒所有书中价格最低的。但销量却明显不如前几本书，我想可能是书本太薄，站在书店一个小时就能看完。2003年11月，郭敬明出版了《梦里花落知多少》。尽管当时郭敬明已经出版了两本集子和一本小说《幻城》，但真正为他赢得更高人气的是《梦里花落知多少》。当时，作家出版社的袁敏和韩寒打赌《通稿2003》和《梦里花落知多少》谁的年度销量领先，韩寒自然认为是自己的，袁敏赌《梦里花落知多少》。结果，袁敏赢了，因为《梦里花落知多少》是年度全国图书畅销榜第一名。

2004年8月，韩寒的第三部长篇小说《长安乱》出版上市，该书为他搬回了年度全国图书排行榜文学类畅销书第一。这本带着禅意的另类武侠赢得了很多读者的喜爱，在韩寒的个人创作史上也有别样意义。首先，它是韩寒迄今为止唯一的一本武侠小说，虽然与传统武侠不同；其次，经历了文学创作两年低谷的韩寒重新找回了自己；再次，自这本书开始，韩寒形成了属于自己的小说语言。

我们知道，韩寒的文学创作是从模仿开始的，起初，像《零下一度》中的《夕阳依旧美丽》《傻子》等作品还相当幼稚，后来模仿民国作家的文风，尤其是模仿钱钟书的文风写了《书店》《求医》等文章，文中有一种故作的少年老成。包括后来模仿钱钟书《围城》写的《三重门》，模仿痕迹都非常明显。这种掉书袋的文风并不适合韩寒，一来他没读那么多书，只是故作；二来他坦诚率真的本性也与之不符。《零下一度》中的《眼中刘墉》《眼中孔庆东》等几篇文章已经可以看出韩寒后期文风的影子，与他现在的博文风格是一脉相承的，只是那时才初见端倪。叫这种风格却完全被质疑者们忽略了，他们抓住韩寒模仿别人文风装老成的文章，说这与韩寒现在的文风截然不同，假装看不见这里面存在的联系。

韩寒真正形成自己文章风格的是《通稿2003》，他自己也有这样的看法："了解我的人应该知道，我从四年前出版的《通稿2003》开始，我就是这个风格。"这种杂文风格与他现在的博文几乎是一样的，所以有人说韩寒写博客后文风突然就变了是没有道理的。上面说过，韩寒早期写的《眼中刘墉》等文章就已经有自己文风的端倪了，只是自我被模仿压住了，到写《通稿2003》的时候自我才终于战胜模仿站了起来，昂首阔步地朝着自己的风格走去。

而《长安乱》，就是韩寒用自己风格写成的第一部小说。文字自然流畅，没有阻碍，一泻千里，朗朗上口，还便于记忆。我记得路金波先生曾在博客上说有人能背出《长安乱》的第一页，其实我也能的。我并没有刻意去背，能背的原因只是因为它朗朗上口，一不小心就记下来了。

《长安乱》乍一看像是在写古代，其实它说的全是现代，只是披上了古代的外衣。后来有人将《1988》定义为中国第一部公路小说，我们姑且不论别人是否在这之前有写过公路题材的小说，单就韩寒而言，如果非要贴上公路小说的标签，《长安乱》也是，而且先于《1988》6年。《长安乱》几乎所有的故事都发生在路上，从少林寺到逐城再到长安，一直在走路。他们的交通工具是小扁，一匹小得像驴子的马，之所以选择这样一匹袖珍的马是因为主人公释然的女朋友喜乐喜欢，当宠物使。然而，你粗看以为是马，细细品读，你会发现它其实是车。小说中把所有马都当车在描写，且看书中怎么说："一亮法号牌一般去哪里都没人敢截，在路上骑马也是怎么骑都可以，强行超马，内道超驴，逆行，超速，违章拴马，轻微追尾，衙门都不会管。"

韩寒曾说，《长安乱》是他创作的第二阶段的高峰。尽管这部小说有诸如"有头没尾"的问题，但他的这个说法我是同意的。到《1988》为止，韩寒的创作大致可以分为三个阶段：第一阶段的作品包括《三重门》《零下一度》《像少年啦飞驰》，高峰是《三重门》，这是模仿期。第二阶段的作品包括《通稿2003》《长安乱》《就这么漂来漂去》《一座城池》《光荣日》，高峰是《长安乱》，此为风格形成期。第三个阶段的作品包括《杂的文》《他的国》《可爱的洪水猛兽》《1988》《青春》，高峰是《1988》，此为走向成熟期。当然，这个划分只是相对而言，并不十分准确，他的作品水准并不是方肇说的W型，因为这三个时期的最高峰并不是韩寒最好的三部作品，他还处在上升阶段，虽然不一定呈阶梯增长，但总的而言是在曲折中前进的。因此，要说写得最好的，我个人觉得是一些博客文章和《1988》与《他的国》。

2005年11月，《就这么漂来漂去》出版上市。这是一本关于韩寒4年来赛车生活的记录，但遗憾的是，截止到交稿前，韩寒都没有取得赛车冠军，因此这些在书里都没写。但在书刚上市，韩寒就获得2005年全国汽车场地锦标赛中国量产车1600 CC组珠海站冠军、上海站亚军、北京站季军及收官战冠军，并且还是2005年全国汽车场地锦标赛中国量产车1600 CC组年度亚军。

第十章 "我只是在探索"

> 一年以后这应该也不存在了。一个作者让天下人知道自己的长相，这事挺没劲的，不方便微服私访。可惜在当今已难办到。写作之人应该尽可能低调和神秘。所以连开博客这种事情也是不应该的。一朋友说，你这是在浪费素材。此事要考虑。
>
> ——韩寒2005年12月22日博文
> 《一年一度，贴八张自己的照片》

在完成《长安乱》的写作之后，韩寒开始思索自己未来生活的阵地，大概在2004年年中，他从北京回到了上海。也许是他已厌倦了"北漂"的生活，也许是上海某个姑娘让他想安顿下来。尽管在北京的生活有点混乱，但韩寒内心一直保存着一个美丽而纯真的姑娘，也许是《三重门》里Susan，也许是《长安乱》里的喜乐，也许是《他的国》里的泥巴。这个让他牵挂的，是他高中时候的女朋友，他义无反顾地回到了上海。找到她，在松江区开元新都大学城对面租了一套房子住下，打算开始一段全新的生活，不幸后来还是以分手而告终。

与此相隔不久，韩寒的赛车也签在了上海。2005年年初，上海大众333车队作出了一个令所有人不解和震惊的决定：放走冠军车手王少峰，招来了几乎毫无成绩的韩寒。赛车记者们非常疑惑地问333赛车俱乐部的老板夏青：为什么招来韩寒？又为什么放走王少峰？夏青的回答更令人震惊：韩寒就已经够了，他本人就是一道保险。如果说袁敏是韩寒写作上的伯乐，那么，夏青，这个其实对赛车不是很了解但非常善于运营赛车事业的老板，则是韩寒赛车生涯上当之无愧的伯乐，他独具慧眼地发现了韩寒的赛车潜力。对于韩寒来说，加入上海大众333车队，这是他赛车事业的一个转折，一方面，由于上海大众333车队是全国唯一一家场地和拉力都全力出战的俱乐部，韩寒可以无所顾忌地在这两个方向奋力一搏；另一方面，车队就在上海，韩寒终于可以结束"北漂"，在上海安定下来。

在北京的3年是韩寒最迷茫的日子，"孤独，无尽的孤独"，若干年后韩寒回忆起来还是这样说。可这段生活经历也为韩寒今后的小说创作提供了源泉，很多事情总是要在事后才能看到它的价值。除了小说，还隐约可以从他写的歌词里看出这段生活的痕迹："这关系怎么算，以后怎么办，是谢谢你没关系那般，你感情很混乱，表现在四年三人两段，这还不算一些新旧欢，我朋友说跟着你，结局很惨。"（《无题》）"南方风雪，北方堕落，都要忘却。"（《最差的时光》）"秋天阳光的温暖，结束两年的慌乱。"（《私奔》）好在这一切，现在都已结束，而这结束了的，又成为他取用的写作素材。2005年年末，韩寒出版了两本书，《就这么漂来漂去》和《一座城池》，前者是韩寒这些年来"玩车"经历的散文集，后者是以韩寒"北漂"生活为背景的小说。

《一座城池》出版的时候，标榜是韩寒迄今为止最满意的一部作品。这或许不是假话，是那段时间韩寒的真实看法。这部小说延续了《像少年啦飞驰》的风格，虽然语言没有《像》出彩，但故事以及表现手法比《像》更精彩。故事穿梭于现实与梦境之间，使你常常分不清楚哪里是梦境，哪里是现实。而这部小说，更像是呓语之作。在认识韩寒的赛车记者方肇看来，《一座城池》里的男一号和韩寒的相似度高达90%，这个概率只有《三重门》里的林雨翔与之不相上下。照这个观点，《一座城池》就是韩寒对自己在北京生活的呓语，因为很多事情回忆起来，总是有点支离破碎，犹在梦中。

方肇说："一座城还是一座城池？这本身就很耐人寻味，而王睿在车队里一直被称为'睿叔'，应该是'建叔'的由来，而且在一年里骑自行车玩酷跑等非法活动中，王睿还摔断了他的右臂，这一点相当原型。CCC里面有个年轻车手就叫王超，这也实在过于巧合。"

至于这部小说的主题，韩寒差不多与小说同时创作的一首歌可以相互参考着解读：

空城记

这是个很久远的事 / 在歌舞升平的城市 / 忍不住回头看我的城池 / 在我手的将要丢失

他的幼稚 / 我的固执 / 都成为历史 / 破的城市 / 平淡日子 / 他要不停寻找着生活的刺

生活是这样子 / 不如诗 / 转身撞到现实 / 又能如何 / 他却依然对现实放肆

等着美丽的故事被腐蚀 / 最后的好梦渐渐消失 / 放下玩具 / 举起双手 / 都没有微词

这首歌出自韩寒唯一的音乐专辑《十八禁》。2005年下半年，韩寒开始断断续续地录制《十八禁》里的某些歌曲，为此他不得不再度北京上海来回飞。而这期间，韩寒开了博客。

其实，早在2000年的时候，博客就进入了中国，但从方兴东的博客中国到中国博客网，都没能真正将博客这一概念深入人心。一直到2005年9月，新浪博客突然杀出，在9月28日又果断地推出"首届中国博客大赛"，凭借它的影响力和资源整合的能力，把余华、余秋雨、韩寒、郭敬明、徐静蕾等一大批各行各业各领域的名人，虚左以待，奉为上宾，遂引发一场名人博客的大讨论。一时间，江湖风生水起，好不热闹。

韩寒就是这时候注册新浪博客的。但韩寒浪迹网络的历史可以追溯到休学后不久，那时候，他和"独立主格"（马日拉）等人混迹于一个叫狐朋狗友的网站。韩寒"正儿八经"在网上开专栏，最先却是在搜狐。在搜狐的体育频道上，韩寒发了《天天卡丁》《上海的初次》和《记我的朋友黄总》等几篇文章，这些文章后来收在《就这么漂来漂去》里。

韩寒是在新浪赛车体育主编刘伟的鼓动下，跑到新浪开博客的。刚开始，韩寒的博客并没有表现出什么异象，和别的名人博客一样，并没有什么独特的地方，排名也不是最前的。韩寒甚至连博客的用途都不太清楚，省略号都不会打。他和新浪博客一样，尚在探索中。在报纸开专栏的时候，韩寒有稿费拿都懒得写，到了这里可想而知，写写日记，发发照片，有人关注就行了。当然，他绝不会想到若干年后会有人质疑这些"日记"的"质量"。

韩寒的第一篇博文发表于2005年10月28日18:38，叫《9月14日比赛照片》，内容是两张图片，没有文字。3天后，韩寒发表了他的第二篇博文《我至今还不会开香槟》，内容由一张照片和159个字组成，照片上的韩寒穿着赛车服，首次获得冠军的他兴奋地与人互喷香槟。

第三篇博文，是韩寒刚出版的新书《就这么漂来漂去》中的《记我的朋友黄总》一文。我认为这是整本书中最有意思的一篇。显然韩寒也觉得这篇文章写得不错，才把它放到博客里，顺便告诉大家，我出新书了。接下来，2005年11月3日和4日，韩寒在博客先后发文《严重声明》和《一些证据和事实》，内容是关于中国青年出版社隐瞒他的《长安乱》的印数，怀疑他们"监守自盗"，宣布收回在该出版社出版的3本书的版权。这是韩寒第一次认识到博客的用途，可以不通过媒体自己发表声明，而且还避免了媒体有意无意地歪曲。

这个插曲过后，韩寒又继续在博客上贴他的赛车照、生活照，再配上一些简短的文字说明，出镜率最高的是他的一条叫木木的狗，我们来看一段文字：

> 木木行为夸张，小题大做，这方面比较官腔。比如这个一分米落差的坎，木木都要飞起很远。我对它的弱智很不能理解，本来落差只有一分米的，你跑下去就可以了，非要飞起三分米高，这样不是跌得还重一点吗？反着跑时才应该这样。可能木木是要炫耀它能跳很高，一抓到机会就展示。可惜科技凝固了瞬间，快门凝固了狗脸。学跳水的肯定知道它的空中姿态并不是很优美，尤其是面部表情。很多人做的很多事情都如同这木木飞跳，没必要。

这篇博文叫《飞行的木木》，文字下面是一张木木飞行的照片。下一篇博文叫《降落吧，木木》。韩寒写这些博文是很随意的，就当日记一样记录在这里，内容不外乎自己不开心啊，拍了张照啊，生病了啊，出了趟差啊，去唱了几首歌、看了几部电影啊，问网友一些问题啊，还有就是赛车日记。都很私人化，韩寒还没意识到把博客当成正式发表文章的场所。然而没想到6年过去了，居然有人阴阳怪气地说这些随意的文字才是韩寒真实的文学水平。这是怎样的无理取闹，难道就不容许作家有常人的生活么？当然，在这些生活日志中，还是可以发现灵光乍现的句子，如果你是个有生活情趣的人；还是可以发现一些社会评论，比如《致交通部门——我们应该保护领导的安全》；还是可以发现写得较好的篇章，比如《开奔驰宝马的女大学生都是好样的》《踩死人总是不对的》（电影《金刚》观后感）。

2005年12月7日，韩寒发了一篇博文叫《同学少年都很贱》，还是很随意的文字，没有严格地当文章来写。一直到12月16日，韩寒发了《我们一直错怪了张艺谋——无极观后感》，逐条将片中的硬伤罗列下去，总共16条，但也不是传统的文章格式。这篇博文引起了不小反响，这里摘选几条。

5. 电影里说，我再也不相信任何人了。我想，投资方看了肯定会赞同这话。

6. 整部电影真是又散又长又教条。好不容易有点想法了，马上借演员的嘴说出来。演员在哭，台下都在笑。一部商业的片子，肤浅点可以，但连样子都没有，就太不像样子了。

11. 陈的电影还是太造作。台词和剧本还是太装了。演员不脸红也是本事。估计陈年轻的时候也爱45度仰望天空泪流满面。无极……无聊至极算了，还很扭捏不自然。我最讨厌长相平常的姑娘发嗲。

14. 昆仑牵着张柏芝用豹的速度在跑，张在空中飞，穿了白羽毛衣。无欢像个观众一样在旁边看着。这个场景蕴涵的意思是，当着观众的面放鸽子。

16. 还是少认识人比较好。看徐静蕾那边的欲说还休样，真是替她急死了。好在我多年刻意保持谁都不认识，这样说谁都不愧疚。希望心直口快的人向我学习。

最后一点提到徐静蕾,好像很突兀。其实一点都不奇怪,此时他俩刚认识,是通过博客认识的,徐静蕾在韩寒一篇博文后面评论骂得好,韩寒做了回复,后来又相互赞许对方在博客里晒出的字写得真好,这一来二去被网友们戏称为"博客调情"。

韩寒对《无极》的批评引来人们一片叫好。第二天,韩寒再接再厉,接着批评,文章说:"一般所有的事情,我就说一遍。然后对后事充耳不闻,假装潇洒。某些东西不光光是某些东西,代表了中国的整个东西,就多说一遍。"这篇叫《薄薄两毫米,总有一款适合你》的博文明显比上一篇写得认真,已经是一篇正儿八经的杂文了。

大概也是在批评《无极》的过程中,韩寒认识到了博客的作用,以及它与传统报刊的差异,那就是,博客是一个互动的过程,而这个过程又是及时的,基本上在你按确定键发表文章的下一秒,你的文章就在被人看,再下一秒就已经有了评论回馈。认识到这些,意识到博客的传播影响力,下一步就该有些动静了。

第十一章 文坛的掘墓人

什么坛到最后也都是祭坛，什么圈到最后也都是花圈。

——韩寒《文坛是个P，谁都别装×》

2006年3月，网上卷起了一场声势浩大的论战，这是中国有互联网以来参与人数最多、历时最长的网络事件，持续整整一个月，仅次于6年后的"方韩论战"。人们将这场论战称为"韩白之争"。韩，即韩寒；白，白烨也。白烨何许人？我们先来看一下他的简介："白烨，男，1952年6月8日出生，汉族，陕西黄陵人。1975年毕业于陕西师大中文系，曾在陕西师大留校任教。1999年调至中国社会科学院文学研究所。"原来，白先生还是我的学长，如果他继续在陕师大中文系（现在叫文学院）任教，很有可能还是我的老师。

白烨先生也在新浪开了博客，在博客里发了一篇长文，叫《80后的现状与未来》，文中说："从文学的角度来看，'80后'写作从整体上说还不是文学写作，充其量只能算是文学的'票友'写作。所谓'票友'是个借用词，用来说明'80后'这批写手实际上不能看作真正的作家，而主要是文学创作的爱好者……我以前说过'80后'作者和他们的作品，进入了市场，尚未进入文坛；这是有感于他们中的'明星作者'很少在文学杂志亮相，文坛对他们只知其名，而不知其人与其文；而他们也似乎满足于已有的成功，并未有走出市场、走向文坛的意向。"

白烨先生所说的文学杂志，20世纪七八十年代在推动思想进步、呼吁社会改革方面确实做出了一定的贡献，但到了市场经济时代，很多杂志却不思变革、停滞不前，脱离当前现实，销量寥寥，只能依靠国家财政拨款维持运作。如果《萌芽》没有经过赵长天先生等人的改革，下场也会是这个样子。奇怪的是，白烨先生判定80后的创作是不是文学的理由竟然是他们很少在这样的杂志上亮相。这是近乎保守的观点。

比之这些快销声匿迹的所谓纯文学杂志，白烨先生的名气很小，他只是万千个"评论家"中的一个，韩寒何以会挑中他？又为什么要挑选这样一个话题？

一

韩寒骨子里对文坛假专家的厌恶是根深蒂固的，他成名后，一路上总是伴随着一些不着边际的、连作者书都没看过就大谈其文学水准的专家。在2002年年初出版的小说《像少年啦飞驰》的序言中，韩寒就毫不客气地对专家进行了批评，半年后出版的另一本书《毒》里，其中《噢，专家》这篇文章更是集中地淋漓尽致地展现了"专家"的画像（该文后来又被收入《通稿2003》中，改名为《专家的问题》）：

文学没有起色的很大原因是有这些做事说话极其不负责任，但又装出一副很诲人不倦的样子的人长期占据文学评论的权威位置，对圈内朋友的互相吹捧，对不同观点的极力打压，对杰出新作的不屑一顾……

他们的最大理想估计是文坛能变成一个敬老院……

最后要总结一下这些人在台上如何才能分辨出来：答非所问；没有一个问题能在20句话内解决；不论什么东西最后都要引到自己研究的领域中去，哪怕嫖娼之类的问题也是；穿西装；头冒汗；喜欢打断别人的话，不喜欢别人打断他的话；无论什么东西都要分成几个方面去说，哪怕说的是一个道理；常备几个自以为很生动的比喻，并且有机会就用上去，有时候甚至用迷糊了在同一场合连用两次；在否定一样东西前一定要肯定一下；在他们回答问题回答到一半的时候，问他们记不记得刚才的问题是什么他们八成不记得了；都具备在没有看过一样作品的情况下评论它的本领，并且头头是道；以为现在中学生的偶像都是刘德华；认为最近冒出个新人叫林志颖；觉得现在最流行的歌应该是《心太软》；偏胖；说话的时候手一定要挥舞；被逼到没辙的时候总拿自己经历过"文化大革命"作为比别人强的本钱，但不能解释像他这样的学术权威为什么没有被打倒；被打倒的一定要让人知道自己曾经被打倒；总结性的话都能在死掉的人写的书里找到；每次一到他说话台下观众就有杂音发出；看到这篇文章暴跳如雷，但是在公共场合的话会说：年轻人都这样，我们能体谅。

可见，韩寒对所谓文坛专家的反感（白烨先生在他的文章中连韩寒的书名都写错了），并非突如其来。

那么，在众多专家中，韩寒为什么独独瞄上了白烨先生？如果韩寒后来调侃的说法是真的，那事情就应该是这样的：2006年3月1日这天，韩寒心情不好，至于为什么心情不好，是和女朋友吵架了，还是因为前些天的赛车没发挥好，我们不得而知。但是，马上又有比赛了，心情必须好起来。韩寒排忧解闷的方法是写文章，于是他到新浪博客首页搜集他的写作素材。他把视角对准了他一贯不喜欢的专家一栏，从字母A看起，刚好到B，就发现了白烨先生，点进去，就看到了那篇《80后的现状与未来》，于是"冤大头"出现了。后来韩寒还调侃白烨先生为什么不姓黑，H字母挨着我，说不定最危险的地方就是最安全的。

二

韩寒一挥而就，于2006年3月2日凌晨4点24分发了博文《文坛是个P，谁都别装×》，文章主要观点有以下几个：

1. "非常讨厌以年代划分作者，每个优秀作者都是个性鲜明的人，哪能分类。"

2. 不喜欢白烨先生"假装以引导教育的口吻，指引年轻作者"。

3. 批评"白先生文章里显露出的险隘的圈子意识……好像白老人家一点头，你丫才算是进入了文坛。其实，每个写博客的人，都算进入了文坛"。

4. 认为"每个作者都是独特的，每部小说都是艺术的，文坛算个×……也就是一百人××，一百人看"。

5. 认为"文学就是认真地随意写。人能做的只有这些，其他都看造化了。文学是唯一不能死磕和苦练的东西"。

6. 提出"什么坛到最后也都是祭坛，什么圈到最后也都是花圈……只有小喽啰才扎堆"。

文末，韩寒加括弧说明"我发表完观点了，不参与任何愚蠢的笔战论战之类。我很忙，我要进入车坛"。但是，此文一出，立即引起了轰动，想不参加笔战都难。倒不是因为作者的观点多么惊世骇俗，大家注意的是，韩寒在文章中使用了大量脏话。

韩寒为什么要在这篇文章中用这么多脏字？至少有这么几个可能：一、作为一个作者，有义务让读者在阅读自己杂文的时候有一种酣畅淋漓之感；二、韩寒看了白烨先生的文章后被激怒了，怒不可遏，自然而然就出现了这篇著名的脏话文；三、韩寒故意的，以此来激怒白烨先生的回应。

在这三点中，第二点最不可能，赛车手加公众人物的身份，练就了韩寒极好的心理素质，不可能被一篇文章就激怒了。此外，写过文章的人都知道，人在被激怒的情况下是写不出好文章的。纵观韩寒整篇文章，如果你没有严重洁癖，不受所谓的脏话的影响，文章质量还是不错的，还出了一句广为流传的经典语句："什么坛到最后也都是祭坛，什么圈到最后也都是花圈。"

那么就剩下第一点和第三点的可能性。我认为这两点都是可能的，而且是相辅相成的。韩寒说："大家觉得前天《文坛是个P，谁也别装×》那篇缓解赛前紧张心情的文章写得爽，不要是因为一些平时在报纸上没看见的字眼。那些字眼都是语气助词，取掉对文章也没有任何影响。"这可以作为第一种可能的证明。第三种可能的证据是，韩寒在《看韩寒如何反驳韩寒》一文中说道：

> 韩寒苦恼啊，要扩大这事的影响，先得帮白烨弄点白粉。这是后话，效率也慢，最好的办法就是脏话。于是，著名的脏话文出现了。把文学弄大只要一个人，把肚子弄大要两个人，把争论弄大要一堆人，把文学争论弄大，要一群人啊。

　　这话虽有调侃之嫌，但也具有一定的可信度。虽然韩寒一面说不参加笔战，但其实，他是想发动一场笔战的。无论这样的想法是出于什么目的，但它并不违背韩寒的初衷，就是挑战文坛的圈子意识和一些专家的迂腐成见。

　　当时还没几个人知道白烨，实力悬殊太大，论战是没法进行的。必须得给白烨先生弄点粉丝。脏话文显然达到了这样一个效果。同时问题也来了，在白烨先生3月3日中午发的回应文章《我的声明——回应韩寒》中，重点已经放在了脏话上，没有顾及韩寒文中所提出的观点。白烨先生在文中说："不喜欢我的文章，但不可以用粗暴又粗鄙的字眼骂人，""这不是文学批评，这些语言已经涉嫌人格侮辱和人身攻击。"表示韩寒及其粉丝"要接受道德法则的自审与公审。我希望这样一起事件，能为如何为网络立法和建设网络道德提供一个反面的例证。"

　　两个小时后，韩寒发文《有些人，话糙理不糙；有些人，话不糙人糙》予以还击，文章延续了他对专家的一贯态度："可能文学评论家就是有不仔细看人文章就可以开始进行道貌岸然的评论的本领。"然后，韩寒写道，"我通篇文章里没骂您一个字。'屁'是骂文坛的。"

　　最后，韩寒再次申明他的观点：

　　一、文章的意思其实就是，别文坛不文坛，每个码字的都是作家，每个作家都是码字的。尤其是我看了很多人的博客，都是好文笔，都是文学。

　　二、当然，作为中国的文学评论家，特点和长项就是：1.不知别人所云。2.自己不知所云。3.不知所云还特能云。这事都提升到互联网立法了。

论战至此，韩寒该发表的观点也都发表完了。但对方并不就这些观点进行讨论，只是一边删掉网友的评论，一边转移话题讨论网络文明建设问题。事情已经偏离正轨，估计韩寒也打算歇息了，发了两篇赛车日记一篇生活照片加日记继续他的生活。这段时间韩寒正进行赛车比赛。3月5日，白烨先生发表声明，宣布将关闭博客。

三

论争并未就此结束。白烨先生开始转战各个媒体大谈："80后现在最大的问题不在于文学的造诣上，而是在做人的道德水准上。"无奈，韩寒只好也跟着白先生谈道德建设。于是，2006年3月9日17点至18点，韩寒一口气发了3篇文章——《辞旧迎新》（下、中、上），为了便于网友按顺序从上往下阅读，博文按下、中、上倒序发布。

在上篇里，韩寒引用了《南方都市报》的一篇报道，该报道详细揭露了白烨先生曾经干过的两起虚假商业策划：一则是曾经策划过一个叫贝拉的女生写的《911生死婚礼——我的情爱自传》，为了推广此书，大作虚假广告；另一则是曾经在媒体上公开发表过对于蔡小飞的看法："这个人我知道，写过一两本书，拿过一两次奖。"而后来证实蔡小飞这个人物根本就不存在于真实世界。所谓评论家白烨先生其实是一个书商。

在中篇里，韩寒引用了《中国青年报》的一篇报道，再次详细地陈述为了策划旅居加拿大的上海女作者贝拉写的《911生死婚礼——我的情爱自传》，不惜造假说该小说已经被好莱坞百万美元买了版权，"美国20世纪福克斯电影公司董事会已一致决定购买这本小说的电影版权，版税高达102万美元，占中国年度向外输出图书版税的近一半，而且影片将由全球走红的《泰坦尼克号》的导演执导。"报道里还说，"不可思议的是，对于这样一本根本就还没有英文版的言情小说，好几位北京大学、清华大学的文学教授和博士生导师，还有中国社科院文学所的研究员们，也出来哄抬这本书，说贝拉'走向了世界'。"

在下篇里，韩寒直接把白先生当年对《上海宝贝》的评论贴了出来。而这本书策划人就是白先生自己，韩寒说："完全是一个出版商人，出版商、图书策划人还能是评论家，这就好比评委是选手他妈一样不能让人信服。"

最后，韩寒总结性地写道：

> 文学评论家对于社会和真正的文学来说，是毫无价值的。既然不幸存在了，就要公道地存在。我所有书的出版都没有组织过任何的研讨会和文学评论家的评论。这年头，图书评论就像叫外卖一样，需要了打个电话，等一会就会有人送上来，想吃什么口味的就有什么口味的。自然，不能白吃的，要给钱。如果我需要，可以随时组织很多号称文学评论家的人对我进行赞美，钱还是出版社给。这才是文学的悲哀，原来文学评论和恐怖活动一样，都要进行组织啊。中国这么多混口饭吃的文学评论家，都是混饭吃，何必装孙子。收多少钱，给多少服务，给少了，表扬之余指出一点不知所指的缺点，给多了，被评论者就是时代的经典……有哪个敢站出来说一句，我没收过别人钱，没替人说过话？我敢对世界说，什么是光明和磊落。人，可以有争议，不可以卑鄙。

这3篇博文一经发表，对白先生造成摧毁性的打击。网友们跑到白先生的博客上谩骂，抨击其的职业道德，对白说："滚吧你，别再说话啦！"3月10日，白烨先生在博客贴出《关闭博客告别辞》。

四

争论并没有因为白烨先生关闭博客而结束。文学评论家解玺璋先生、反腐败作家陆天明先生站出来说话。解先生认为"白烨是文学的保姆"，陆先生则说白烨是公认的文学评论家，他还说："韩寒的作品，有他独到的地方，有我们这些人写不出的东西。但是单论文字，坦白地说，我认为并不好，最起码也不是那么的好。这也难怪，他也就是十七八岁嘛。"

对此韩寒回复道："叔叔，我24岁了，退学7年了。"并再次强调，"这是关于文学评论家是否干净和所谓主流文学的文坛有多迂腐观点的争论，不是长辈教训晚辈。别把中国文学搞得跟敬老院似的。"

解先生在接受采访时说："如果我是韩寒的家长，我绝对大嘴巴扇他。"对此，一些记者跑去采访韩寒父亲，韩仁均说："这是文学和文化观点的争论，家人朋友跳出来说算个啥。"

另外，还有一些人，连事情都没弄明白就上纲上线。事情发展到这里，话题转移到质疑韩寒的道德问题上。

2006年3月15日韩寒发文《文学群殴学术造假大结局，主要代表讲话》，准备结束这场已经完全偏离了主题的论战。但是事情远没有到大结局。白烨先生在接受采访时称"'韩白之争'是场口水战，垃圾放在垃圾桶里好了"。3月17日，韩寒接受采访表示，这次论战是"杀一儆百"，他"早就看这些评论家不顺眼……他们把持了部分话语权，徇私作假，严重阻碍了文学的发展"。

报纸上组织了铺天盖地的讨论这场论战的文章，韩寒说："很多人纯粹是看我不顺眼，但为此居然就愿意牺牲自己的清白跳出来……我觉得他们很傻，文笔又差，根本不在一个级别上……"所以，韩寒决定，为了"让他们知道什么是好文笔，文章应该怎么写，反驳韩寒应该怎么反驳，在此，我写一篇反驳韩寒的文章，供他们参考临摹"。于是，《看韩寒如何反驳韩寒》一文应运而生。文中以一个90后后生的笔触调侃地写道："韩寒主要的目的是，向徐静蕾证明，我，就是帅点的车技好点的王朔。""韩寒在文章里，多次偷换概念，他首先要给自己标榜'纯文学'，发现不成，马上希望博得群众基础和网民好感，他说，所有写博客的人都算进入了文坛。但他同时又说，文坛是个屁，这不是在骂所有写博客的人都进入了屁吗？"

<h2 style="text-align:center">五</h2>

相比之前的老人家，争论的后阶段加入进来两个青壮年。这两人虽然年纪小些，但影响力却比那几个老人家大。

首先出场的是陆天明的儿子陆川，虽然此时还没有导出《南京！南京！》这部大片，但凭借《可可西里》的影响力，已经有很多人知道他了。他的出场之作是《爸爸爸爸我爱你》，该文于3月18日发表在博客上。

陆川先生在文中写道：

> 但是我知道父亲出来的原因，我也知道他在维护什么，他在维护一种批评的自由……如果说在老一辈的手中，我们得不到批评的自由，那么在韩寒这一拨人的手中，我们就能得到了吗？
>
> ……
>
> 在愤怒的指引下，没有人真正深究愤怒的原因，而都被愤怒指引，成了愤怒的工具，甚至成了愤怒的凶器。我厌恶暴力，尤其厌恶围殴。

韩寒回应道：

你批评得不对，我说，不对，我要批评你，这才是批评的自由，难道批评家胡诌什么，被胡诌者就得认，这就是批评的自由？

在韩寒发表博文《观后总结：中国式文学争论——上阵父子兵，伙同亲友团》不久，他的狗狗木木死了，2006年3月22日，他发文《再见，木木》。本以为这场论战也该结束了。不想，亲情完了友情出来。这时候，陆川的好友高晓松先生说韩寒《三重门》引用了他的歌词，决定起诉韩寒。

3月26日韩寒发表博文予以回应。

3月27日韩寒发表《比赛结束》，讲的是2006全国汽车拉力锦标赛上海站比赛结束，获得亚军。而这场论战也已经差不多快结束了。同日，陆川先生的博客也关闭了。次日，韩寒针对高晓松先生的博文《侠》发表了同名博文。3月29日，韩寒在博客中宣布："热闹完了，打个哈欠，各回各家，各找各妈。"这事终于落幕了。

六

前前后后历经整整一个月的"韩白之争"，大致可以归纳为三个阶段，韩寒三战三捷。虽然对方的主将有多人，而韩寒基本上是一人（至于粉丝网民什么的只是助阵的），但是说实话，这场论战是不对等的，白先生一方自始至终都处于弱势。杂文是韩寒的拿手好戏，他们自然不是对手，而对方阵营里的人，基本上还没适应现代化的网络论战。好在最终这场笔战已经发展成了闹剧，大家也都抱着玩的态度，不像之前白先生那么较真。所以，时隔4年半，即2010年8月5日，韩寒、陆川、高晓松，相逢一笑泯恩仇，陆川先前所谓"不要让我在现实社会中碰到你"成为朋友间的笑谈。

　　最后，我想谈一谈一些人说这场论战从一开始就是策划好了的。这是不可能的。因为韩寒无法将陆天明、陆川、高晓松等人策划进来。但不排除，韩寒从一开始就有想打一场笔战的想法。开通博客4个月来，韩寒基本上都把博客当日记簿在使，然而这使用的过程也是一个探索的过程，特别是在对电影《无极》的批评中，韩寒或许意识到了网络的巨大力量。但是，要扩大这力量，需得找一个具体的点，这个点必须对你有所回应。《无极》是部电影，而生产电影不是一个人的事，所以对方不可能对你做出剧烈的反应。这样，"韩白论战"就出现了。然而事情发展到最后，是无法预料到的，谁都不会想到它会产生这么大的影响。

　　其实，这就是一场网络时代笔战的试验，它和五四时期鲁迅、梁实秋等人之间的笔战没什么本质的区别，不同之处仅在于笔战的载体从报纸转移到了网络。载体变了的结果就是规模也变了，以前基本上只是两组作家阵营的人进行笔战，你一篇我一篇的在报纸上进行，但报纸的发行是有时间限定的，而且购买报纸还要钱，这就将很多无关的人排除在了讨论之外。网络则不然，除了笔战主要当事人，还有人数众多的网友，而且反应速度快，不受发刊时间的限制，只要写好了随时可以发表，立即就可以收到信息反馈，然后再根据信息反馈调整策略部署。如果说，以前的笔战只是一场文人间的小打小闹，那网络时代的笔战更像是一场军事化的集体战斗，由一个或几个"将军"打头，后边跟着一大串的"水军"，摇旗呐喊，唇枪舌剑。这样下来的结果是，讨论的方向很有可能偏离，场面很可能出乎"将军"的控制。最后可能看上去不像一场正儿八经讨论问题的笔战，而更像是混战，或者说扯淡，全民扯淡。这时候，就如同高晓松所说的，"策划"这个词出现了，但我想，一些人口中的"策划"恐怕不是人们通常理解的那个意思，可能更接近现在大家经常挂在嘴边的"炒作"。

　　我觉得区别炒作和非炒作的方法是：你做这件事，是不是出于自己内心真实的想法，如果是违背本心去制造一则假新闻以抬高自己的知名度，那这肯定是炒作；如果是出于自己内心所想，那就不能简单地用炒作视之，因为表达是人类的忠实欲望。韩白论战，韩寒所表达的观点并没有什么新颖和独特的，都是自己曾经说过的，只是之前人们没有注意，或者说得不够激烈没有引起人们的注意。而这一次，不过是动静大点罢了，然而谁不希望把自己的想法和观点传播得更远？

韩寒的观点是一以贯之的，只有自己真的意识到不对才会改变。这与炒作有本质区别。炒作是为了达到某种目的不惜一切代价、哪怕是改变自己的初衷去哗众取宠。而韩寒不是，他本来就是这么想的，只不过由于名气有点大，加上网络这样的传播途径，声势自然比传统笔战大很多。这着实是时代的原因，是科技所致，并非人为的改变。韩寒这次，包括接下来的一系列论战，都只是说我所想，不能以"炒作"视之。

这次论战，对大家探讨文学和文坛存在的问题还是有益处的，作家韩东说："没有纯文学，也没有严肃文学，更没有劳什子的主流文学，有的只是'正统文学'。'正统文学'是个什么鸟？看一看'正统批评家'连篇累牍的唠叨你就知道了，当今'正统文学'的'实体'又是什么？同样见'正统批评家'那些唠叨，无非那几个作家名人以及他们家里的那档子事儿——包括他们的焦虑和希望。"吴亮说："白烨批评韩寒在形式上是讲道理，其实没有道理，韩寒反驳白烨在形式上很不讲道理，其实很有道理。"这其实就是一场新旧文学观、文坛观之争。"或许，大家支持的，是韩寒敢于单挑这个'霸权主义'坛子的勇气，是他敢于一巴掌打碎一个圈子长期演化出来大的'文化共识'的勇气。"

之所以将这次论战叙述这么详细，是因为这件事，无论是对于网络，还是于韩寒个人而言，都是空前的。它预示着，韩寒自《三重门》之后，迎来了第二个春天。以后，韩寒就沿着这条道路，开始了他的博客之旅。

第十二章 狙击手单挑诗坛

我也是逞逞口舌之快而已，是男人，就约一个时间，约一个地方，约一个房间，选好武器，CS。

——韩寒《雅典娜和她的圣斗士们》

韩白论战之后，韩寒尽管还是不时在博客抒发自己的生活情绪和赛车壮志，但相比之前的博文，社会批评方面的文章明显增多起来。韩寒似乎找到了一条适合自己的博客路子，他开始充当起狙击手，对自己看不顺眼的人和事进行扫描。

2006年5月24日，韩寒再次将博客瞄准目标，但这次不再是一个，而是打包的三个：余秋雨、陈凯歌、陈逸飞三位先生。为什么将三位先生放在一起，首先是："不知道为什么，我脑子里，余秋雨，陈凯歌，陈逸飞都长一个样。人也一个样。以至我经常把他们搞混。"其次，韩寒将他们放在一块说，主要还是因为："坦率地说，我不喜欢这三个人，他们身上有太多中国中年男人的无趣……缺乏想象力和没有幽默感。他们都沉迷在自己弄出来的巨大概念里过家家。他们三个人所做的概念，全是冲着一个字去的，就是'伟'……可以说，大师就差一口气，全国人民都着急。"

可能是考虑到陈逸飞先生刚刚去世，这篇叫《三个中年男人》的文章对余秋雨先生和陈凯歌先生的调侃较多一些。韩寒不喜欢两位先生非一时的事了，陈凯歌先生在《无极》刚上映那会儿，就已经连同片子被韩寒批了一番，而这次则提到另外一件事，就是陈先生拍电影对环境的污染。至于余秋雨先生，熟悉韩寒早期作品的读者应该记得，韩寒在好几本书里都有对余先生的调侃，最明显的是在《像少年啦飞驰》中，"老枪"模仿余秋雨先生的风格写文章，"脸上写满了上下五千年留下的沧桑"。

博文《三个中年男人》一出，舆论界一片哗然，因为文章中韩寒还有一些不加约束的调侃，比如："为什么我这么不喜欢他们呢，我觉得，主要是我不喜欢他们的长相。包括余秋雨的发型。大师绝对可以不修边幅，他们绝对属于没修好边幅。这理由自然很肤浅，但，不喜欢一个人的长相，这有啥办法呢。"

有人说韩寒这是在炒作，有人说他对长者不敬。面对这些批评，韩寒给出了他的理由：

我觉得，如果在自己的博客上都不能写点自己想说的话，还要夹着尾巴做人，凡事往皆大欢喜了说，那人活着还有什么意义，做条走狗算了。

一直以来，我都将这个地方当作非常纯粹的个人发表意见的地方。有了网络以后，可以更加直接，不由记者删改地发表意见。包括很多网友的评论，虽然相当多人骂我，但我相信这也是发表意见的一种。意见不同是正常的，但不要怀着一颗猥琐的心去意淫。

　　这年头相当奇怪，你若是不搞出动静、专心做自己的事情吧，一帮人会说，看，这人过气了；搞出点动静吧，一帮人又会说，看，这人要博出位、在炒作。我很烦这样的SB论调。

　　不久，余秋雨先生的前妻洪晃女士在博文中批评韩寒拗造型。韩寒写了《今年烟花特别多》一文回应："无数的例子告诉我们，和女性争辩是不明智的。无论这个女性是不是明智。我们必须顺着女同志，至少在言语上。所以，至于人生，我觉得就是认准一个造型不断地去拗的过程。有人拗成，发现这个造型已经在拗的漫漫过程里过时了，有人拗走形了，还歪打正着。这点从人类有文明开始就是如此。关键是，无论自己的造型如何，这都是自己的设计。"

　　这个回应是比较真诚的，韩寒从不讳言自己就是在拗造型。但为自己喜欢的造型坚持拗下去，已经不是所谓的炒作了。放在任何一个时代，放在还没有"炒作"这个概念的时代，一旦条件允许，他还是会选择类似的方式活下去，因为这造型是他中意的，是骨子里的。只是在这个时代，各人从他文中选取需要用到的东西，然后又被网络放大了。有人怀疑韩寒有写作团队是站不住脚的，韩寒的道路，按照自己喜欢的造型"拗"下去，一人足矣。

　　与别人不同的是，韩寒没有上司，没有组织，他内心强大，我行我素，只要喜欢，坚持去"拗"。几天后，他盯上同为新概念出身的作家郭敬明先生。事情的起因是2006年5月30日韩寒在比赛途中因为没看见黄旗而超车，被裁判罚了30秒，回来就写了一篇博文《大变》。博文第一段交代了赛车被罚的事情，然后说道："到上海接到几个朋友的电话，有的说，你写东西怎么还那样，有的说，你要变个样。写了一点新东西，看着觉得一个样。老这样，太无趣，我决定改变一下文章的风格，现在准备了两个，命题是从珠海回来，大家觉得哪样好。"于是，接下来，韩寒模仿了两种风格，第二种是讽刺社会上虚伪的感谢作风，这里略掉，单说第一种：

虽然事情过去很久了，但我一想起来就哭，还是哭，停不住地哭。这场比赛在阴雨里和我的心情一样阴霾。我有一些小脆弱，微小得难以名状，有时候却被扩大得无以复加。虽然我以第三完赛，但是，裁判还是加罚了30秒。但是，这不具备法律效力，我申诉了。裁判说我黄旗超车，还给我看了录像，我又哭了。这次哭得赛服都湿了。这是一场陷害，那画面里鲜艳的黄旗肯定是电脑特技。飞机起飞了，珠海的气味揉碎在我年华的纵逝里，等我，上海的香樟。

这是风格一，不知道大家喜欢不喜欢。关于黄旗超车被罚一事，我的读者应该呐喊，小三小三（我赛车的车号是三号），就算你超了，也超得漂亮！哪怕你把安全车都超了，我们都喜欢你。无耻的裁判，摇什么黄旗，都是他的错。

虽然模仿得不是很像，但读者很容易就能看出这是在仿郭敬明先生的写作风格。第二段用"超车"的"超"字，明显在影射《梦里花落知多少》。郭先生的粉丝虽多是中学生，但这篇文章所指还是读得出来的，很快，在留言里，便有了他们的声音。

2006年7月16日，韩寒发博文《开始搜集郭敬明粉丝的经典言论》："我对郭是真没意见。但是我对他的粉丝很有意见。我最多就是脚掉粪坑里了，而他的不少粉丝就像脑袋扎粪坑里了一样。他们傻，幼稚，没有是非观，心智就不齐全，发育就不完善，他们根本不知道什么是纯真和善良，却成天拿这个说事。"

不久，郭敬明先生做了回应，大意是冲我来，别去骂我粉丝。

　　韩寒常常批评或者调侃郭敬明先生，但他不会落井下石。有所谓"十少年作家联名要求封杀郭敬明"，韩寒对此非常反感，他说："'封杀'这个词是不能乱用的，在爱国和不散布谣言的情况下，是不能看谁不顺眼就带着自己的目的假装联名要求封杀谁的……那个散布谣言的卑鄙小人的行为，才是真正的暴力。"虽然批评占多数，但必要的时候，韩寒还是要护一下郭敬明的。他们乃是"自家人"，是没有恩怨的。

　　韩寒和郭敬明皆出自新概念作文大赛，而且是从这走出的名气最大的两位，难免会被人们放在一起比较。在接受记者采访时，他们常会被问到关于对方的话题，郭敬明基本上是以"不了解"回避掉，而韩寒，则喜欢时不时调侃几句。网友编了一出《上海绝恋》，把他俩调侃成基友，韩寒也爱拿这个开玩笑，什么"夫唱妇随啊""男女有别啊""床头打架床尾和啊"。我觉得他俩真的就像一家人。韩寒对郭敬明任何的调侃或者批评都没有外界想的那么严重。他们的关系事实上是一种互补，两种风格的补充，韩寒也不止一次发表过类似"同时代有这样一个人与自己相伴也挺不错的"的言论。难以想象，假如这个时代，他二人中缺了一个，会是多么的不协调。当然，肯定会有另外的人补上，但未必能有他俩"相处"得这么动态的和谐与完美。

　　老实说，我原先是不喜欢郭敬明的，但随着时间的推移，我开始慢慢喜欢并佩服他，尽管他的文章我还是不爱看，但他做事的态度我是很佩服的，他一个人安静做自己的事，他很明白自己要什么，他对外界的质疑一概不管也不回应，而且他很勤奋，这些都是值得我们学习的。大家老爱说郭敬明先生太商业化，试问，为什么就不能把中国的文学商业化？与欧美国家相比，在这个商业化时代，我们的文学商业化得还远远不够。况且，郭敬明先生通过自己的勤奋努力成名，请不要眼红。

　　当然，韩寒常常批评郭敬明，这是由于他们的风格不同造成的。著名作家、画家陈丹青就曾一针见血地指出："韩寒和郭敬明刚好代表80后价值取向的两面：郭敬明要名声、钱、虚荣，这是好事情我不想贬低他。韩寒代表另一面：一整套意识形态和花招动作，在他那儿完全无效。好几代人下来终于能这样，了不起。我们小时候也叛逆，但没有人格参考和个人意识，我相信很多80后都有这种意识，但韩寒特别精彩。"

自从开通了博客，韩寒常被人质疑炒作，不想在2006年8月份，他却被张一一先生"拿来"替某不知名的女歌手炒作了一回。如果说韩寒的文章是西南辣椒，辣而有味，辣得你爽，有益脾胃；那郭敬明的文章就是厦门甜点，很多小女生很喜欢；而张一一的书，各种菜谱上的佳肴都齐了，搞得像满汉全席，等你要菜，手向菜单一指："在那。"所以，炒作最关键的，还是要仓库里有货。

2006年9月，韩寒要单挑诗坛了。

我们先来回顾一下韩寒对现代诗歌的态度。如其所言，他这之前的几乎每一本书里，都有对现代诗的调侃，到了《通稿2003》，干脆单独开辟一篇《诗歌的问题》来谈自己的看法：

> 虽然诗歌在今天已经江河日下，但是我觉得还远远不够，应该发展到没有现代诗这个名词了，才算可以。
>
> 古诗中出现很多很多经典的句子，至于到了现代诗，完全就是胡诌，而现代诗的诗人，大都是吃饱了撑的。在几十年的现代诗历史里，有写过几句不错的句子的，但是人都死了，而且都不是老死病死的，活着的，大都是在胡写。大部分的现代诗其实就是把一篇三流散文拆成一句一行写，而所谓比较大师或者先锋的就是把一篇三流散文每句句子的顺序捣乱了再拆成一句一行写。只要不要脸，谁一天都能写几十首现代诗。

　　而至于诗歌的质量，我只能说，其实就等于把一篇小散文一句
一句竖着写……而所有现代诗，其实都只是一个格式的问题。

　　这是韩寒一向的诗歌观。他这次和诗人们的论战，只是让他的这种态度
为更多的人知道罢了，至于观点方面，并没有提出什么新的东西。而这场论
战，也并非他发起的。在这之前，网上已经有不少人在讨论现代诗歌的问题
了。这源于2006年8月有人以女诗人赵丽华的名字建立了一个网站，粘贴了
赵丽华2002年之前写的一些短诗，包括《傻瓜灯——我坚决不能容忍》《一
个人来到田纳西》等；还有些被掐头去尾和打乱分行的诗作，比如《张无
忌》；另外也有一些伪诗，比如《谁动了我的花内裤》。这些诗被配上"鲁
迅文学奖评委、国家一级女诗人"的标签到处转帖并恶搞，赵丽华风格的诗
得到"梨花体"的雅号，"梨花体"一词从此红遍网络，赵丽华本人也被一些
网友称为"诗坛芙蓉"和"梨花教教主"。在众网友的嘲笑和调侃的同时，
不少诗歌界人士发起了"挺赵"运动，一时间网上争论得不可开交。韩寒就
是在这时候加入进来的。2006年9月26日，韩寒比赛归来，上网发现网友们正
激烈讨论现代诗，韩寒很"惊讶"，马上写文一篇，叫《现代诗和诗人怎么
还存在》，观点与《诗歌的问题》一文一脉相承：

　　我的观点一直是现代诗歌和诗人都没有存在的必要的，现代诗
这种体裁也是没有意义的。这年头纸挺贵，好好的散文，写在一行
里不好吗？古诗的好在于它有格式，格式不是限制，就像车一定要
开在指定路线的赛道里一样，才会有观众看，你撒开了花到处乱
开，这不就是交通现状吗？观众自己瞎开也能开成那样，还要特地
去看你瞎开？这就是为什么发展到现在诗歌越来越沦落。因为它已
经不是诗，但诗人还以为自己在写诗。

　　韩寒的中途加入，使这场看似快要熄灭的战火又重新燃烧了起来，而且比先前更旺。诗人们把矛头对准了韩寒。首先是山上石等几位现代诗人："我们不禁为他的浅薄、无知和自大而感慨万分！""不说诗歌的时候，我还真不知道韩寒到底有多么浅薄。"随后，诗人沈浩波、伊沙、尹丽川、杨黎等人相继跟上。沈浩波说："韩寒谈诗歌，就如同杨恭如谈音乐。"

　　9月28日，韩寒发文《诗人急了，不写诗了》，文章观点如下：

　　1. 现代诗人唯一要掌握的技能就是会按回车键。

　　2. 别的大多数都是要付出劳动去掌握技能的，唯独写竖着的现代诗最轻松。

　　3. 诗人一旦写除了现代诗外的文体，就逻辑混乱得不知所云了。

　　4. 我们不用理会纯洁诗人的龌龊用语，我们只要欣赏他们的文笔就可以明白，为什么他们只能写诗，原来真的是除了诗以外，别的都不太会写。

　　此外，韩寒在文章里还提出了自己的"建议"："我建议我们把赵丽华的诗歌先排成横的，然后让赵丽华自己再分一次行，看看能不能分得和原诗一样。""个人建议，诗人们应该写诗反驳，一展现代诗无所不能的雄风。"

　　文章最后，韩寒写了一首叫《行》的诗调侃诗歌的分行问题：

　　你行

　　你就分行

　　不行

　　你行行好就别分行

别行不行就分行

免得分的行又不行

诗人决定你分的行行不行

行不行

你的行就不行不算行

针对韩寒的建议，诗人果然写诗反驳了。最有意思的当属沈浩波先生那首《从此君王不早朝——答在我的博文后翻江倒海的跟帖奴才》，全诗照录如下：

他在后宫逍遥 / 猎尽三千美色 / 美酒佳肴 / 走狗斗鸡 / 这虚无
的岁月 / 他恨不得 / 一日掷尽

普天之下 / 尽是傻× / 率土之滨 / 莫非文盲 / 满朝文武 / 脑中
皆是屎浆 / 这君临天下的孤独 / 岂是尔等鼠辈能知

从此君王 / 不早朝 / 俺老沈 / 哪有工夫 / 陪一班肉中无魂之人 / 聒噪

我这样排版，估计诗人会不满意的。沈浩波先生的这首诗古今结合，雅俗同流，脏话皆纳，能做到这样已是不易。虽然这只是一首游戏之作。后来我在微博上看过沈先生写的诗，一些作品还是不错的。当代诗歌中不乏一些优秀之作，不能一竿子打死。

向来单枪匹马的韩寒，此次却有两位球评人士主动前来助阵，他们是李承鹏和董路。2006年9月29日，董路发文《跟着韩寒一起学写现代诗》声援韩寒。30日，李承鹏在《我不是来给韩寒助拳的》的博文中写道："以我接触现代诗人们的经验，他们最大的问题是太高尚，但在高尚的'形而上'之余有时会突然孤独地'形而下'，闲着也是闲着，于是就在小酒馆开始对付点文学女青年，很灵，但买单时却不灵，基本上选择上厕所、喝醉或诵诗，总之跑得比驴快，基本上快赶上兔子了。"那时候的李承鹏，基本上还只是个球评记者，远没有介入时评以后名声大。

沈浩波先生当然也不是好惹的，他马上发表文章《20条道理正搞韩寒、董路、李承鹏》进行反击。

9月30日，韩寒再发文《坚持支持诗人把流氓耍成一种流派》，文中挑出沈先生之前写的三首"下半身诗作"，前两首诗运用了心理描写和动作描写，那几个"顶、戳、搅、摇"动词真是格外生动，非常写实，虽然写的是阴暗的猥琐男。所以韩寒说：

> 他直抒胸臆，用他的诗歌来说明了男诗人基本都是流氓这个古今一样的定理。咱们普通人要流氓肯定是不行的，但诗人，硬是把流氓耍成一种流派，使猥琐成为一种伟大。诗人这称号太厉害了。

我以为，韩寒的这个看法是有偏颇的，不能完全将文艺与道德挂钩。况且韩寒在4个多月前写过一篇叫《男人其实都是流氓》的博文，不能对诗人就特殊对待吧。他们不过是"直抒胸臆"罢了。当然，如果委婉含蓄些就更文学了。

10月3日，韩寒发文《国庆长假，现代诗人也组团》，文章说"我还以为诗人都独来独往呢，原来也喜欢组团啊"。然后，韩寒归纳了一番他们的特点：

> 1. 觉得诗歌是只有他们可以谈论的。
> 2. 诗人觉得，他们是高人一等的。
> 3. 诗人觉得，读诗和作诗一定要有很高的思想的。基本上只有诗人自己能做到这点。所以只好内部流通……
> 现代诗这个表面上看似自由的文体，怎么让诗人都变得如此狭隘不堪。真是越自由，越禁锢。

　　我不是诗人，但韩寒评价现代诗以及诗人的一些观点，我并不能认同。事实上，现代诗以及诗人不比其他文体或者其他文体的作者高一等，反而是低一等的，这是社会发展的必然结果。古代社会，知识分子很少，但知识分子的水平普遍高，地位也很高，所以那时候诗歌是文学主流，而小说被看作是末流。然而随着市民的壮大，诗歌渐渐衰落了，从唐朝的鼎盛，发展到宋朝出现了更便于人们抒发情感的宋词；到了元明清，市民阶层越来越壮大，相应地，也要求文学大众化，于是有了元曲、杂剧、戏剧以及小说的兴盛。到了现代社会，几乎人人都识字了，文学也越来越大众化，小说从原先的末流一跃成为主流，成了文学大宗，而诗歌，却退居末流。

　　诗歌终究是少数人的，受体裁和题材的限制，即便再创新，也不可能满足现代社会大多数人的需求。尴尬在于，诗人们一方面认为诗歌应该是少数人的，一方面又希望更多的人能接受诗歌，于是他们不断探索，创作出很多在韩寒看来不可理解的诗歌形式，比如梨花体。这些其实都是诗歌在现代社会的尴尬处境下所必须经历的过程，探索的结果无非两种，失败或成功。当然，何谓成功，何谓失败，判断的标准又有分歧，同样一种风格，有人喜欢必然有人不喜欢。我只能说，就我而言，赵丽华等人的诗歌风格不在我喜欢的范畴。在这个问题上，女作家刘瑜在《诗坛风乍起》一文里就说得很客观："本来，赵丽华写完全没有修辞的诗歌，作为一种诗歌试验，无可厚非。大家对她群起而攻之实在是吃饱了撑的……但同样可气的是捍卫梨花体的人，非要说你们欣赏不了这种诗歌，是因为你们太愚蠢。这就有点耍赖的感觉了，你明明端了一个空盘子出来，还要别人做吃得'津津有味'状，如果不做津津有味状，就说你的味觉有问题。"

　　2006年10月4日，韩寒发文《我笑你们跳，我吹口哨你们叫》。韩寒说诗人："你们的可怜就在于，只要我哪天兴趣过了，不玩你们了，你们就再次退出人们的视线……当我走了，聚光灯和观众就都没了。"韩寒说这话的时候是得意的。尽管这场笔战韩寒还是赢了，但我总觉得有点胜之不武，因为这对诗人来说，是多么不公平啊。这不公平不是他们造成的，他们只是这个时代的牺牲品。没办法，这就不是一个诗歌的时代。大多数的网友们，也是无法理解这样一群人的。所以，我们可以看到，沈浩波后来转行做了书商，还出版了韩寒的几本书。而韩寒，在几年以后，也向诗人道歉了，尽管他还是不喜欢诗歌，但他不能否定它的存在，文化需要包容。这也算是皆大欢喜的结局了。

说点题外话，以前我也不喜欢诗和诗人，因为我觉得诗歌是一种靠感觉书写的文体，沉溺其中，冥思苦想，终于想出了某些句子，记下来，就是诗。我觉得这没有含金量。不幸的是，后来我发现韩寒的写作也是靠感觉书写。感觉书写是介于经验书写和知识书写之间的。一般而言，学识丰富的作家靠知识书写，经历丰富的作家靠经验书写，这两方面都比较丰富的作家（注意，一定得是个作家），写出来的小说应该是比较牛×的。而韩寒，传统书面知识谈不上丰富，经历又不算太多。那怎么办，感觉书写。感觉分两种，小情小调的和判断式的，前者如郭敬明，后者就是韩寒。这个问题，我们将在后面做进一步的探讨。

和诗人的笔战结束后，韩寒又将他的枪口瞄准别的事物，他是网络时代的狙击手，他的文章稳、准、狠，直刺对方要害。然而，这只是个开始，此时的韩寒，并没有获得高的赞誉，甚至人们对他的批评可能还要多于赞扬；此时他的枪口，更多瞄准的还是人，直到当他扬言"不再和单个人作战"的时候，他的视野才更开阔，他的文章才更具深度，他才获得更多的认可和尊敬。韩寒，尚在路上。

第十三章 / 光荣日

　　我说，世界上根本就不存在早恋或者偷食禁果。无论什么样的年龄，只要双方喜欢，心甘情愿，任何的感情或者性行为，都是天赋人权，那是人类最大的权利，是不能被别人干涉阻止的。我觉得这是一句在世界范围内都很正常的没人会觉得有什么可争议的话，但很多人批评我⋯⋯

——韩寒2007年5月28日博文《传统美德》

　　2007年年初，媒体上出现了一个韩寒的绯闻女友，她叫金莎，是林俊杰的师妹，是个歌手，也演过电视剧。韩寒与金莎的结识源于湖南卫视的一个对唱节目，金莎郑重地邀请韩寒和她一起参加。以韩寒的性格，他自然不愿意出现在这样的节目中，所以金莎就担当了说服韩寒的工作，一来二去两人就走近了。直到一天晚上，金莎挽着韩寒的手，大摇大摆地在街上散步，被记者拍到了，于是纷纷打电话要求采访当事人韩寒，韩寒干脆在博文里说：

　　人在江湖漂，哪能拍不到。金莎是我挺喜欢的一个小姑娘，所以拍就拍了……女孩子是不能乱恶言相向的，我最讨厌对女人不客气的人……包括我的读者，你若说我朋友尤其是女的不好，就别喜欢我。

　　这就是韩寒的性格，敢爱敢当，我爱谁关你们P事，末了还不忘保护一下女生。韩寒这样一说，这事反而不久就熄灭下去了，只有他们各自粉丝的论坛上还流传着他们的传说。

　　相比这件事，这年年初动静闹得更大的，恐怕要数王朔重出江湖了。王朔复出带来的作品是《我的千岁寒》，3月正式上市，在上市前，王朔接二连三地接受媒体采访，大曝自己前些年吸毒、嫖娼的经历，并对自己看不惯的人事嬉言怒骂。有人认为，如果这个"老流氓"再年轻20岁，你除了骂他狂妄无知，还会骂他没教养。大家立马想到，韩寒不就是帅点的年轻版王朔吗？联想到韩寒在博客中预告即将出版的小说叫《光荣日》，倘若这一老一少互换一下书名，那就完美了，韩寒出《我的千岁寒》，光荣谈论"日"的王朔出《光荣日》，这样就真的文如其人了。王朔是有急迫感的，年华易逝，转瞬即将50，过去的光华不再，他若再不折腾一番，恐怕就只有白了少年头，空悲切了。于是，王朔拿出力气，以求重新拾回他文坛霸主（至少在图书市场）的地位。

　　正巧，2007年1月王朔接受《三联生活周刊》采访的时候，说了80后包括韩寒的一些"坏话"。于是，媒体来劲了，打电话给韩寒"通报"这事，以为有好戏等着看了。韩寒果然立马有了反应，于1月17日写博文《王朔》，让记者没有想到的是，该文不但没有"骂"王朔，还大大赞扬了他一番，文章说："王朔是我很欣赏的作家，他是中国少有写出作品来的作家……他是有经典作品的人，而且很多。在中国，有牛的作品但没人叫他大师的人，一定好。无论他以后的作品如何，他留下的就已经足够了。……奉劝一些有心的媒体，除非哪天王朔伤我家人抢我女人，要不然你们希望看到的那幕，是不可能发生的。况且到了那时刻，SB才顾得上写文章。"

　　韩寒对王朔是尊敬的，他甚至或多或少受到了王朔的一些影响，他早年在《三重门》里给自己编的那份简历，几乎都是套用王朔的小说名而成的。事实上，王朔也确实值得让人尊敬，无论他这次复出如何，无论《我的千岁寒》如何，他以前的成绩，已经够了。是他，第一个实践了版税制取代稿费制；是他，第一个亲身证明出版市场化的可能性；是他，把大陆影视剧推向了一个新的高度。然而，江山代有才人出，各领风骚二十年，即便是他王朔，也不可能一辈子稳坐江湖。事实证明，他已经老了，老掉的不只是脸上的青筋和皱纹，还有他那鲜活的文字。在《我的千岁寒》里，我们既看不到当年《空中小姐》里的那份纯情，也看不到《顽主》里的那股调侃劲儿。也许，他是不想重复自己，他要变，但是你王朔变来变去还是王朔，最多从《千万别把我当人》变到《动物凶猛》；你又不是孙悟空，不会七十二变，不会翻筋斗云，你能变到哪里去？但是，王朔还真的变得面目全非，在《我的千岁寒》里装深沉，没成释迦牟尼，倒是蒙了一堆书评人。

　　基于韩寒对王朔的欣赏，路金波先生（《我的千岁寒》的出版人，韩寒的《一座城池》也是他出版的）以送一副1800元的乒乓球拍的代价邀请韩寒出席王朔即将举办的新书发布会。韩寒并不愿意去，但听路金波说郭敬明也要去，所以决定前往，"因为我从没见过他，我觉得和他留下一张真人合影……免去他们多年PS照片之苦。这是多么好玩的一件事情。我愿成人之美，一照泯恩仇。"但最终王朔2007年4月1日的新闻发布会临时变卦取消了。真是够愚人的。然而韩寒与王朔的"会晤"并没有就此取消，推迟了几天，好事的上海媒体人在主持人陈辰家安排了晚宴，韩寒拗不过朋友的盛情，终于答应前去赴宴。答应后韩寒又有点后悔，他觉得自己聊天不在行，何况还是去见侃神王朔。

陈辰父母精心准备了饭菜，王朔等人已经先抵达，韩寒在朋友的陪同下随后也到了。在摄像机前面，两人握手，随即交谈下去。当然，这次活动中基本都是王朔在说，韩寒很少说话。细心的韩寒读者不难发现，在2008年以前，韩寒面对媒体还是相当羞涩的，还没能放下"自我防备"（参考本书第六章末），远没有他现在接受媒体采访那么自然。在一年后的《萌芽》庆典上，同台的郭敬明和张悦然甚至都比他要健谈许多。另一个原因是，退学这些年来，韩寒渐渐变得很有礼貌，与比自己岁数大的长辈在一起，他常常安静地充当听众，很少去打断。在王朔面前，韩寒自然是晚辈。

在我看来，王朔是中国现当代文坛上的第三个斗士（第一个是鲁迅，第二个是李敖）。韩寒晚宴上的表现，也是对他欣赏的人的尊重，他后来在接受采访时说："就像送别一个老朋友，你总是要说好话。他们的时代过去了。"王朔是1958年生人，当过兵，我想起我们军训时训练用的五八式步枪，锈迹斑斑，只用于训练端枪、提枪和托枪，到打靶时改用八五式步枪。王朔就是这支五八式步枪，他的时代过去了。韩寒当仁不让，但他不会接过王朔手中的枪，他有更新式的武器，网络就是他的战场，博客就是他的枪，杂文是他装在枪里的子弹。且看下一颗子弹花落谁家。

4月10日半夜两点多钟，韩寒的博客有了更新，文章题目叫《最近的一些安排》，谈到他前几天与王朔一起上电视（那次晚宴其实就是上电视）的事，然后说：

> 最近也依然不会参加任何电视节目，出席任何活动嘉宾之类活动，之前两次上镜，纯粹捧场还人情。我从来没接到过加油傻男儿节目的任何邀请，也不会做嘉宾。我不反感这些节目，有时也看觉得挺

好玩，但请不动我做评委的，我博客里申明也挂了很久了。给多少钱
都没用，所以各大节目就放弃我吧。我可不像郑钧那么××，前脚刚
骂完这些选秀节目，说超女的歌那不叫音乐，后脚就去做评委了。

　　你如果认为韩寒这是一不小心提到了郑钧先生，那你就错了。韩寒是故
意的，而且有备而来，根据他对郑钧先生的了解，郑钧会回应的。韩寒比较
了解郑钧先生，郑钧先生曾是他喜欢的歌手。由于第二天还有别的事，韩寒
可能没有时间及时回应郑钧，为免贻误战机，他便依据对郑钧性格的揣测，
提前写了一篇名为《中年男子卡门》的文章存在Word文档里，然后就睡觉
了，起床后觉得还是存在博客草稿箱里比较方便，于是放到草稿箱后就出
门做事去了。这期间，韩寒不时用手机查看郑钧的博客，以期达到秒杀的效
果。终于，到半夜的时候，郑钧回应了。由于那时的手机还没有发表文章的
功能，韩寒就打电话给朋友，告诉他密码，再把自己的修改意见对朋友一
说，朋友根据韩寒的意见修改了文章，然后发表了。至于修改了什么地方，
就是韩寒没有想到郑钧先生一回应就是两篇，所以稍稍做了一点改动。韩
寒是很得意的，因为细心的北京报纸提出了他们的观察结果，那就是韩寒
的这篇文章发表在郑钧那两篇文章的前面。这是因为，当时的新浪博客设置
里，文章发表时间是以存在草稿箱的时间为准的。媒体朋友当然不知道韩寒
提前写文章预判的神力，韩寒得意地写博文解释，还不忘调侃道："先预判
准备好，再用手机上网，再电话远程发射，真是最新的技术，也是我最新的
发现。这样我才觉得好玩一点。如果鲁迅梁实秋知道2007年的笔仗是这么打
的，不知道什么感受。"

　　没想到的是，5年以后，韩寒的这个得意之举成为一些人的"证据"，因
为韩寒把话说得太绝，说谁要是能证明自己的文章有一句话是别人代笔的，
奖励2000万。有人兴奋了，因为韩寒曾把博客密码给朋友，并让他改了几个

地方，证明韩寒文章至少有一句话是别人代笔的。很多网友还信了。我只想问，那些口述自传，比如顾维钧口述，由别人记录的《顾维钧回忆录》，作者是记录者还是顾维钧？毛泽东口述自己的经历，由埃德加·斯诺记录而成的《毛泽东口述传》，它的作者是埃德加·斯诺还是毛泽东？如果说一本书，因为工作量比较大，有记录者的整理和修改，作者还存在分歧的话，那韩寒的一篇文章写成了，让朋友根据他的意见——注意，是根据韩寒的意见——修改某句话，难道这句话的作者就变成他的朋友了吗？

回到韩寒与郑钧的论战。说实话，这次论战是没有意思的，韩寒列举了一堆郑钧的事儿，这些事情除了说明郑钧实在不够摇滚外，并没有什么观点性的启发价值。纯粹是个人恩怨，所以韩寒在《雅典娜和她的圣斗士》一文末尾调侃道："我还有另外一个大发现，就是徐静蕾博客链接里的男性朋友大多和我都已有过节。徐静蕾是我的好朋友，她是很义气的一个人，所以这点我有点过意不去，让她有点稍微难做。我不是故意的。但不知道为什么，我脑子里冒出来的情景是雅典娜和她的圣斗士们呢。"

说到徐静蕾，她的事来了。娱乐圈真小，徐静蕾除了是郑钧先生的朋友，还曾是王朔先生的女友，还曾被网友戏称与韩寒"博客调情"。而王朔和郑钧都刚与韩寒有过"交锋"。诚如韩寒所言，徐静蕾是一个义气的人，与同样义气的韩寒认识，大家自然义薄云天。徐静蕾办了一个叫《开啦》的电子杂志，邀请韩寒为杂志写稿。作为朋友，韩寒当然义不容辞，但由于韩寒这段时间正在赶写小说《光荣日》，很难分出情绪去写别的东西，于是选择了自己拿手的回答问题。说到这里，肯定有人疑问，刚才不是才说韩寒不习惯接受采访嘛，怎么现在又变成拿手的了？其实，不是面对面的回答，而是从读者留言问题里挑出一部分采用电子稿的形式作答。可是选什么类型的问题不好，韩寒偏选择了性方面的。于是，我们看到，在回答类似"你怎样看待现在未成年人的性早熟现象，以及一些小男生小女生过早偷吃禁果"

时，韩寒直言不讳地答道："完全支持理解，但需要做好防护措施。"这些回答无疑刺痛了道学家们的神经，并给韩寒扣上高帽子，说他误导青少年，希望新闻出版总署监管或者处罚。针对这些质疑的声音，韩寒于2007年5月17日发表博文《我的前卫与荒唐》，文章说："他们说，我的回答太刻意前卫了还很荒唐。这就是我的真实想法，你们要说这前卫也没办法，那只能说明你们太后卫了。"

在韩寒的带动下，网上掀起了一场关于"性"的讨论。有人批评韩寒宣扬的西方性解放是错的，有人批评韩寒丢掉了中国人的传统伦理道德。对此，韩寒回应道：

> 我的观点是你可以和你相爱的人上床，原来这就叫西方式的性解放啊。我们宣扬的中华民族的美德，什么谦让、诚信、勤劳、纯朴、互助、热情、团结，这些恰恰都是我们民族最缺少的品性……我们之所以有不少关于宣扬这些美德的历史小故事，恰恰是因为我们的大环境缺少这些美德。……而这些美德是美好的，说句客气的话，这也应该是我们这个民族的需求。

这些话，别人也许认为韩寒在信口胡说。其实，韩寒这些年来在全国各地，尤其是在穷乡僻壤进行赛车，看到了太多稀奇古怪的事情，帮助人反被认为是坏人，停车等红灯却被后面的车主骂SB，看到路上出交通事故了打电话报警警察却不耐烦。这些事情，韩寒早期的博文有零星的记载，没记下来的肯定更多。韩寒深切地感受到中华民族面临的问题。他经历的事远多于同龄人，他没有大家想象中的叛逆和愤青，他有着比同龄人多很多的成熟。只是人们有时误解他那凌厉的文风，常常说他叛逆。

韩寒坚持他认为是对的东西，而这些东西在他看来是不分东西方的，只要是符合人类的，就是值得提倡的。当然，观点之争，同意与否，无可厚非，自古以来，历史就是在新旧两派的论战中不断向前推进。比观点之争更可怕的，是人家质疑你的观点是假的，即非你本人的，是别人写的。就像今天人们所"质疑"的，韩寒在2007年6月份也遭受过一次这样的"质疑"。事情的起因是，一个网友质疑海岩的书有人代笔，理由是海岩作为一个企业家不可能有那么多时间进行创作。海岩被逼无奈，出示了自己的创作手稿，韩寒看了这些手稿后感到心酸，6月5日写文章《支持海岩》，文中说："还好海岩用的是手写稿，那用电脑写的，比如我，一旦有谁无聊了看你不顺眼了造个谣之类的，岂不是一辈子说不清楚了。"没想到一语成谶，一个网名"梦七"的网友立即展开了对韩寒的"爆料"，说韩寒的文章本来就不是自己写的，他的朋友马日拉才是真正的作者，这在文艺界已是共识。而后，这个"爆料"被媒体当作新闻进行了报道。于是事情闹大了。

6月26日，韩寒以调侃的笔调写道："据记者说，这位爆料的网友，名字叫'梦七上四'，我当时就判断他是郭敬明也就是小四的粉丝。因为他的旧书《一梦三四年》在我们行业内，就简称为'梦七'，上四就不用我说了，上了小四。""其实找枪手和包二奶一样，在我们这个圈子里是很多的，而且现在流行合二为一，直接包个二奶枪手，既能用作打字机，又能用作打飞机……"

然而，很多所谓娱乐媒体是没有娱乐精神的，他们说韩寒这是在为他即将出版的《光荣日》炒作。事实上，韩寒不可能拿代笔这件有损自己一辈子名誉的事来炒作。电脑高手马日拉为证明自己的清白，通过网上搜索，终于找出了造谣者，乃是江西财经大学一名大三的学生。

得知自己被找出来了，这名造谣的学生删掉了自己博客里的文章《我很喜欢收集班上女同学的腋毛，怎么办？》《我的美丽外教女老师是否想迷奸我？》《去参加林志玲的见面会后我感觉她爱上了我，怎么办？》。看这些文章题目，大家也基本可知这是一个怎样的学生了。该同学吓破了胆，写了一封道歉信，希望韩寒等人不要追究其法律责任，因为这会对其毕业乃至今后就业造成影响。韩寒心软，当即放弃追究他的法律责任，并从博客文章中删除了该学生的照片。

其实，这一年造谣事件最大的受害者是海南种植香蕉的农民和商人，因为有人造谣说海南的香蕉带有对人身体有害的病毒，导致该地的香蕉烂掉都没卖出去，所以韩寒调侃道："这次的枪手事件到此结束。好在能够找到幕后直接人，但海岩到现在还没能找到，也希望他能早日找到，才能彻底清白。奉劝他火大时吃一口海南香蕉，想想全海南的果农，心里就平衡了。"这时的韩寒以为代笔事件结束了，这辈子应该不会有人再来造谣他文章有人代笔了，没想到这只是预热，事隔5年后的一场声势浩大的造谣还在后头呢。

不是炒作，胜似炒作，2007年7月，《光荣日》上市，首印60万册。

首先说说"光荣日"这个名字。尽管韩寒一直声称，小说的名字就和孩子的名字一样，好听就行。我把这理解为作者不做过多的干涉，让读者自己去想象的意思。我的想象或者说看法是，"光荣日"这个名字的意思是比较"黄"的。韩寒曾在《中年才子卡门》中提到："如果某天有人出版一本讲做爱最光荣的书叫《光荣日》，我也肯定挺郁闷的。"而我认为，韩寒此书的名字，即隐含了这样一层意思，且小说中涉及这方面的情节不算少。当然，韩寒并没有把它写得猥琐，和他的其他小说一样，他尽量将其情怀化。在这方面，韩寒本是一个有情怀之人，比如后来（2009年7月）出现日全食的时候，他就写文章调侃：

　　其实看不看日食根本无所谓，这段时间里其实应该花15分钟和
心上人做一个最简短的爱，这样日后就可以大言不惭地对别人说，
想当年，我年轻的时候和女朋友上床，时间最短的一次都从天亮做

到了天黑又做到了天亮。所以我认为，年轻的情侣们起大早跑到街上去看日全食绝对是失策。

《光荣日》在格局上与以往的小说有很大不同，为了说清楚这一点，我们有必要梳理一下韩寒以往小说的格局。韩寒早期的小说，除了《三重门》，其他基本上没有什么格局，想到哪写到哪，没有故事主线，情节服从于笑料，因此被人称作"段子作家"并不是完全没有道理。其实《三重门》中又何尝不是这样，只是较之《像少年啦飞驰》和《一座城池》，《三重门》和《长安乱》的故事至少没有那么乱，在这两部小说中，韩寒在穿插这些段子的时候，还是或多或少考虑到了故事的连贯性。自然，这样的考虑只是沧海一粟，我更愿意将之理解为歪打正着，因为这与韩寒一贯主张的随意写作是冲突的。我们来看看韩寒天才式的"随意创作观"：

1. 思想，就别扯淡了，思想就是日有所思夜有所想，早说过了，思想那东西，只存在肤浅，不存在深刻。所以，名作家们就别努了，对于艺术来说，经典永远不是专家努出来的，而是天才蒙出来的。（2006年《装鸭》）

2. 好本子都是灵光乍现，好电影甚至没有本子。经典都是天才的玩笑，佳作都是智者的胡扯，不是笨蛋靠憋就能憋出来的……（2006年12月14日《没意思》）

3. 写文章最重要的是文笔，其次是想法。文笔好了，一般什么都好。我就没见过光有想法但写不利索的。（2007年1月19日《推荐几个地方》）

4. 天才是不用别人托的，都他妈从天而降的，而蠢材怎么扶都是歪的。（2007年1月22日《不问安全期，就是没文化》）

　　韩寒《三重门》以后的小说和其为人处世一样，率性而为，不做修饰。但我个人觉得，好作品仅仅这样是出不来的，经典作品应该是天才的作家加上后天的不断修炼而成的。经典既不是专家努出来的，也不是天才蒙出来的，而是天才努出来的。韩寒经过这些年来的创作，已经慢慢向这一点靠近了，而《光荣日》就是这样的试验品，尽管它仍然摆脱不掉段子组装的嫌疑，但至少它已经考虑到如何将其组装得更像小说。在这部小说里，可以看出韩寒的一些宏大抱负，首次写了一拨人（7个），为一项暂时不明目标的事业走在一起，放弃城市工作，跟着大麦来到乡下，妓女成了老师，招兵买马干一件大事。

　　据说民族英雄岳飞早年带兵打仗不喜欢花时间排兵布阵，后来在宗泽老帅的指点下学习兵法，才渐渐注重排兵布阵的规矩。韩寒从《光荣日》开始注意到构思小说的布局，不知是受了谁的影响。不幸的是，和大多数的试验品一样，《光荣日》并不成功，甚至还没有他以前的任何一部小说成功。该小说空有框架，却没有血肉，仿佛一个靠框架架起来的一个个连贯小品。至于"魔幻现实主义"这个出版社加上的噱头，还是放在他的下一部小说身上更为合适。估计韩寒也意识到了这部小说的不成功，所以原计划会出下册，至今也未见着落。

第一个年度总冠军

很高兴今年车队包揽了全国汽车场地锦标赛车队冠军、车手冠军，全国汽车拉力锦标赛车队冠军、车手冠军。很难再有车队能破这个纪录。而且了解赛车的朋友应该知道，同时问鼎拉力和场地的难度有多大。这在亚洲和世界范围里都很罕见。而且车手是同样的两个。

——韩寒2007年11月12日博文《并不完美的结局》

2007赛季，在车手阵容上，上海大众333车队的主力车手依旧是王睿和韩寒，第三车手是张宇明，新秀车手是张丘鹏。该赛季第一场拉力锦标赛于3月23日至25日在韩寒的家门口上海金山举行，韩寒在爆胎、因肚子痛晚到被罚时的情况下得了季军。拉力赛第二场比赛在北京怀柔，时间是6月15日至17日，韩寒获得亚军。随后，场地赛也启动了，7月7日至8日，第一场场地赛在上海举行，在变速箱、分离轴、齿轮出现问题的境况下，韩寒拿了第二，队友王睿第一。

比赛完后，韩寒找出了电视台对这场比赛的录像，越看越不爽，觉得电视台把一场赛事直播弄成这样是耻辱。

韩寒在博文中列举了电视台播报这场赛事的若干失误后，最后写道：

> 转播一场全国联赛，就这种水平，实在太可笑了。导播把赛车当围棋来转播，主持人也根本不懂这项运动，完全不了解这些运动员。丝毫不做功课，太不敬业……

韩寒想，偌大一个电视台，应该不会这么容易就被自己得罪，况且自己说的都是实情，电视台应该虚心接受并改正才对。所以当车队朋友提醒他：你前几天说了电视台坏话，他们会不会封杀你？韩寒口气坚决地说：不会。

对于电视台的封杀，韩寒是无所谓的。一方面，他也不缺这点名声；另一方面，以自己的实力，一年下来，拿分站冠军是早晚的事。更何况，全国锦标赛一共12场，现在完成了3场，韩寒得了一个亚军两个季军，在年度拉力赛和场地赛的总积分里都排在第二，他的追求是年度总冠军和后面的分站冠军，倘若自己获得了冠军，看电视台的赛车节目到时会怎么报道，难道在镜头对着领奖台的时候，将冠军的韩寒涂上马赛克，只显示两边位置稍低的亚军和季军？韩寒觉得这非常可笑，当即写了一篇博文，文章说：

> 你们既然现在不肯接受我关于直播问题的中肯意见，还要性子，所以，对不起了……我先得封杀你们了，以后的9场比赛……就不要来采访我了……人不求人一般大，一般大了就不怕。

2007年7月13日至14日是拉力赛的第三站，赛段在贵州六盘水。这一站，韩寒因为赛车故障等各种原因没能完赛。7月21日至22日是场地赛北京站，该站王睿第一，韩寒第二。比赛结束的当天，韩寒在博文里赞扬了电视台："……直播比上海站的时候好了很多，比赛结束以后，大家终于都能知道名次了，而且场上的情况也基本能够了解。人家小气归小气，但还是有进步的。"

拉力赛第四站是贵州开阳站，时间是8月3日至5日，韩寒得了第三名，冠军和亚军被庆阳车队的任志国和秦法伟分别获得，而王睿因为赛车传动轴断裂，遗憾地退出了比赛。这样，尽管上海大众333车队以73分的总积分依然排在第一，但与庆阳车队的差距已经缩小到了5分。而且最关键的是，韩寒个人的积分只有26，王睿以42分的积分排在第一，任志国以1分之差排在第二。尽管还有3个月之后的最后一站龙游站，但理论上，韩寒已经丧失了拉力赛年度总冠军的可能。年度总冠军的希望只能寄托在场地赛上了。

8月18日至19日是场地赛第三站，韩寒提前几天从上海浦东国际机场飞往珠海。在上海浦东国际机场发生了一件事：韩寒的粉丝买了韩寒刚出版的新书《光荣日》，看到书里有关于手枪的描写，这个粉丝想，韩寒肯定喜欢枪，于是就去买了一把仿真手枪，用包装盒包好后在某个场合送给了韩寒，并嘱咐韩寒千万要回家再打开看。韩寒将这个包装盒放在书包里，不小心忘了这事，背着书包去了浦东机场。过安检的时候，保安吓一跳，说："里面有支枪，拿出来一看，是玩具的手枪模型。然后大概花了30秒签了一张没收的单子。"整个过程韩寒几乎一言未发，更没有任何怨言或者不满的举动，"有兴趣和能力的朋友可以去调机场录像。"然后韩寒就登机前往珠海了。

珠海站，韩寒夺得季军。车手积分榜上，韩寒以22分排在第一，王睿和林立峰以相同的积分20分并列第二。车队积分榜上，上海大众333车队以42分的积分排在第一，后面跟着的是东风日产基亚车队和北京海淀驾校车队。

2007年8月20日晚上10点钟，韩寒与张悦然有一个对谈会，因此在比赛结束的第二天，韩寒就从广州白云机场飞往上海。晚上抵达，韩寒在主办方的陪同下前往约定的见面会地点。在车上，韩寒想起6天前在上海浦东国际机场发生的携带玩具枪事件，就把这事当玩笑说给主办方朋友听。9点40分，韩寒提前20分钟到了约定地点。约定的时间是10点，但张悦然来得更早，韩寒礼貌地开玩笑说："不好意思，飞机晚点，我来晚了。"随后，主办方朋友夸张地将韩寒刚才在车上讲述的携带玩具枪事件转述给了媒体朋友，并在转述的过程中误以为这是几个小时前才发生在广州机场的事。这个故事经过记者的加工，第二天，《上海青年报》是这样报道的：

机场大喊"我是韩寒"

在珠海赛车的韩寒，原先准备乘昨晚5点多的飞机从广州飞沪的。让他万没想到的是，热心拥趸送给他的一支仿真手枪却给他惹了大麻烦。

按照机场规定，枪支是不能带上飞机的，哪怕是仿真手枪，乘了很多次飞机的韩寒对此却毫不知晓。结果，他自己连同那把手枪一起被广州警方扣下。"我是韩寒"，韩寒一开始很有点不以为然，高声喊着自己的名字，可是根本没有用。韩寒被警方带到了审讯室，仿真手枪被没收，录了平生第一次口供，还被对着脑袋，前后左右地拍了4张照片。

而《广州日报》的记者则捏造了"我（韩寒）反复告诉记者真的不知道带仿真枪上飞机是违法的"和"我是韩寒，不是真枪"。可以想见，发生这样的事情，对韩寒名声的影响是多么的恶劣，类似于后来的"我爸是李刚"，只不过，前者是记者捏造的，后者是真实的，但看报纸的人是不明真相的。

更让人气愤的是，《上海青年报》8月23日还刊载了两篇评论，一篇是《"我是韩寒"透出名人优越》，一篇是批评韩寒对法律的无知。很多网友说：

"韩寒，你是个男人就出来道歉认错吧。"明明是别人编造的谣言，却要让被造谣者承认自己错了。

当麦田被指出证据造假后，他一脸淡然地说："这个不重要。"我想，那个根据《我是韩寒，不是真枪》写文章批评名人优越感的作者若是麦田，肯定会说："韩寒有没有说这句话不重要，因为名人的优越感这种现象是存在的。"

这个存在关韩寒P事啊，这世界上什么品行不存在，怎能让别人存在的恶劣品行让不存在的人来背？于是有记者对韩寒说，既然不属实，你不会起诉啊？一开始，韩寒是不想起诉的，毕竟这件事韩寒自己和主办方朋友也有责任，要是自己不在车上向朋友吹牛，或者在说这件事的时候特别强调一下这事发生在一周前，那很可能就因其是旧闻而不成为新闻了，也就不会被记者捏造了。但韩寒最终还是决定起诉，因为这对名声影响实在太大了。这是韩寒打的第四场官司，都赢了。

由于场地原因，原定于2007年9月8日至9日和9月22日至23日在成都金港赛车场举办的第四站和第五站比赛，最终改在北京金港赛车场进行。第四站，王睿、韩寒、郭海生分别获得冠、亚、季军。这样，上海大众333车队已经把积分领先优势拉到了22分，几乎已经锁定了年度车队冠军。而在车手积分榜上，王睿已经追上了韩寒，以30分与韩寒并列第一，林立峰仍以20分排在第三。不幸的是，韩寒比赛结束后回去不小心把脚弄伤了[①]，半夜3点打车去协和医院缝了近10针，打了破伤风就回到了酒店。第二天（10日）下午，韩寒去见了王小峰和梁朝辉两位朋友，就乘飞机飞回上海了。

脚伤并无大碍，但10天以后，即9月22日至23日，第五站比赛就到了，而

---

① 关于韩寒的脚伤，王帆《韩寒H档案》第184页的记述是"韩寒回到上海后不久，在和朋友踢足球时右脚受伤了"，但根据韩寒2007年9月11日18点博文《最近几事》的记载，韩寒是在北京就把脚给弄伤的，而且并无踢球弄伤之说，且根据时间推断韩寒脚受伤的时间为9日晚上，而比赛当天才结束，所以去踢球的可能性比较小。

伤口恰好在脚底和脚侧，正是踩油门和刹车要发力的地方。所以韩寒连正式比赛之前的试车都没有参加，直到周六才赶到赛车场，匆匆忙忙参加了第一次自由练习，而且由于脚伤的原因刹不住车冲出了赛道。人们对韩寒能不能坚持完成明天的比赛捏了一把汗。对韩寒自己来说，这也挺郁闷的，要发力的关键时候，脚出问题了，毕竟目前自己的积分都排在第一了，虽然队友与自己并列，但这无疑是冲击年度总冠军的大好机会。好在韩寒最终还是坚持了下来，而且居然还获得了本站的冠军，他当晚12点更新博客开玩笑说："我的右脚还是有问题，踩刹车没有感觉的回馈，练习还冲出去了一次。后来就一直不大能踩动刹车，估计就是因为刹不住，所以才比较快一点……做出了全场最快单圈，最后也得了冠军。我琢磨着我应该下车假装脚疼并且晕倒，这样就是一部主旋律励志片。"

这一天，9月23日，韩寒用一个冠军度过了他的25岁生日。

由于夺冠加了10分，而王睿第四名加了5分，这样，到10月20日上海收官战开始之前，韩寒以40分的成绩领跑车手积分榜，王睿以35分排在第二位，第三的林立峰积分为28分。这就是说，车队年度总冠军和车手年度总冠军都已经提前被上海大众333车队获得，至于到底是韩寒还是王睿获得车手总冠军，就要看他们在收官战上拼杀的成绩了。早在2005年333车队的一次饭局上，王睿就说过一句意味深长的话："其实一个车手最大的对手是自己的队友，因为别的车队跟你的车型不一样，后勤维修都不一样。所以输给外人你可以给自己找一万个理由。但是在自己的车队里，什么条件都一样的情况下，你再输给队友，那可实在没话可说了。"王睿是笑着说这话的，但韩寒却笑不出来，那时候他刚刚加入上海大众333车队，自己正式的赛车生涯才刚刚起步，还没有什么大的成绩可言，而且由于自己在CRC的各个分站老拿第四名，还落下一个"韩老四"的绰号。如今，经过这两年的磨炼，他已经可以向这位冠军老将发起挑战了。车队表示将给予两位车手公平的资源让他们去公平竞争。

好戏即将上演。但相比来说，韩寒在这一站是有优势的，因为他的积分已经领先王睿5分。这意味着，只要韩寒不掉出前三名，即便王睿夺得本站的冠军，韩寒依然是年度总积分冠军。这场比赛很精彩，我们来看看韩寒事后是怎么描述的：

今天的比赛很激烈，可能因为是今年的收官战、大家撞坏了车可以修到明年的原因。我从杆位出发，第一号弯就被队友王睿顶了一下屁股，结果出现了很大的侧滑，好在救了回来，在大直线的尾端又和王少峰发生了碰撞，丢失了第一的位置。这下和我所在的车队的现役车手和转会车手都撞齐了。碰撞以后车的轮胎角度发生了变化，我一度以为自己要退出比赛了，结果车方向盘歪了，但是还能开，只是再也不能做出像拿杆位这样快的时间了，要慢了两秒多一圈，而且轮胎角度变化后迅速过热，情况每况愈下，但还好我坚持在了第三名。王睿在最后一圈超越了犯错的郭海生，得到了本场的冠军。最后我以1分领先王睿，得到了年度的车手总冠军。

至此，2007年6场场地赛，韩寒以1个冠军、3个亚军、2个季军的积分，获得了个人首个年度总冠军，唯一遗憾的是"比赛了三年，从来没有在上海得到分站冠军"。这个愿望，只有等待来年实现吧。但无论如何，这是值得庆贺的事情，韩寒在博文里写道：

这是我四年赛车生涯的第一个全国年度车手总冠军。能够得到这个中国职业赛车的最高荣誉，除了自己以外，还要谢谢上海大众333车队所有人的努力，我的技师团队，所有车队赞助商，今天来现场看比赛的人们和我的朋友，还有大家都在参加抽奖的时候、看台上孤坐的我的家人。谢谢你们。……谢谢喜欢我的人，某些时候，是你们让我前进，也谢谢讨厌我的人，前进的路上，是你们时不时踹几脚，让我走得更快。

好事连连，20天后的拉力赛收官战，即11月9日至11日进行的拉力赛第五站浙江龙游站上，韩寒夺冠。这是他个人在拉力赛上的第一个冠军，同时也帮助车队夺得了年度车队冠军。而王睿，凭借5站的总积分，夺得了全国汽车拉力锦标赛年度总冠军，对手任志国获年度亚军，韩寒获年度季军。上海大众333车队在2007赛季，取得了全国汽车场地锦标赛和全国汽车拉力锦标赛车队年度总冠军和车手年度总冠军，车手冠军分别由韩寒和王睿获得，创造了中国赛车史上"一年夺四冠"的前无古人、后难有来者的神话。在这个神话里，3年前被333车队招进来时不被看好的韩寒，无疑是这个神话的一个缔造者。

第
十
五
章 ／ **很黄很暴力**

> 2007是摄影年，他引起了群众对摄影技术和艺术的巨大兴趣。
> 周正龙事件让我们很失望，结合起中央电视台关于雪灾新闻里坐在
> 直升飞机上的记者说的"他们很乐观"，以及春晚彩排里的"南方
> 春意盎然"，再这样下去，对于官方发布的消息，我们就得反着听了。
> 在岁末的时候，香港娱乐圈出手相助，成功地转移了很多受灾群众的
> 注意力。
>
> ——韩寒2008年2月1日博文《摄影年》

2008年年初，韩寒应邀参加了一项去西藏的活动。西藏回来，发现一个
短语在网上火了起来，那就是"很黄很暴力"。这源于新闻联播在2007年12
月27日播出一段抨击不良网络视听节目的报道，报道中采访了北京某小学的
一个女学生，这个女孩子语出惊人，面不改色地对着CCTV的话筒说道："上
次我查资料，忽然蹦出一个网页，很黄很暴力，我马上把它给关了。"于是，

"很黄很暴力"成了一句流行语，代替了"很好很强大"。

2008年1月24日，韩寒发文说：

> 这次"很黄很暴力"的小女孩事件里，我们不管有没有上级单位的安排，单从我们看到的来说，我认为"暴"的应该是电视台，骨子里很黄很暴力的是诱导这个小女孩这么说的编导。人家一个小学生，她连什么是"性"什么是"色情"都还搞不清楚，那是给她看个婚姻教育片她都觉得黄的年纪，你非借一个几岁小姑娘之口，达到你的目的，这实在太××了。

"很黄很暴力"热度一路飙升，成为2008年最火爆的一个短语。有不少网友跟风模仿，比如——

纯洁型：上次我上网查资料，突然弹出来一个网页，很黄很暴力，我赶紧给关了。

收藏型：上次我上网查资料，突然弹出来一个网页，很黄很暴力，我赶紧给添加到收藏夹了。

做贼心虚型：上次我上网查资料，突然弹出来一个网页，很黄很暴力，我赶紧关了门。

甚至还有人用文言文给这个小女孩作传，文章中笑问："今殊凡立镜须臾，以五言而名天下，问今古世人，孰能匹之？"

没想到这个疑问在不久就有了回应，那就是阿娇的"很傻很天真"。大家知道，闻名中外的"艳照门"来临了。2月1日，韩寒发文《现代诗一首——周正龙的反义词原来是陈冠希》：

一个是假的，但希望大家都认为是真的；

一个是真的，但希望大家都认为是假的。

他们该是多么羡慕对方啊！

当天，韩寒再次发文，联系到两个月前的周正龙华南虎事件①，韩寒将博文命名为《摄影年》："2007是摄影年，他引起了群众对摄影技术和艺术的巨大兴趣。"这一次，韩寒说："关于那些照片，讨论它们真假是没有意义的。当然，我所谓的没有意义是，这还用讨论吗。但是，我们得明白，这件事情里，错的的确是那个发布者，涉及他人隐私。"韩寒认为，"有的人的确喜欢留下照片和视频做文献资料，这也是性生活中正常的情趣，不是变态行为。当然，照片被大家看见了，以后你的偶像就和你坦诚相见了，所以，你比别的粉丝幸福，应该更加支持你的偶像才是。"

韩寒在"艳照门"事件中所体现的态度，是符合他本人一向的性观念的，这从他之前在徐静蕾的《开啦》上回答性方面的提问时就可以看出来，在接下来的"链接松岛枫事件"中也可得到体现。

2008年3月中旬，韩寒博客的链接里，徐静蕾后面新增加了一个人，这个人就是韩寒提及过的"松岛枫"——在一篇叫《超级玛丽和松鼠岛》的博文里，韩寒曾说："我觉得松岛枫和那两个玛丽亚还不错，不过说实话，我也就知道这三个日本AV女优，而且还是因为第一次看走眼了，以为松岛枫是松鼠岛，一下就想起了《冰川世纪》里的那只松鼠，以为是部动画片，就看了，结果是毛片。"

3月17日，韩寒发博文《松岛枫》，文章说：

---

① 2007年10月12日，陕西林业厅公布猎人周正龙用数码相机和胶片相机拍摄的华南虎照片。随后，照片真实性受到来自部分网友、华南虎专家和中科院专家等方面质疑，并引发全国性关注的事件。

在链接里新加了松岛枫，松岛枫一直是我非常欣赏的日本女星。事实上，我能叫上名字的日本女优不到四个，而且我看的日本AV并不多，一方面是没有这个必要和需要，另外一方面是因为和中国电影一样，形式上腻味了。但是松岛始终是排在第一的，熟悉我的朋友都知道她是我的偶像。当然，小泽玛利亚也不错。但松岛枫身上闪耀的人格魅力是充满情怀的，要远远强过很多作家学者明星演员。

我好奇地点击了韩寒博客上松岛枫的链接，打不开，我以为是被国家相关部门屏蔽了。

3月23日，韩寒更新博客，解释这不是相关部门的原因，而是因为松岛枫博客访问量突然剧增，系统给卡住了。这时候，网易弄了一个专题，大意是韩寒的博客链接日本AV女优的成人网站，并且以保护下一代为由要求韩寒道歉。

4月11日，韩寒更新博客进行回应："某些人们，有点出息吧，写文章时别老把'下一代'和少年儿童当道具了。一把岁数了，说个观点还要经少年儿童之口，借祖国花朵之手，真是可怜，不就借个刀杀个人吗，关键是这的确有效，别以为小孩子手里都是铅笔刀，写现代大字报的时候掏出个未成年人就是掏出把大刀啊。""我们还有个毛病，就是喜欢逼着人家道歉，就为了图自己一个意淫的舒服。就算两个人的道德观价值观真的产生了冲突，但突然有一方就会逼着另外一方道歉，并且假借人们大众之名，那太搞笑了，我当然是认为自己没错才这么做这么说的，咱们有事说事有理说理，你突然冒出来让我道歉，在逻辑上我很为难。"

针对韩寒的回应，网易用了很大版块进行反驳，没有正反两方，全是管理员加的一边倒的文章。韩寒于12日再发文《他们对不起松岛枫》进行回应：

伪君子和道貌岸然者的特点就是不考证。当时我就知道这些人里面，没有一个人看过我那个链接。因为那个链接在前几天就因为流量大而瘫痪了。但是，他们能用自己的想象和虚构，把干干净净的松岛枫博客描绘成无耻、淫秽、色情、黄色、下流。我昨天特地没点穿，说了些别的，结果他们真是见坑就跳。其实在之前，所有看过这个链接的千万网友都可以证明，松岛枫在她的博客里只是在写文章，贴一些她平时的生活照和自己宠物的照片，根本没有任何色情内容。

文末，韩寒说："请在前几天松岛枫博客服务器正常时参观过的朋友，客观如实描述一下你们在我所链接的松岛枫博客里看见了什么，体裁不限，中文，50字以上。"

次日，韩寒发文《看过"成人网站"后的反馈》。根据看过网站的人的描述，那就是一个普通的个人博客而已，跟普通人的博客没什么两样。可见现在的批评者们在批评一起事情的时候，是不做调查的，是不管这件事情是真是假的，就像之前的机场带枪事件，还有评论员建立在假事件上一本正经进行点评，有人死活要求韩寒道歉，我真不知道他们要韩寒道什么歉！

2008年4月14日，韩寒再次发文说：

其实事情是很简单的，就是看不顺眼，在互相看不顺眼的过程中，一些无辜事物总要被拿来当令箭的……。我想，人有没有被毒害还是要当事人自己说的，当事人认为没有被毒害，那就是没有被毒害。但事实是，当事人永远不可能承认自己被毒害。但你们又怎么能判断当事人被毒害呢？所以，这词无效。我希望"毒害""封杀"这类词永远退出中国的文化舞台，这才是文化的进步。

在4月14日发的这篇博文的末尾，已经可见后来"韩三篇"的一些影子了，文章说："以前大家抱怨中国电影审查尺度紧，去年政府终于松了一点，结果老百姓自己上纲上线，打着政治和青少年的旗号，硬生生把电影审查尺度逼退了十年。这个时候，我反而很能理解政府。"

4月，韩寒将自己这两年多来的博文结集出版，取名《杂的文》。我想对这本书多说两句，因为大致可以从这里将韩寒的博客写作分为两个阶段，因此有必要做一个归纳和总结。在我看来，韩寒从开始写作到今天，总体上分为两个时期，以开博客为界：博客前写作、博客后写作。其中各个时期内部又分为两个阶段。

博客前：《通稿2003》以前，是模仿阶段，《通稿2003》以后是自我风格形成阶段。

博客后：2008年家乐福事件前，总体上属于与单个人战斗阶段，这之后他将视角扩展到更为广阔的空间，属于与社会作战。

当然，这只是大概的，也不是突发性的，它是一个渐变的过程。

和单个人作战阶段，韩寒的博文所写内容大致可以分为如下几种文章：第一种，与各路人马的论战；第二种，赛车日记以及与车有关的事件评价，比如《千万不要这样想》《汽车安全和生命模样》《假装火车》；第三种，参与社会公共事件评论；第四种，电影和歌曲的评论；第五种，与性相关的讨论（这其实也可以算在第一种中）；第六种，生活日志。

在和单个人作战阶段，韩寒以和各路人马的论战奠定了其博客第二的人气。韩寒当时每篇博文的阅读量大概在10万至30万之间，超过50万的少之又少，这与他现在每篇动辄上百万的阅读量是无法相比的。逛他博客的人甚至还没有徐静蕾的多，老徐此时还坐在新浪博客的第一把椅子上，韩寒只是第二。这阶段他"骂"过的人不少，这种骂在不明真相的人看来好像韩寒有如疯狗一样，我一个同学的妈妈，当时对韩寒的印象就是"一只疯狗"。但其实韩寒不是恶意的，他对别人的批评，都是发自内心的，要么是真的不喜欢此人的某个观点或是某些作风，要么只是玩笑似的调侃。因此，他才会赢得越来越多网友的喜欢。

在这个缺乏幽默的年代，韩寒用他生动的文字，向我们淋漓尽致地再现了一些人的无趣和虚伪，以及一些丑陋黑暗的事实。这是最坏的年代，这也是最好的年代。不一样的年代产生不一样的情怀，就看你怎样理解。

在论战中，一些人和韩寒不打不相识，后来又相逢一笑泯恩仇。其实他们甚至连仇也谈不上的，娱乐是大家的，热闹也是大家的，在当事人那里引起的波澜或许还没有一个看热闹的网民大。于是，韩寒总结道：

> 你看那些当初被恶搞的人，哪个到现在不是活得好好的，凯歌在拍新电影，白烨在搞新研究，高晓松又添了一个儿子，陆川在追新女友，小胖有了新事业，郭敬明成了新首富。那些踩猫的虐狗的打老师的也没遭到什么报应，生活还是在继续。

第十六章 / 奥运前夕

我们这个民族似乎特别容易被侮辱，经常能从新闻里看到别个国家的商店招牌或T恤或者哪部文艺作品涉嫌辱华了……我们人民是非常紧张的，经不起任何的非正面言论，包括玩笑，调侃，意见。面对这些，我们一概称为辱华……我们有那么多的辱华是因为我们太自卑了……

——韩寒《辱华》

一、家乐福

还有4个月，奥运就开幕了，火炬正在世界各国、全国各省传递。然而这4个月最不平静。2008年4月初，奥运火炬在法国传递时受到干扰，网上的谣言波及家乐福的总裁。于是，网民愤怒了，上街游行向法国示威，甚至到家乐福超市打砸抢。事态越演越烈，不少网民和游行民众已经失去了理智和自控力，长期受到压抑的他们找到了一个发泄情绪的理由。知识分子们大多选择缄默不言，唯恐引火烧身。偏偏胆大的韩寒站出来了，冒天下之大不韪发表不同的声音。

4月16日，韩寒发博文《他们害怕了！他们害怕了！》。在这篇不到200字的博文里，韩寒只是陈述了网友们的意见，他们认为西方国家害怕正在强大和崛起的我们了，然后韩寒简短地点评了一句："千万不要这么想。或者想想就可以了，不要真的这么以为。"这个短短的点评引来了无数的网友谩骂。20日，韩寒发文《一场民族主义的赶集》对这些谩骂进行回应：

> 我觉得，抵制家乐福其实挺没有出息的。对于真正爱国的检验应该是需要付出代价的，当你需要承受经济和生命损失的时候，你愿意为了你心里的信仰而付出，这是真的。去家乐福闹闹，挺没有腔调的。其他国家侮辱你，你在自己国家为难一个超市……
>
> 我真的怀疑大家的内心是否真的那么愤怒，还是大家很久没有行游和会集了？参加行游很好玩吧，赶去会集很热闹吧？爱国主义庇护下的行游和会集又很安全吧？如果你真的不能忍受，觉得现在的情况等同于八国联军侵略，是国难当头，是形势危急，是四面楚歌，而解决的办法就是必须对着超市抗议，那么我也尊重你，我最终也能理解你的情怀。就怕你是个赶集的。

此文一出，虽然新增不少谩骂，但也有一部分理智的网民开始认真思索韩寒博文提到的问题。而且，主流媒体也在开始朝着这方面引导了。韩寒文章中的很多观点，于他个人而言并不新鲜，在2007年8月份，他写过一篇叫《辱华》的文章，很多观点与他本次的看法是一脉相承的。只是，在这个非常时期，他的这些观点被引爆了。

4月21日，韩寒发文《问》，向网友抛出12条反问，摘几条在下面：

1. 你是否像鞭炮一样一点就着？一点就着的下场就是炮灰。

2. 在这之前你是否仔细思考？你是否看过明确的资料或者确凿的证据？

3. 去现场抵制和集会的人，你是否兴奋大于愤怒？

4. 你是否第一次参加或者打算参加游行或者集会？就像车友会喜欢列队行车一样，你是否感觉个人力量被放大？你是否会信以为真？你是否会鸡血沸腾？你是否都快忘了自己是去干吗的了？你是否最后抱着一种想看好戏的想法？

这些问题无疑问到了不少盲流者的心坎，有的人开始反思自己。但也有一部分人继续反韩骂韩。

同日，韩寒发表《爱国，更爱面子》，博文呼吁自己的读者："不要上街，不要游行，不要集会，不要SB呵呵，现在远远不是抛头颅洒热血的时候。让这个国家先安定一些。好好地办奥运吧，别再出什么乱子了。爱国披上身的青年也千万不要搞出什么篓子来。好好听政府的，游行集会永远没有出路，也不是出口。"

4月24日，韩寒发文《回答爱国者的问题》，认真地对一些非常幼稚的网友的问题做了回答。当然，这些网友提出这么幼稚的问题不怪他们，这都是中国的教育害的，这要是我，都懒得回答，韩寒却还在苦口婆心地解释。

4月25日，韩寒继续发文《如果你是学生》，再次劝诫大家不要上街游行和集会，现在远不是时候，"我愿被你们说成是汉奸和走狗，只为告诉你们，保留你们的热情，拿出你们的温柔，接受不同的声音。"

针对纽约华人对CNN主持人的"辱华"言论提起诉讼一事，韩寒4月26日写文《我要两块钱》进行调侃，观点与他曾写过的《辱华》一文相似，认为我们国家侮辱别的国家不在少数，而我们是一个开不起玩笑和不能接受不同声音的国度，"我们法院一定要想好办法，万一哪个美国人起诉我们，一定要按常规办理，不能受理。毕竟我们的报纸几十年前没少辱骂人家。""面子是自己挣的，不是别人给的。别人不给，你不能逼别人给，还是想想自己怎么挣比较现实。怎么说好，反正历来的爱国青年，每次都跑题。"

正是因为家乐福事件，不少教授、学者开始关注韩寒的博客，因为正如他们所说，要看一个人究竟有多少能耐，就看他在大是大非面前的表现。很明显，韩寒的这次表现虽遭到了愤青网民们的"怒骂"，却得到了不少名流精英们的首肯，同时也让他们感到惭愧。不是他们没有韩寒的这些观点，也不是他们没有韩寒说得深刻，只是由于他们受体制等因素的限制，没有韩寒一样的勇气站出来表达自己内心的想法。于是，韩寒仿佛成了这些人的代言人。这自然是很一厢情愿的事，韩寒才不管这么多呢，他只给自己代言，给别人代言是要收费的，哪怕是他认可的理念。在2008年这个多事的年份，在家乐福事件以及后来的几件事故中，韩寒的言行为他带来了不少读者，阅读他博客的人除了他的粉丝、论战中看热闹的网民，还有不少精英知识分子。从这一年开始，韩寒不再是之前那个"小打小闹"的韩寒了。

二、汶川

2008年5月11日，北京场地赛比赛结束，王少峰获得本站冠军，韩寒因为引擎爆缸不幸退赛。次日14时28分04秒，四川汶川发生了地震，韩寒此时还在北京，北京联动发生3.9级地震，中央电视台记者说暂时没有人员伤亡。韩寒打算捐5000块钱，不久听说地震级别很高，伤害性很大，加上他的朋友正在筹划前去救援，他就用自己的方式向他们捐了8万元。牛博网的罗永浩打电话说他们也要去灾区，于是本也打算前往灾区的韩寒马上和他们一起去了。

在地震发生后的48个小时，韩寒等人从北京飞到了成都。他们觉得应该把钱花在刀刃上。因为不是从家里出发的，所以在北京的徐静蕾、梁朝辉等人向韩寒提供了一些装备，到了成都，又由上海大众申蓉汽车提供汽车供韩寒救援所需。韩寒上海的朋友说有一个作家被困，希望他去救援，韩寒就和罗永浩等人分开行动了。感觉人手不够，韩寒就又叫了两个朋友从北京带了一些装备过来。

在救灾的间隙，包括在来灾区之前，韩寒也耳闻了一些人在讨论谁谁捐款多少，谁比谁捐得少，韩寒对此非常反感。5月15日早上10点半，韩寒快速地在博客写下日记，文中说道："一些明星的粉丝都在希望自己的偶像多捐，贬低捐得比自己偶像少的人。包括作家都是这样，最近还有电话问，应该捐多少，有个什么样的标杆。感觉就像喝喜酒送红包一样。这样真的让……包括好心捐款者觉得很不舒服和变味……为了避免给建立作家车手捐款标杆添砖加瓦，我个人宣布我以我的名义直接向相关部门捐款为0元。"这招致了很多网友的谩骂。韩寒在灾区帮助救援，也没空去理会这些谩骂。

随后，韩寒通过博客呼吁大家向灾区捐献一些急需物资，因为在成都这些急需的物资已经被买完了。两天后，韩寒发日记再次征集一些急需的物资，交由环球天韵唱片公司的人代为负责，36小时后由李连杰先生壹基金的物资专机一起运往灾区，直接交由当地的红十字分发。

2008年在四川的这几天里，韩寒深觉自己能力有限，受灾面积实在太大，每天运几车的物资也是杯水车薪。聚源镇中学死亡近千人，附近几乎没什么建筑物倒塌，"哪怕是以前被评定为危房的楼都讽刺性的没倒"，但学校就是倒塌了。

第三天，在韩寒、李承鹏、黄健翔的介绍下，成都置信房地产公司愿意出资1000万元为灾区建3所地震震不倒的学校。韩寒、李承鹏和黄健翔再各出20万元的钱款和物资，并担任3所学校的名誉校长。华硕公司听到这个消息后愿意为学校捐献100台华硕的EPC便携电脑。在此多说两句，韩寒后来的文章再没有提到捐款建学校这件事，但我从李承鹏的博文中了解到，他们3人实际上给这所学校的捐款远超过了当初承诺的20万元，但为了避免引起不必要的舆论困扰，放弃担任学校的名誉校长。

在四川的第六天，韩寒带着一个要捐赠100万元建孤儿院的朋友去重灾区选址。韩寒将他们带到了受灾很严重，但名气不是很大，受到关注相对较少的红白镇。到了红白镇的时候已是傍晚，镇子已成为空镇。"要离开时，发现在原本镇中心的十字路口有张椅子，椅子上放着一块牌子，上面写着'救灾物资接受处'，但是因为已经没有任何人，所以也没有任何物资在那里。椅子旁边一直端坐一条小狗。"他们上前喂了小狗一些牛肉干，又给它留下点吃的，便打算回成都。看他们上车，小狗跟了几步，然后又回到救助牌下面孤零零地坐着，韩寒说："带回上海吧。"

韩寒将狗带到成都的宠物店去检查了一番，一切正常，然后将小狗交给旅店对面的人家代养一天，因为第二天他们还有一些药物和一批帐篷要分发到受照顾比较少的偏远村落。离开前，女主人上前问韩寒：这狗叫什么名字，我好叫它。韩寒说：我们还没想好。女主人不假思索道，就叫震旺吧，希望地震过去后大家能旺一些。韩寒上了车还在琢磨："叫震旺不好吧，很容易被别有用心的卑鄙小人作为攻击的托词，这帮其实根本就不为死难者哀伤的震后道德流氓犯，总是不忘挟持死难者来对自己看不顺眼的人进行欲加之罪，一边假惺惺替死难者愤恨不平，一边恨不得地震再多死一些人，这样他们行事起来也更加方便有效。另外，震旺这名字听着也像阵亡，不吉利。"

但晚上回来，一叫震旺，小狗就匍匐过来，它已经认定了震旺就是自己。

后来，韩寒又把震旺寄放在一个宠物店，让店里的人先养两周，等震旺身体状况稳定，打过六联针、办完防疫手续后空运寄回上海。大概一周以后，韩寒终于在浦东机场接回了震旺。韩寒说："如果以后经济和土地上有条件，等我自己活得不再像个流浪狗的时候，我想在上海办一个收养和认领养流浪狗的地方，只要别亏损太多就行。那些狗是更加忠义的，而动物，有的时候更需要帮助。到时候，震旺就是形象代言狗。"这是后话。

在灾区帮忙救助过程中，也有一些质疑之声，比如，有人说韩寒这是违法的，是私募物资，韩寒回应道："我为了避免麻烦，我本人也能力有限，谢绝了所有让我转交的捐款。没想到号召大家捐点物资，给红十字省点运费也有人要追究法律的责任，在此我愿意接受公安部门的调查。"相较而言，罗永浩等人就更加冤枉和不幸了，他们的账号被公安部门封了，他们中的有些人直接被带走审问。

地震10天以后，灾区已经渐渐安全，韩寒在灾区看到越来越多前来义演和慰问的明星，旁边还站着记者，戴着口罩的韩寒想：我该走了。5月21日，韩寒发博文《再见四川》，文章末尾说："回到上海后，本人不接受媒体关于此行的采访，也不写任何相关文章和作品。谢谢大家。"

回到上海不久，不少媒体报道了美国明星莎朗斯通的"地震很有趣，中国遭报应"的言论。于是，中国人再次愤怒了。这是继上一次抵制家乐福后的又一次愤怒。然而，韩寒认真研究了莎朗斯通的原话，发现并非媒体报道的那么回事，她的话被我们的媒体断章取义了。我们的记者，不放过一切制造新闻吸引眼球的机会；而我们的民众，又是如此爱听信他人而不追根问底。韩寒认为根据莎朗斯通的原话，她是不应该受到这么大的讨伐的。

2008年6月1日凌晨，韩寒发文《她在错误的时间，错误的地点和错误的媒体说……》，文中说：

如果大家觉得自己都是人道主义者，某国或者某地区的灾难应该是全人类的，那么作为中国人，我们回想一下，美国911、日本大地震、中国台湾大地震、印尼海啸等灾难的时候，你是否心中荡漾起……受到中国最有名的那句关于抗美援朝的完全不顾及前后语境断章取义的启发，我认为莎朗斯通是在错误的时间，错误的地点和错误的媒体说了一场错误的表白。其中关键是错误的媒体。

此言一出，一石激起千层浪，韩寒被一些网友骂作汉奸、卖国者。

6月4日，韩寒发文《不要动不动就举国暴露》，文章观点与他之前的《辱华》，以及后来对待家乐福事件的态度一脉相承：

根据她的原话，我们是不至于举国愤怒的。这就好比媒体问你，你对印尼的海啸有什么看法，你说："印尼人民对我们不好，所以，一开始，我很高兴，我认为这就是报应，但是后来，我看见海啸的惨状，我的朋友也对我说，我们应该去做一些什么，我一想，然后哭了，我就认为我开始的想法是有问题的，这对我来说是个很大的教训。"

……

其实，我最希望看到的是，当某天、某外国人真正说了几句伤感情的话，侮辱我们的话，我们整个国家也不用上到外交部下到小卖部都要表示一下态度，然后国民更是鸡飞狗跳炸开了锅。我还是这个态度，人家跟你争的都是实际的利益，而你却只会跟人家争一口气。什么时候我们能不要那口虚无缥缈的气了，也不鸟人家怎么说你，我们就可以了。

三、文化

不久，另一件事情转移了人们的注意力，韩寒和陈丹青于地震前在湖南卫视录制的《零点锋云》节目播出了。韩寒和陈丹青在节目里说新中国以后的中国文学很不注重文笔和文采，课本上选的文章和要求背诵的那些文章的文采也都很差，茅盾、巴金、冰心等人的文笔很差。于是很多评论家上纲上线，批评韩寒"炮轰和侮辱大师"，伤害了整个民族的文学尊严，应该被钉在历史的耻辱柱上。

对此，韩寒一周内连发《大师们，我等无条件臣服于你》《严禁发表个人喜好》《没头脑还不高兴》进行回应。文章的观点大致有这么几个：

1. 我从很小的时候就认为矛盾、巴金、冰心等人文笔差，每个人都有发表自己不喜欢某个人的文章和喜欢某个人的文章的想法。

2. 他们在我心里不是大师，我喜欢的作家是梁实秋、钱钟书等人。

3. 你们不同意我的看法，可以说说上面四人文笔好，好在哪里，大不了大家观点和趣味不同、一拍两散，而不是无限上纲上线。

其实，批评茅盾、巴金、冰心等人的文笔，这个看法毫无新意，很多批评韩寒的人，并非他们就喜欢这三人的作品，他们只是借刀杀人。

除了上述上纲上线，还有一种观点，认为韩寒没文化，所以没资格批评别人。韩寒没文化这个观点几乎一直伴随着韩寒到现在，我想在这里片面地多说两句，之所以是片面，是因为在后面的章节我还会更加全面地谈论到。

很多时候，我们评价一个人的书或文章有没有文化，不是看书和文章本身，而是看作者有没有文化，而作者有没有文化又是和上学年数挂钩的。大家能够原谅沈从文只上到小学，却不能原谅韩寒上到高一。问题是，上几年学和有没有文化有什么关系？很多人说韩寒没文化是纯粹"看不顺眼"，认为只要是韩寒说的，便是偏的。

我高中有个同学，有天捧着本《读者》看，指着里面的一句话对我说："这话太精辟了！"那话是：原则上，就是没有原则。我说旁边那句韩寒的"大多数人说谎的体验都是从写作文开始的，而为数不多的说真话体验都是从写情书开始的"还要好点。没想到该室友反应激烈，说："韩寒的东西，垃圾，没文化，怎么能和那句比呢。"我还能说什么呢，于是我拿出韩寒的《杂的文》，指着一段对他说："其实，那句也是韩寒说的，只是没署名。"该室友看了半天，说："这句话也不过如此嘛，比较一般。"看，这前后态度的差距，话还是同一句，只因为在他心中作者换了。

很多时候人们评价一个人的东西是很受对作者的感情影响的，比如一提到鲁迅，就竖起大拇指说，牛！但又有多少人是认真看了他的文章之后才真正觉得牛的呢？对于韩寒，人们的印象是高中都没毕业，没什么文化，能有多深刻？带着这样的想法去读，就算别人写得再好也会被读成垃圾。

话说回来，什么才算是有文化呢？很多人觉得，书读得多，写起文章来引经据典便是有文化。其实，真正的有文化不是引别人的东西，是自己的东西被别人引。我就没看到孔子《论语》里有引别人书里的话，倒是看见很多人引《论语》里的话甚至评价《论语》。照现在这帮人的观点，孔子也没多少文化吧，不过读了几车书，而且他那车不是东风车，是牛车，书也不是纸质，是竹简，算下来，恐怕还没有现在小学生读的书多。但是凭什么孔子就是圣人呢？这也是大家对文化的误解之所在。其实，世间的文化莫过于两种，一种是创造文化，一种是解读文化。孔子是在创造文化，而诸多专家学者只是在解读文化。

按照这个划分，我觉得创造文化的多是智慧之人，而解读文化的大多是知识渊博的人。这个世上不乏知识渊博的人，但却缺少真正的智者。然而现在的人们并不这样以为，他们更认为解读文化才是文化，仿佛研读《三国》不算有文化，创作《三国》的人也不算有文化，而解读《三国》的人才是有文化。这是一种很奇怪的现象。人们已经习惯于贬低文化的创造（智慧），却抬高文化的解读（知识）。但我认为这是不可取的，刘瑜说得好："知识只是信息而已，智慧却是洞察力。一个大字不识的农村老太太可能看问题很深刻，一个读书万卷的人可能分析问题狗屁不通。"韩寒显然不算是知识渊博的人，但他却有着敏锐的洞察力，这即是智慧。

所以，与其说韩寒没有文化，不如说韩寒知识不够渊博。但是，没有哪一个人论证过作家必须具备的条件是知识渊博。相反，智慧却是一个成功的作家所必备的条件。刘瑜甚至提出了"知识智慧负相关论"，她说："渊博的人往往不需要很讲逻辑就可以赢得一场辩论，因为他们可以不断地通过例证来论证其观点，而大多数不那么渊博的人都因为无法举出相反的例子而哑口无言，以至于渊博的人逻辑能力得不到磨炼，但事实上，例证并不是一种严密的科学论证方法。"韩寒写文章从来不靠例证，他靠的是逻辑，是常识，是判断。

历史上，文化的创造者皆是智者。韩寒，就是文化的创造者。围绕他所引发的一系列讨论，无论是早年关于应试教育的"韩寒现象"，还是开博客以来的系列论战，本身就是文化的。

四、徐浪

韩寒之所以在网上与人讨论巴金、矛盾、冰心，按韩寒自己的话说，就是："人有不同的处理悲伤的方法，有人喜欢哭，有人喜欢吃，有人喜欢找事做。要感谢很多涌现的专家、评论家、时论家，陪我玩，是你们让我分散了注意力。"这段时间，内心强大的韩寒遭遇了最悲痛的事情，他最好的朋友徐浪因意外事故去世了。

6月16日，2008年穿越东方马拉松越野拉力赛进入第五天比赛的争夺。本赛段从马拉科夫出发，终点设在波哥泽，赛段全长630公里，其中特殊赛段295公里，从马拉科夫到奥斯克，是俄罗斯境内的最后一个赛段。由于这几天俄罗斯境内的大雨使赛道非常泥泞，徐浪的锐骐皮卡赛车陷入了泥中。后路过的其他救援车辆对其实施救援，在救援时拖车钩脱落，不幸击中了徐浪的额头部位，使其严重受伤。徐浪立即被送往俄罗斯奥伦堡州州立医院接受救治。

韩寒知道这个消息后打了很多电话，也没有得到确切的消息，很多朋友也打电话向韩寒问情况，韩寒还安慰他们说没什么事的，最多崩掉几颗牙，因为还戴着头盔嘛。2008年6月17日早上，韩寒和中汽联的朋友通了电话，那边说徐浪一直在昏迷中，并告诉韩寒当时徐浪是摘了头盔的，韩寒听到这话非常担心。下午，韩寒得知，徐浪因伤势太重，抢救无效，已经离开了。韩寒很痛苦，但这时候徐浪的遗体还在国外，韩寒和王睿、王少峰都在等他的遗体能早日回家。韩寒无事可做，与徐浪的一幕幕浮现在眼前，马上敲着键盘写下了《写给徐浪》，这篇文章回忆了他们之间的一些故事。

7月3日上午7点20分，徐浪的追悼会在浙江武义县进行。追悼会上，中汽联副主席陈学众一直保持着克制，满怀深情地总结了徐浪的赛车事业。韩寒作为好友代表含泪与徐浪作别，一度哽咽到稿纸都念不利索。会后，韩寒向朋友们说，在今年的全国汽车拉力锦标赛上海站，他与徐浪相约，一起到武义来开摩托车，韩寒当时开玩笑说："徐浪你的摩托车一年到头摆放在那里，总共也没开过三四百公里，卖给我算了，原价就行。"徐浪说："要么就送给你，卖是不干的。"没想到，7月3日这天，他们之间却是这样的见面方式。徐父已经将摩托车收拾停当，根据徐浪的遗嘱，要把这辆摩托车送给韩寒。韩寒表示，这辆车拿回去之后，平时轻易不会开，只在某个纪念的时刻才会动它，而且寸步不离地有人看着，绝不会出任何差错。韩寒说："我可不能欠他的，占他这么大一便宜，我回去之后，要把我第一次跟徐浪一起开过的那辆三菱赛车修好，赠送给即将在武义兴建的赛车博物馆，也算是给纪念徐浪的活动做点贡献。"韩寒向虚空中的某个方向强笑着，"拿走你一辆摩托车，还给你一辆汽车，你不吃亏吧？"闻者无不动容。

徐浪就这样去了，他的妻子肚子里正怀着4个月大的孩子，以后韩寒等好友就只能向这个孩子说他爸爸以前的光荣事业。徐浪的离去对韩寒有非常大的影响，促使他开始重新思考一些东西，他反思自己以前对朋友的关心不够，特别是对男性朋友，他觉得自己以后应该给男性朋友多一些关心，而不仅仅是女性朋友。这些改变，对于他以后的写作，都是一个促进。尽管在家乐福事件的时候，韩寒的博客写作对象就已经有所转变，但《纽约客》等媒体所持的"正是徐浪的离开让韩寒将注意力转向了各种不公"的看法并没有错。从此，韩寒基本不再和单个人打架，人的生命是有限的，应该用有限的生命去做一些更有价值和意义的事情。

第十七章 / 他的国度

> 我们的社会由一小撮人、不明真相的群众和又一小撮人组成。
> 当其中的一小撮和另外一小撮产生分歧的时候，反动就产生了，而
> 保护不明真相的群众是最好的掩体。他们永远是不明真相的，他们
> 就像未成年的少女一样……
>
> ——《他的国》

韩寒对奥运会是很关注的，他自己就是个运动员，身上有不少运动因子。中学时是长跑运动员，现在是赛车手，他对运动精神的理解应该说是要高于大多数人的。关于奥运会，韩寒写了不少脍炙人口的博文。当然，身为一个作家，一定要考虑文章的质量和可读性。什么样的运动话题能被他选中写在文章里，还要看这个话题是否便于他写作。从骨子里，他仍是一个作家。

奥运体赛结束不久，一场网络文赛也开始了。三十多位作协主席为了推自己的小说，在网上弄了一个小说比赛联展，并说韩寒的新小说也将放上去

和他们一起PK。韩寒根本不知情，这是网站拿韩寒为赛事免费打广告。

熟悉韩寒的人都知道，韩寒说过作协的很多"坏话"，他说："任何真正的当代的作家，爱国爱人民，但不能是由政府养或者作协养着的，盼着这钱过日子，你就是贱。""为什么我们中国一直没有特别好的文学作品出现，我一直认为作协是罪魁祸首．他们号称主流文坛，号称纯文学，其实干的事从来都是背道而驰。我们国家还有很多艺术家组织，我认为，真正的艺术家应该不能被组织。"

在郭敬明、张悦然等80后作家纷纷加入作协以后，有记者跑去问韩寒的意向，韩寒说："如果我去了就能当主席，我就去，我下一秒就把作协给解散了，这是中国文学的出路之一。"河北省作协副主席谈歌记住了这句话，在事隔一年多以后，在他们的小说联展期间，他模仿这个句式回敬了韩寒一把："如果我是韩寒的爹，我下一秒就打死他。"于是一帮好事的记者跑来告诉韩寒，准备看热闹，但韩寒说："体制内作家，尤其是混到了领导的人是不会莫名其妙突然就这么来一句话，这话一定有个上下文和某个语境，这一定不是那个人的独立本意，你们骗不了我。"

这个明显拿韩寒蹭新闻的赛事，韩寒本可以不理睬的，但他转念一想，自己正好可以借此阐明一些观点，于是写了《领悟》一文发在博客里。文章以他一贯的口吻对作协里的作家们进行了调侃："中国作协应该有百多个主席，平时赋闲，你突然给他们整个事，从活动筋骨和延年益体上来说都有很大的意义"。他讽刺作协的主席们是靠领悟上级精神进行创作，而《从呼吸到呻吟》这部小说则是领悟到了网络标题党的精髓。

博文发出后，河南省作协副主席郑彦英的小说《从呼吸到呻吟》点击率直线飙升，在同时参加起点站文网"全国30省作协主席小说竞赛"的小说中名列前茅。这再次印证了一个论断，韩寒骂谁，谁就红了，白烨先生就是这样红起来的。对此，其父韩仁均建议："对有些不怀好意的人，在任何场合任何文章中都不要提起他的名字，不能给予他这种'待遇'，这种人是连韩寒狙击枪的子弹都不配享受的，这样至少可以让这些人想达到的某些目的不能完全实现。"我们可以看到，韩寒批评的对象并非没有选择的，网上谩骂他的、无理取闹的、造他谣的人无数，他几乎都不予以回应。

当然，韩寒并非对所有的事情都置之不理，他的选择范围有哪些呢？我想，至少这一点是不可忽略的：某些韩寒想说的话，想发表的观点，恰好可以借助某件事情传播出去。比如，他与白先生论战是想发表他对文学和文坛的看法，虽然最终由于种种原因背离此道；他和诗人们的论战，是想阐述他对现代诗歌的理解，虽然这些理解未必正确；他和道学家们的论战，是想表明他在性文化方面的态度；他向"爱国者们"苦口婆心地解释，是想传播他理性的爱国观念；等等。

在韩寒眼里，根本没有论敌一说，这些所谓的论敌不过是他发表观点的载体，以此形成一种一来一去的讨论氛围，因为只有这样观点才能播撒得更远。关于这一点，我们可以来看看鲁迅的看法，郁达夫在《回忆鲁迅》里说："有许多无理取闹、来攻击他（鲁迅）的人，都想利用他来成名。实际上，这是一个文坛登龙术，是屡试屡验的法门；过去曾经有不少的青年，因攻击鲁迅而成了名的。但他（鲁迅）的解释，却更彻底。他说：'他们的目的，我当然明了。但我的反击，却有两种意思。第一，是正可以因此而成全了他们；第二，是也因为他们，而真理愈发得阐明。他们的成名，是烟火似的一时的现象，但真理却是永久的。'……他对这些人的攻击，都三倍四倍地给予了反击，他的杂文的光辉，也正因这些不断的搏斗而增加了熟练与光辉。他全集的十分之六七，是这种搏斗的火花……"这个见解同样适用于韩寒。这一次与作协的论战也是这样，尽管是主席们先挑起的，韩寒也明知他们的目的，但还是站出来回击，虽然这些看法之前已经说过，但那时基本是自说自话，很难引起人们的注意。

很快，针对韩寒《领悟》一文，郑彦英在博客中写了《人不能无耻到信口雌黄》予以回应："韩寒说我们这些老作家都是靠领悟文件什么的才开始写作，未免太武断，不了解这一批作家不要紧，不要随便给他们下定义，一个轻浮到这种程度的人，肯定连他的父母亲想什么做什么都不知道。当然，他的父母健在不健在、健康不健康我不了解，正因为我不了解，我不会说他的父母自在哪种生活状态。"

很明显，副主席在嬉笑怒骂，于是韩寒在文章里调侃道："在赛车中，你这种拐法是弯道中最没有技术含量可以全速通过的'假弯'，可能你技术差，所以假弯也拐得很吃力，过了假弯很得意，你图了自己一个精神愉悦，但是很容易成为全文的败笔。"

韩寒笔战，向来是摸准了对方死穴，招招致命，他的对手与他根本不在一个层面上，他们找不准穴位，说话之前就已经自乱阵脚。当然，韩寒做事光明磊落，也没有什么死穴留给别人去找。

2008年9月23日，韩寒发文《驯化和孵化》，这篇文章再次表明他一贯的态度："作家，其实在任何合理的社会里，哪怕和谐的社会里，都是让当局头疼的人……很多时候，作家是关心民生疾苦，鞭策监督当局以及驱动社会公平进步的重要力量。"

这次论战，动静是有的，而作协的问题也引起了网友和媒体的关注，《锵锵三人行》栏目里梁文道对此给予了中肯评价。

这次论战对韩寒博客实质性的改变就是，9月23日这天，韩寒以2.09亿的博客点击率超越徐静蕾，一跃成为博客王，霸主地位至今无人能够撼动。而这一天恰好是韩寒26岁的生日。数次论战在扩大韩寒博客影响力上功不可没。作为一个作家，尤其是作为一个有观点和思想的作家，影响力尤其重要，写得再好，想法再牛，没人阅读，那也枉然。

当然，我并不认为韩寒是一个靠观点和思想取胜的作家，事实上，作为一个有影响力的作家，单单靠一方面不可能取胜。有韩寒这些想法和观点的人并不在少数，最主要的是如何将这些想法传播出去，如何使自己的这些观点传播得更远，这里面当然有持之以恒的坚持。韩寒从开博客至今，坚持写下来，坚持在第一时间发表对社会事件的看法，不抛弃、不言弃，苦口婆心地对部分失去理智和容易激动的网友进行开导，尤其是在家乐福等一系列事件中，体现了韩寒的担当和"虽千万人吾往矣"的气概。但韩寒作为一个作家，最根本的还是他的文字能吸引人。

韩寒的文笔到底如何，这是个见仁见智的问题，但毋庸置疑的是，他的文字幽默诙谐、辛辣犀利，而他也常能自嘲。此外，还可从他文字中看出悲天悯人的良善。这些特点让他的文章确实具有极大的吸引力。所以，我的看法是，有韩寒文章中的观点和想法的人不只韩寒一个，有韩寒文笔的也不只韩寒一个，能够坚持用文章发表自己所见所思所想的也不只韩寒一个，但能够将这三者完美集于一身的，我虽然不敢断定只有韩寒一个，但无疑是少之又少，再加之韩寒身逢其时，机遇加上天赋再加上努力，造就了今天的韩寒。

慕容雪村在两年后（2010年5月4日）的一条微博中说："韩寒从不卖弄，只讲常识，到现在为止还没出过错，有些人天生离真理很近，韩寒就是这样的人，不吝赞美地夸一句：一个没受过所谓'高等教育'的人，能明白如此多的道理，他就是天才。我也算同行，单比某一篇文章，我也许能比他写得好，但要写这么多、这么快，而且能一直保持相当高的水准，我绝对做不到。"这条微博有一点我不认同，韩寒不是从来没有出过错，比如他的一些文学观点特别是对待现代诗的态度是存在问题的，虽然严格来讲这也不是对与错的问题。除去这些，这条微博所传达的信息我是赞同的，特别是这句："我也算同行，单比某一篇文章，我也许能比他写得好，但要写这么多、这么快，而且能一直保持相当高的水准，我绝对做不到。"扪心自问，对比一下，我想很多写作的人有这种感受。

从2008年开始，越来越多的人开始喜欢韩寒的杂文，越来越多的人开始关注他博客里谈及的事情。但对韩寒而言，他却更看重自己的小说，2008年最后的两个月，他忙于赛车和写作新的小说。

如果说散文和小说的差异还不算太大，那杂文和小说的差异性就真的是太大了。我们见过很多散文写得好的作家小说也写得不错，却少见搞评论的能写好小说，鲁迅、奥威尔和王小波是几个特例。这是因为，杂文主要依靠观点和犀利的语言取胜，而小说是离不开抒情的，而抒情对于搞评论的人来讲是最不擅长的。

用杂文的方式写小说的作家也不少，王小波就是一例，除了他的短篇小说集《唐人故事》，其他的小说几乎都是杂文化的语言。"时代三部曲"里有许多是写得不错的，但我们要注意，他这些小说是有别于传统抒情小说的。英国作家乔治·奥威尔是时评记者出身，所以后来他写的《动物农庄》和《1984》，都靠的是深刻的思想取胜，更是有别于传统抒情。

抒情对写散文的人来讲是极容易的，虽然要做到恰到好处也很难，像琼瑶和郭敬明，你随便让他们写一篇文章，感情充沛得都可以淹死你。

所以，较之传统的文章分类，我更喜欢把文章分为抒情作品和言理作品。抒情作家和言理作家的区别除了叙事文风上的，还有就是字数产量上，这在小说上的表现尤为明显。在抒情作家那里，小说没有几十百把万字打不住，写起来倚马千言；但言理作家的小说，却一般比较简短，只要能表达他想要的意思就停止了。这也是鲁迅小说很精练的原因。因此我认为鲁迅不具备写长篇的能力，如果硬要写，也很难写出很好的作品，他的那些短篇小说，完全不是长篇小说的叙述方式。我认为鲁迅没写长篇是极其聪明的选择。

然而，韩寒不可能不写长篇小说（尽管他后来的几本小说其实都是中篇），因为他就是靠写长篇小说《三重门》出名的。从《三重门》我们也可以看出，韩寒的小说也有着极强的杂文化倾向，他总希望借小说去评述些什么，去表达些什么。

此时韩寒正在写的新小说叫《他的国》，这部小说虽然没和作协的作品一起比赛，却难逃比赛的命运。因为起点中文网的侯小强是韩寒的朋友，另外也是为了督促自己早点把小说写完，韩寒决定将《他的国》放在起点中文网站连载。这是韩寒首次在出版前将小说放在网上连载。连载从2008年11月底开始。韩寒没有想到的是，起点网把《他的国》与格子的小说《暗房》放在一起PK，以达到话题效应从而增加起点的收益。韩寒稍有不悦，但因为这个格子就是自己的朋友刘嘉俊——也是当年第一届新概念作文大赛一等奖获得者，韩寒也就释然了，并在博客中大度地向他的读者推荐刘嘉俊的小说。

《他的国》是韩寒杂文化风格最明显的小说，故事中穿插着大段大段杂文式的评点。"左小龙其实很少表现出自觉的批判意识，小说的批判性，主要来自作者独特的现身。杂文写作的方式在小说里造成了奇怪的效果，那就是人物消逝，作者登场。我们将会发现，原来真正的主角并非左小龙或其他任何一个人物，他们其实都是作者的背景；真正的主角是作者自己。"这是学院派的书里对这部小说的评价，但他们自己都犹豫起来，"这里面同时还显示，韩寒在探索新的小说写作技巧。表面上不能这么看，因为他的小说风格只是他的杂文或者说一贯风格的延伸，但我不免在这里打个善意的问号，假设他其实是在探索某种超现实的创作思想。假如他的小说里增添更多怪诞的，近似科幻的元素，以弥补小说在结构能力上的弱点，可能他会成就出某种新的'成人寓言小说'。"

但这都无妨它成为韩寒迄今为止仅次于《1988》最成功的一部小说。而《1988》是他的下一本小说。因此也可以说，从《他的国》开始，韩寒的小说越写越好了，也越写越像小说了。韩寒说："之前都是经销商的吹捧，但这本的确是我个人认为我最好的长篇小说，我尤其喜欢它的结局。"

对此，我们需要展开谈一谈。

　　自从参加赛车以后，韩寒基本上是一边赛车一边构，再找间歇写作，因此他的很多小说都有一种在路上的感觉，比如《长安乱》里有个叫雪邦的地方，那是因为韩寒写作此书的时候正在澳大利亚一个叫雪邦的地方参加宝马方程式比赛。常年的比赛造成韩寒没有过多的心思去构思小说，这也导致了他的小说只有路途情绪却没有一个完整的故事。在写作《他的国》的时候，他试图改变这种局面，其实在上一本小说《光荣日》中就可以看出他的这个企图，只可惜这部小说写得不成功，也没有最终写完，所以没能体现出来。为了很好地构思故事，韩寒甚至将小说的背景搬移到了他曾经生活过的小镇亭林镇，还在纸上设置罗列了半天小说人物的关系和发展线索。

　　韩寒终于叙述了一个完整而有意思的故事。推动小说发展的大致有三条线索：左小龙与泥巴和黄莹的爱情故事，左小龙想成立一个合唱团的故事，以及亭林镇"文化搭桥，经济唱戏"的故事。这三条线索又可以概括为爱情、理想、现实环境。

　　这里的爱情是一种纯粹的爱情，没有家庭、伦理、道德、世俗的影响，凭借的完全是感觉，书中有这样的句子："每个男的在岁月里都存在对两个女人的幻想，一个清纯，一个风骚。当然，这得是两个女人，而不是一个女人的结合，虽然有的人的确把这两者结合得很好……"这种爱情可以说是人的自然属性的体现。直到黄莹的一席话点醒了左小龙这纯粹而幼稚的爱情，黄莹说："我从小就喜欢成功的男人，是已经成功的男人哦，不是觉得自己能成功的男人。我喜欢他们的强大。""你不应该留在这里，你应该去一个更广阔的世界，你看见的世界有多大，你的心就有多大。你是个好人，但你的心太小了。"这是对所有男人说的。

　　这里的理想，包含了男人的虚荣，左小龙渴望当一名合唱团的指挥，是因为他小时候一次指甲最干净被老师选为指挥，让他觉得当指挥屁股对着观众很牛。这实在是对理想的嘲讽，被解构得没有半点崇高可言。

将这三个故事分开来看，它们基本上都是由许多细碎的片段组成，合起来，却又相互关联。左小龙想成立的合唱团，是希望在亭林镇文艺晚会上表演；喜欢左小龙的泥巴，其实是亭林镇经济发展一把手、镇委书记的女儿；左小龙喜欢的女人黄莹却爱上了亭林镇招商引资过来的商人。最后，韩寒还不失时机地魔幻了一把，镇上所有当官的都被电死了，镇上很多动物都变异了，在利益面前镇上的人几乎都麻木了，最清醒的人居然是一个瞎子，最后凡是吃过变异动物的人都瞎了。石康说：《他的国》有魔幻现实的基因。

小说很魔幻，老鼠长得跟猫一样大，牛长成大象；小说充满了讽刺，比如某些职业群体开会喜欢比拼排比句；小说有着韩寒一直强调的情怀，例如泥巴能通过摩托车的声音辨出左小龙；小说还很浪漫，左小龙和泥巴在雕塑园寻找到一只龙猫；小说也很理想，"你能发光，你应该飞在我的前面。"在这部小说里，我认为设计最精彩的是左小龙跳楼那一幕，虽然辛酸，虽然无奈，虽然残酷，但这就是现实，"你们这些人啊"。"在疯狂的世界里，有个女孩可以安静地随你而去，是多么幸运的事。"左小龙在跳楼后幸运没死，终于明白了这一点。左小龙成立合唱团的梦想破灭了，次年韩寒的《独唱团》杂志在出版一期后也被告停了，几年以后，倔强的他犹如左小龙附体一般，在这里成立"亭林镇独唱团"。

2009年1月，《他的国》正式出版上市。石康说："我以为这本书是80后作家第一次进入文学性写作的标志。"

我同意这个说法。

第十八章 / 从中指到鸟巢

很快徐浪就去世了一周年多……我们的生活依然像跳楼一样往下延续，他是最先接触到地面的人。所有的力量只能决定我们在空中的姿态，成功失败就是好看难看的区别，新生活只是将朝着地的脸仰望向天空。当我再看见徐浪时，我心中并不难过。我想对他说，我和你看到的人都在最好的时光里，我们都很开心，而你在最好的时光里离开了，这都是最好的事情。好风光似幻似虚，多一分钟又如何，你丫把它留住了，但我不会输你的。

——韩寒2009年6月25日博文

《2009年06月25日》

严格说来，中国的赛车运动只有两项——场地赛和拉力赛，这两项各有两千和千六两个大组（千六组又叫S组，两千组又叫N4组，从2008年起，拉力赛改规则，两千组即是国家杯）。2007年韩寒获得场地赛千六组的年度车手总冠军，2008年韩寒又获得了拉力赛千六组的年度车手总冠军①。韩寒和队友王睿都希望能参加更高级别的两千组的比赛，尤其是拉力赛，王睿曾公开表示："自己开了这么多年的POIO车，已经达到了独孤求败的境界，在千六组里，唯一的对手韩寒还是自己的队友。"而他们所在的上海大众333车队只是个千六组车队，而且车队决定将来把主要精力投放到场地赛上。因此，2009年的赛季里，韩寒和王睿都签了FCACA车队，这意味着，他们将代表两个车队出战，场地赛继续留在上海大众333车队，拉力赛则代表FCACA车队出战。好在对于韩寒而言，这两个车队都在上海。

有的人觉得，韩寒的成功仿佛是轻而易举的事情，随便写写文章就成名了，一不小心开上赛车就成了冠军车手。其实事情远没有这么容易，其间的努力与汗水只有他自己最清楚。韩寒是一个不喜欢向人诉说他的辛酸的人，他说："我希望在自己的书里，这些困难都不叫困难。我宁可幽默地困难着，也不愿如同现在的年轻人假装忧郁地顺利着。"

似乎作家大都这样，喜欢向人展示"天才"的一面，而不喜欢展示自己努力的一面，因为人们从来不太喜欢苦吟的诗人。

有人说，韩寒不读书学习，是反智，可韩寒读书的时候你不知道；有人说，韩寒赛车不练习，照样冠军，可韩寒只是没在你眼皮底下训练。为了练车，他甚至买了两台最快的卡丁车进行训练。熟悉赛车的人都知道，卡丁车的基础对赛车有很大帮助。孙强说："很多人都觉得韩寒似乎从来不练车，一上来就拿年度冠军可能太偶然了，但是他们没有看到韩寒的努力。韩寒在平时对赛车非常上心，当他在看比赛或勘路录像的时候，你在旁边跟他说什么他都是完全听不见的，他的心思会百分之百地放在比赛上，他对赛事的用

---

① 由于2007年发生的事情较多，没来得及叙述韩寒赛车方面的成绩，这里补叙几句。2008年韩寒的拉力赛年度车手总冠军是靠两个分站冠军、一个亚军、一个季军夺来的，总共5个分站，韩寒只有第一站上海站因为赛车撞到马路牙子退赛没能登上领奖台。

心是非常非常强的，他在赛车中所用的心血完全超出了别人的想象，可以用句老话说，没有人能够随随便便成功。"

2009年，韩寒将代表两个车队出战，这是他第一次同时驾驶两种不同排量、不同驱动方式的赛车。为了让韩寒、王睿尽快适应N组赛车，FCACA车队在2月底组织去挪威首都奥斯陆旁边两百多公里的大咖喱镇做雪地的训练。他们的教练是英国车手马丁·罗威，主要训练车手在冰雪赛道上对赛车的操控。

2009赛季，夏青领导下的上海力盛汽车文化传播有限公司成为新赛季的推广商。新的推广商的第一大举措是将中国场地锦标赛更名为中国房车锦标赛，英文名称为China Touring Car Championship，即由原来的CCC变成了CTCC。这一改变可以说是众望所归。新赛季对发动机的转速也作了规定，1600CC组和2000CC组的发动机最高转速分别限制在7500r/min和8000r/min。此外，"对1600CC的改装限制也作了非常大的调整，由原来的近乎无限改装规则变为接近原厂性能的N组规则。"

2009年5月23日至24日，在上海国际赛车场，CTCC第一站如期举行。在车队新赛车无法赶到本赛站的情况下，上海333车队只得将老的拉力赛车临时运来参加本场场地赛。在赛车避震器故障、车辆倾侧非常厉害、轮胎的所有橡胶已经磨损完毕的状况下，韩寒艰难地进入第八名，成功进入积分区。这样艰难的环境下还可以积1分，韩寒还算是比较高兴的，但这时车队人员告诉他，他那艰辛拼来的1分被取消了，因为他的发动机转速超过了限定转速1000多转，也就是说，他的发动机转速到达了9000转。韩寒说："这是不可能的，因为我们的拉力赛车是几乎原装的发动机，电脑在7000转就断油了，而且我们的表盘刻度也都只有7000转，如果原装的发动机能有9000转，这引擎早就爆缸了，我的时间也不至于这样慢了，况且我们车队三台车，都是一样的发动机一样的变速箱，我和队友的圈速以及极速几乎都是相同的，怎么可能他7000转我9000转。所以，很明显的，装在我这台车上的数据记录的传感仪是有问题的，可能坏了可能中毒了可能受到了干扰可能……1分虽少，也是拼来的，如果最后赛会执意取消我的比赛成绩，那我想我只有退出CTCC的比赛了，这样明显的组委会技术失误需要车手来承担是不公平的，无论以后我得到什么样的成绩，说超转就超转，说取消就取消，那我以后的比赛就没有任何意义了，无论如何都是输。"

6月12日至14日，2009年CRC首战在南京江宁举行，这是韩寒转会后代表新东家参加的第一场比赛，然而韩寒却不在状态，"小宇宙也不知道去了什么地方。无法做到两分钟以上的注意力集中。"历经了罚时、冲出赛道、路书左右听反了掉沟里、避震器爆了、半轴坏了等问题，最后居然还能留在赛道里。比赛期间天气非常炎热，这也是韩寒遭受最热的比赛，车内的温度超过50度，穿着防火装备跑完，大家都感觉自己快虚脱了，甚至有直接晕菜的。这一站比赛，韩寒获得季军。

CTCC第二站是在上海天马赛车场，时间是2009年6月27日至28日。25日和26日，许多车手都在为27日下午的排位赛备战训练了，而韩寒没有参加。对于上一场韩寒被罚判转速超速，任何一个稍有汽车常识的人都知道这事存在可疑之处，于是上海333车队进行了上诉。官方曾表态将会在本站赛前公布韩寒及上海大众333车队就首站罚判上诉的结果，然而一直没有消息。一位记者就此事询问中汽联一领导，该领导表示中汽联没有收到上海大众333车队的上诉费用，因此不予受理。看到此报道，韩寒和上海大众333车队感到极为惊讶，韩寒27日更新博客，表达了不满。

27日下午进行的排位赛前自由练习，韩寒终于出现在了场地上，大家担心韩寒退出CTCC比赛的事情没有发生。但韩寒显然不会就这么妥协的，28日决赛这天，就在决赛前热身练习的时候，赛车场外的一辆汽车被贴上了"中汽联无耻无能无赖"几个字，韩寒表示这是他的意思，他和王睿都在这几个字上面签下了自己的名字。

决赛在27日下午1点33分开始。这是一场离奇的比赛。我们来看看对赛车比较了解的王帆的描述：

排在第四的王睿起步非常迅速，瞬间就逼近了他前面第二位发车的高华阳，高华阳显然是从倒车镜里看到了迅速逼上来的王睿，他下意识将赛车往左侧靠了一下，挤压王睿超车空间，王睿赛车的左侧轮胎驶上了草地，但是赛车还是超过了高华阳大半个车身。在几乎完全超越高华阳后，王睿迅速地向右侧并线，高华阳此时微微向右侧靠了一下，但他的车还是顶到了并过来的王睿的车尾。撞上之后，两人赛车同时失控向赛道的右侧滑去，此时从右侧起步的韩寒正好行驶到这个位置，他躲闪不及撞在了王睿的车上，两人的赛车都失控冲出了赛道。韩寒的赛车已经损毁严重，无法再继续比赛，下车时他重重地摔了一下车门，显得相当愤怒。不久王睿超越了一辆慢车时，对方封住了线路，王睿为了避免相撞驶上了草地，中汽联又以赛车四轮偏离赛道为由处罚王睿通过一次维修区，几圈之后王睿并没有进维修区，随即赛会以"漠视赛会判罚"为由直接罚王睿退赛。感到自己被撞失控却还要接受处罚的王睿此时愤怒异常，走到维修区时开始伸出中指抗议，此时刚要上前安慰王睿并且同样愤怒的韩寒也伸出了中指。

赛后，中汽联在新闻发布会前特别进行了一场新闻通气会，会上表示在车上贴标语的行为是过激且不当的，仲裁问韩寒，你是不是当众做了侮辱性的动作，要罚款10000元。韩寒说："是的，我不像有些地方，不会当众做侮辱性手势，只会私下做侮辱性勾当。"韩寒、王睿二人将由赛事纪律委员会调查及进行处罚。

次日凌晨，韩寒更新博客《必须竖中指》，文章表达了他的不满："只恨自己只有两只手，只能竖出两根中指来，而且当时还在打电话，无奈占用了一根中指……当还算不那么弱势的我面对一个半官方机构的时候已经无能为力，何况纯弱势群体的老百姓面对官方机构了。但是，我实在忍不住了，欺负我一次没问题，欺负我两次没问题，你再要欺负我以为我是受虐狂啊。"然后，韩寒逐条罗列了八大条他曾被"欺负"的遭遇。

哪里有压迫，哪里就有反抗，以韩寒的性格，是断然不会逆来顺受的。

2009年7月3日，中汽联最终作出对韩寒和王睿进行三个月禁赛但缓期执行的决定，处罚规定表示如果再出现类似的行为，将处以一年禁赛，并且加上第一次的三个月禁赛，也就是总共15个月的禁赛。竖中指事件对赛事本身的好处，就是促使中汽联在7月13日宣布，将对拉力赛中的非法勘路加重处罚，应该算是韩寒的一个小小胜利。

7月9日，CRC第二站在北京怀柔举行。该站，韩寒获得了自己第一个N组中国车手冠军，同时也是FACA车队获得的第一个分站冠军，进入维修区，车队经理北极虾抱着韩寒激动得泪流满面。这个冠军表明，韩寒不光在S组能赢，在N组也能赢。前年北京站徐浪就是这个N组的冠军，可惜他已不在，韩寒没能在这个组别与他比拼一场，着实遗憾。5年前韩寒就是从N组开始自己的比赛的，后来上海大众333车队收留了他，他转到了S组，也就是千六组。这个冠军对于韩寒而言，更大的意义还在于，正义可以战胜邪恶，"正义代表了赛前不非法勘路和赛车不非法改装"。

7月25日至26日，CTCC第三站将在上海国际赛车场进行。由于赛车被加重，本站韩寒没有拿到积分。

对韩寒而言，赛车就是一个追求速度的过程，因此他容忍不了所谓的一些规则限制了赛车的速度，他也不相信所谓的比赛就是战胜自己，大凡比赛，目标都是战胜别人，这才是他要的结果，他不相信虽败犹荣。他觉得，自己还可以更快的，尤其是在拉力赛上，之所以没有更快，那是因为他有太大的压力，还有太多未完成的事情，他说："如果没有任何的顾虑和牵挂，我可以更快的，当我有了小孩，完成了理想，确保家人和女人可以余生无忧以后，我会展示我可以达到的速度的。"

2009年8月末，韩寒去澳大利亚参加了PWRC的比赛，见到了很多"稀奇古怪"的事情，还在公路边上和野生考拉合影。在澳大利亚的经历感受，再联系在中国赛车时候的经历，一篇妙文诞生了，那就是韩寒9月3日发在博客上的《赴澳大利亚监督世界拉力锦标赛的工作报告》。文章相当有意思，极尽调侃反讽之能事，赛车日志能写成这个样子，恐怕前所未有，今后也很难再有。

本来从这里，也就是9月，就要从叙述韩寒的赛车生活切入到公共事件上去，那将是下一章节的内容。但他这一年最主要的两个赛事还没有说呢。

第一场比赛，就是11月3日，韩寒和华裔车手董荷斌将代表中国车手在鸟巢参战ROC世界车王争霸赛。与中国常常出现的代表相比，这次的代表是实打实的，是通过实打实的比赛赢来的。韩寒第一场对阵周勇，第二场和任志国，第三场和刘洋都比较顺利地赢了，最后一场和华裔车手董荷斌，遗憾没能获胜，但此时他输了也是第二名。到11月3日，昨天的对手成了队友，联手对阵世界顶级车手，第一轮他们就竟然被抽到对阵实力最强大的德国队，韩寒对舒马赫，董荷斌对维特尔，输在情理之中。第二场韩寒对战杜汉，获得了胜利；第三场韩寒对阵WRC冠军希沃宁，在领先的情况下失误了，最后输了零点零一五秒，但董荷斌发挥出色，战胜了格恩霍姆，帮助中国队淘汰了芬兰队进入了半决赛。半决赛对阵英国，韩寒和董荷斌输得心服口服。以中国队的实力，能够进入半决赛，就已经相当不错了，韩寒和董荷斌赢得了所有懂赛车的人的尊敬。

这次比赛，韩寒的女朋友金丽华走进了公众视线。以前在比赛中，韩寒和女朋友也是从来不避讳的，赛车记者们都挺知趣的，知道什么该报道什么不该报道，因此尽管韩寒和金丽华成双在赛道休息区聊天也没人管他们。而这次世界车王争霸赛，央视表现出了前所未有的关注，直播水平比之以前大有进步，为了增强观赏性，同时也是体现对车手的"关心"，在比赛前就有拍摄韩寒和金丽华进场的镜头，正式比赛开始后，镜头又不时对准在场上观看的金丽华女士。这个金丽华是何方人士？这本书里最早提到她是在第七章《小镇生活》，也就是说，早在9年前，她就已经走进了韩寒的世界。

这里要叙述的第二场比赛，是在12月19日进行的CRC福建邵武站，该站也是2009赛季CRC收官战。需要顺带一下的是在这之前的一场CTCC比赛，也就是12月6日进行的CTCC收官战第六站，韩寒夺得1600cc组分站冠军，这也是上海大众333车队本赛季首个也是唯一一个分站冠军。十多天后，在CRC的收官战上，韩寒再次夺得冠军，并且依靠这个分站冠军的成绩，以及之前的两个亚军和一个季军，夺得了CRC国际组（N组）首个年度车手总冠军。参加N组比赛第一年就夺冠，韩寒相当高兴，他激动地抱起金丽华，怀里的女孩则流露出幸福的笑容。每一个成功男人的背后都有一个默默奉献的女人，而金丽华，就是韩寒背后的那个女人。当记者问韩寒感受的时候，他只说了三个字：亚克西。这个借用过来的维吾尔语感叹词"好"，形象生动地体现了韩寒当时的心情，这个冠军对韩寒来说太有意义了，他在12月22日的博文里说："能够战胜国内拉力赛实力最强的贵州百灵车队的车手刘曹东我很开心。这一场东东的轮胎选择余地没有我们的多，所以吃了点亏。希望明年可以继续和他竞争。他现在在柏油路上的速度也非常快，有这样全能而且比我更年轻的一个对手，我觉得很荣幸。"

这是韩寒第三次夺得年度车手冠军，第一次是2007年CCC千六组年度车手总冠军，第二次是2008年CRC千六组年度车手总冠军，现在的这个是CRC N组年度车手总冠军。这说明，韩寒不光在小排量的千六组能够夺冠，在竞争更强的两千组也能夺冠。至此，中国最具影响力的4个年度车手总冠军，韩寒连续3年拿到了3个，剩下的韩寒没有参加的是CTCC两千组的比赛。

最后，韩寒特别感谢了一下他的领航孙强，因为在新闻里，通常只报道夺冠车手的名字，却不提领航的名字。而实际上，赛车是两个人配合的比赛，领航在夺冠上也起着非常大的作用。这次孙强也获得了年度冠军领航。韩寒提议，"希望以后记者在提起车手的时候能够带上领航员，比如韩寒杠孙强，刘曹东杠安东尼，魏红杰杠黄少军等。"韩寒和领航孙强的关系，不只是简简单单的工作伙伴甚至朋友兄弟就能概括的。韩寒正式参加赛车不久就遇到了孙强，孙强一直在副驾驶上陪伴韩寒至今，共同经历了赛车带给他们的欢笑与辛酸，成功与失败。他们配合默契，已达佳境。韩寒的路书是全中国字数最多的，像"坡中左靠右走有大石头不能深切"，勘路的时候孙强要一字不落地记下来，比赛时再一字不落地说出来。除了在赛车中是韩寒的领航，作为特种兵退伍的孙强在生活中还担当起类似韩寒保镖的角色。所以有人说，金丽华是韩寒背后的女人，而孙强则是韩寒背后的男人。对此，孙强有点不好意思地答道："这……说大了，我没那么大的能量。只要他不嫌弃我，我就一直给他做领航。要是哪天，他想回亭林镇了，那我就跟他回去呗。这么说吧，没有哪个职业是把一个人的命交到另一个人手中的，我们两人在一起捆绑了快7年了，只要他有什么事，我肯定是第一个站出来的。"

第十九章 / 封面上的 "公民"

　　昨天有差不多大的一个记者问我，说，在十年前，媒体都说我们这些人好差，自私，没信仰，接受的都是速食文化，国家在你们这一代人手里真是没有希望。而现在我为什么听越来越多的媒体说，这一代人其实真不错，是国家的希望，有责任，能担当，思想进步。你觉得是什么能让大家对这一代人有这么大的改观呢？

　　我回答，哦，那只是因为现在很多媒体从业者都变成了这一代人。

　　所以，时间不断地推进，改变了除事物本身以外的那些事物。

　　我只是一介书生，在这个又痛又痒的世界里写了一些不痛不痒的文章而已，百无一用，既不能改变社会的残酷，也不能稀释SB的浓度。

　　——韩寒2009年12月30日博文《2010》

　　什么是公民？《现代汉语词典》给出的解释是："具有或取得某国国籍，并根据该国宪法和法律规定享有权利和承担相应义务的人。"《中华人民共和国宪法》规定："凡具有中华人民共和国国籍的人都是中华人民共和国的公民。"很显然，我这里涉及的公民，不是这个法律层面上的定义，而是指"一个国家的民众对社会和国家治理的参与意识"。每个人的参与方式不同，韩寒的参与方式，自然就是他的文字。自开博客以来，特别是2008年家乐福事件以来，韩寒作为一个公民所参与的讨论越来越广泛。

韩寒最早获得的与"公民"二字沾边的奖项，是2008年12月公盟法律研究中心颁发给他的"公民责任奖"。著名学者萧瀚为获得2008年度公民责任奖的韩寒颁奖，颁奖词是这样写的：

当代中文网络，见解独到、立场中正、语言朴素而富有生活气息，且想象力丰富、亲和大众，讽刺手法恰如其分者，当属韩寒。

韩寒的思想是成体系的，即时时事事都能让人感受到的公民精神。韩寒以谐趣的文字表达严肃的道理，不做作，不居高临下，不怨天尤人，自然、幽默而有分寸，如行云流水。在他的文字里，看不到诛心戮肺之论，他批评过很多人和事，但他显然没有恶意。他的文字，是当代中国最干净者之一，也是在传播常识、捍卫常识方面最卓越者之一。

韩寒以看似轻盈的姿态抨点时政，每惊其洞见；他以欢快幽默的青春肩起社会公义，每见其挚情。韩寒以优美矫健的赛车手容姿，表现着自由而择善固执的独立精神。韩寒人格健全、富有爱心，在许多重大社会事件中，表现得乐观、阳光、坚韧、宽容，文字之外，他在行动上的担当以及因此而展示出的爱的能力，尤让人感佩。

韩寒已经是一个现象，是年轻人里如何成为公民，如何做个公民的典范人物，他是真正"行有余力，则以学文"的人，且文也是他行的一部分。

快乐的外表下深蓄着一颗悲悯的心灵，理智地言说，幽默地表达，有坚持，有担当，有对人的善意，有对事的批评；个人生活情趣多姿，社会行动助人利他，韩寒带来了新气象。

以欢快的心情去做个公民，是韩寒为这个时代做出的重要贡献。

韩寒对这次获奖感到意外，毕竟这还是他第一次获这种类型的奖，为此他用了一天的时间研究接不接受这个奖。虽然最终决定接受这个奖，但韩寒没有到现场，他通过短信发来获奖感言："感谢公盟颁给我这个公民责任奖，我觉得我做得非常少，怎么就可以得这个奖呢？说明很多人做得更少。我是问心有愧的，在新的一年里，我希望我，最重要的是，我们，可以做得更好，更希望若干年这个奖项能不知道该颁给谁好。到时……今天先谢谢大家了。"

2009年，韩寒在公共领域的言说有增无减，几乎每一起有影响的事件里都有他的评论，一旦这个国家有什么事发生，人们已经习惯了第一时间到韩寒的博客里看看他是怎么说的。从9月初到10月底，韩寒写有多篇博文批评钓鱼执法。因为他的博客讨论此事引起了更多的人关注，并最终影响事件的走向。

2009年，韩寒的博客出现了很多非常精彩的文章，比如，《直辖市消费》《手莫伸，伸手必被捉》《G8高速公路》《这是一个庞大而复杂的工程》《一条船上的人》等等。让我们来感受一番韩式杂文语言：

我们再做一下除法（学会做除法很重要），我们发现，上海的高速公路每公里需要更换的路牌是40块，也就是说，你在上海的高速公路上开车，每开25米，你就能看到一块牌子，假设你的速度是每小时120公里，也就是说，你每秒钟行进了33.333333333米，这代表着，你在上海的高速公路上开车，两秒钟内你差不多能看见三块路牌或指示牌。

太狠了，如果我开得足够快，上海市公路管理处在路牌上画点图，我就能看动画片了。

假设我们的公路不止600公里，用在高速上的各种牌子也没有那么多块，两边都朝相关部门的有利方向放宽尺度，那我们一秒钟也能看见一块牌子，晚上这些牌子还都反光，一分钟你看60张牌，请问上海的驾驶员们，你们开在高速公路上的时候，有过这么梦幻到晕菜的时刻吗？

我们再退一步，假设的确大大小小是改动了25000块牌子，连相关部门领导自己家的门牌都改了，花费两亿，那每块牌子的平均价格也达到了8000元。8000块一块牌子，这个工程我很愿意承包。……

我认为，高速公路的标示用中文也挺好，高1高2高3，国道就叫大1大2大3，省道就叫初1初2初3，终点都是天安门，广场上竖一个大路牌，毕业……

——《这是一个庞大而复杂的工程》

可谓极尽比喻、调侃、嬉笑、讽刺之能事。

无论韩寒博客上的观点引起了多大的争议，他首先是一个作家，其次才是媒体封的一些所谓的头衔。作为作家，写文章有一个考虑点，那就是材料的取舍，即如何运用材料、运用什么样的材料才能把文章写好。这对韩寒很重要，这是他区别于一般评论员的地方，也是他区别于只写小说的作家的地方，更是他深受读者喜爱的地方。如何运用材料是作家驾驭文章的能力和风格问题，韩寒杂文通常的风格是调侃加讽刺，且常能一针见血。使用什么样的材料，即关注什么样的事件，则是作家个人兴趣所在。我通过对韩寒博客文章的分析，发现韩寒写得好的那些博文，都是他很感兴趣或者比较熟悉的领域。

韩寒这些风格犀利的时事杂文吸引了大量网友前来观看。之前说过，2008年是韩寒博客的第一个分界点，自此韩寒文章开始大面积地关注社会时事。这个转变为韩寒带来的影响，一方面是韩寒博文的阅读量显著增加，另一方面，则是在一年多以后，也就是2009年年末，韩寒被多家媒体选为封面人物或年度人物轮番致敬。

2009年10月底，韩寒登上《南都周刊》封面，标题为"公民韩寒"。

10月底登上美国《时代周刊》亚洲版，被称为"中国文坛的坏小子"。

12月末，《南方周末》2009年度人物评选出炉，韩寒当选，《南方周末》为此刊出的文章为《韩寒者，冒犯也》，文中说："韩少真正成为广受尊重的韩寒，还是有一天他开通了博客，开始写作社会评论，与时代共振。他的风格不羁的言论引发争议，又广受欢迎。于是有一天，最古板的人也意识到这不是个胡闹的年轻人，在那将近3亿的点击量背后，是一个形象新颖的人道主义者在发出着自由的波长。"韩寒短信发去一条感言："14年前，在同学们还在看《红领巾报》的时候，我每周都要用可调配资产的十分之一来买《南方周末》，是这份报纸给了我最初的启蒙。14年后，就是这样了。我很荣幸。"

12月末，韩寒被《新世纪周刊》评为2009年度人物而登上了其封面，他们给出的标题是"选韩寒当市长"。

接着，当选《新民周刊》12月刊封面人物，标题为"杀手韩寒"。当选《Vista看天下》12月刊封面人物。

当选2009年天涯之年度网络十大写手。差不多同时，"共识网"推出一项在线调查，评选当代最具影响力的"十大公共知识分子"，在秦晖、贺卫方、于建嵘等一长串学界人物中间，韩寒名列其中，最终以仅落后第一名贺卫方6票的1310票屈居第二。但韩寒如果在博客上随便提一句这个评选，他的得票数不知要在后面加好几个"0"。

韩寒所得的这些荣誉，始于他对公共事件的关注，因此可以说，安在他身上的这些标签，皆是对公民、公共知识分子这两个词汇的变种。2008年年末在网上流传的《2008年度百位华人公共知识分子》，韩寒与北岛、陈丹青等人并列其中。"公知"韩寒的形象逐渐深入人心。那么，韩寒对这一标签的态度是怎样的？首先，韩寒一向不认同贴在自己以及自己作品上的各种各样的标签，公共知识分子这个标签也不例外，他说："公共知识分子？我肯定不是，我觉得公共知识分子就是公共厕所，是用来泄愤的。"但是，时隔3年后，韩寒却写文章扬言"就要做个臭公知"。

其实，这里有不同的语境和特殊环境。在2009年的时候，公知还是个褒义词，大家都希望成为公知，这些人聚集在一起就形成了一个"圈"，而韩寒从来就反对圈子，正如他反对文坛和作协。对韩寒而言，这不光是个圈子，还是个圈套，他一旦承认自己是公知，仿佛就必须得承认这个圈子的规矩，比如公知要担当道义，要成天把仁义道德挂在嘴边。韩寒厌恶这些，他厌恶一切虚伪的规矩，在公知这个问题上，"他是这样一个人，做了好事，但否认自己是个好人。"颁给韩寒公知头衔的媒体，不排除挟持韩寒的可能，这是一种高妙的绑架，"很多人企图为韩寒命名，削韩寒以适履。'公共知识分子'的命名只是其中之一。对此，韩寒本人是充满警惕的。通过他在网络上的发言，以及接受媒体采访时表现出来的态度，他对正与反两种力量都有明确的抵触。如果说'正'的一方是来自传统与体制的规训的话，那么反的一方则是来自所谓'公共知识分子'将他树立为正义旗手、公众良知的尝试。"韩寒将公知比作公厕，即是对这种绑架的反抗，他只要做他自己。

萨特说：他者即地狱。一旦成为别人的什么，便难免受到他人的束缚和影响。这与韩寒所崇尚的自由自在、无拘无束的生活是相悖的。虽然韩寒"不喜欢被非我的力量推着走"，但这种"绑架"是无法避免的。这绑架转换到他的小说里，便有了《他的国》里左小龙站在电信大楼楼顶的那一幕，左小龙正是在民众的绑架下跳下楼去的。

有读者看到2009年韩寒的博文愈发大胆，写文章问：韩寒你也要跳下去了吗？韩寒当然不会跳下去，在光环与簇拥之下，他异常清醒，他很明白自己的身份，他永远只是一介文人，他断不会因为别人称他公知而真正越界。韩寒只是随着自己的性子做自己喜欢做的事而已，谁也导不了他，节目导演不可以，媒体不可以，民众也不可以，他说："我理解大家对我的期望，但我始终希望做自己喜欢的事情，如果大家认可，我自然很开心，如果大家不认可，也无妨我的选择。"一些人批评韩寒不过是在打擦边球，这其实是在怂恿韩寒踩地雷做烈士，作家韩寒才不会那么傻。

韩寒反对他人将自己说成"公知"，则是反对这种"绑架"。

然而，随着后来微博的流行，任何人都可以扮公知在微博上评点时事，公知成了不少人推销自己的名片和武器。渐渐地大家也都明白了这一点，于是公知变成了一个贬义词，公知仿佛成了公鸡，仰仰脖子摆出呼唤黎明的样子，成大叫嚷，唯恐别人不知黎明是它呼喊出来的，但其实没它黎明也会按时来临，它不过是报晓的。于是，这时候很多人特别反感公知的叫嚷，仿佛成了噪音。

在这种情形下，一些有良知的之前被封为公知的人反而不敢发声了，害怕别人说他消费时事，害怕别人骂他是臭公知，他们纷纷选择与"公知"这个称谓撇清关系。这时候韩寒站出来扬言做个臭公知，正是他社会责任感与担当的体现，他干脆说：

> 是的，我是个公知……我就是在消费时事，我就是在消费热点。我是消费这些公权力的既得利益者。大家也自然可以消费我，甚至都不用给小费。当公权力和政治能被每个人安全地消费的时候，岂不更好？大家都关心这个现世，都批判社会的不公，毒胶囊出来的时候谴责，贪官进去的时候庆祝，哪怕是故作姿态，甚至骗粉骗妞骗赞美，那又如何？

　　我曾写过一篇《韩寒不是公共知识分子》的文章，文末说道："韩寒的优点是他知道自己有几斤两，如同不赞成人们称呼自己公共知识分子，他自嘲时无英雄使我这样的人成才，不像有些人一旦自己名声大噪，便以为自己得道成仙，走起路说上话都飘飘然。韩寒是一个该狂妄的时候狂妄，要谦虚的地方谦虚的聪明人，虽然谦逊是一种美德，很多伟大的人物身上都有这种美德，但这不能成为他是公共知识分子的理由。我发现，被人们称作狂徒的人往往很谦虚，而被视为谦虚的人实际多狂妄。谦虚是一种分寸，该谦虚的时候绝对不狂妄。比如被人们视为狂的王朔却谦虚地说，我只是个码字的；王朔还把知识分子称为知道分子，因为他们只限于知道，缺乏创造，顿时扒下了知识分子身上那层神圣的皮。皮虽然被扒了，可知识分子们却爱摆姿势，韩寒的出名很大得益于他姿势摆得好，迎合了广大民众的偏好，洪晃早年就说过韩寒爱拗造型，这其实是摆姿势的另一种提法。而韩寒，根本不是公共知识分子，他是摆得最好的公共姿势分子。"但后来随着时间的推移，我对这个问题的思考逐步深入，我自己否定了当初的这个观点。

　　首先，韩寒从未否认过自己在拗造型，他说过："人人都在装，关键是要装像了，装圆了，有一个门槛，装成了就迈进去，成为传说中的性情中人，没装好，就卡在那里了。"还说过："人生就是认准一个造型不断去拗的过程"，"我觉得每个人都是演员，他们都会有不同程度的表演，但每个人性格表露出来的是不一样的，所以我并不觉得每个人身上有种固定的品质。"关键是，韩寒现在的造型是他自己喜欢的，拗得浑然天成，如果他不是这个造型，我们难以想象他是别的什么造型，况且就像他后来在电视上说的："当年我喜欢的事都做了，了无遗憾，就算再来一遍，也只是'昨日重来'（yesterday once more）。这就够了。我们很多人之所以活得失败，就是没有一次就找对自己的造型，总想着要是时光倒流再来一遍就好了。"

世界在发展，对知识的定义也该随着时代的变化而发展。什么是知识？传统的定义是：识别万物实体与性质的是与不是。即是说，知识即判断。"万物"这个范围有点大，没有人能担当得起，人们所擅长的也不过是某一方面或某几个方面罢了，所以诞生了一个词叫"专家"。但专家的范围还是很大，为了缩小范围，人们在词前加了修饰语作为限定，比如专门研究《红楼梦》的叫红学专家，专门研究精神病的叫精神病专家。我认为，知识分子与专家的区别在于知识分子没有专家这么刻意和固定，不必完全靠这个头衔吃饭。知识分子的名义是别人给的，于本人可有可无，虽然专家的名义有时也是别人封的，但专家一旦不是专家，将威胁到饭碗。这就是说，知识分子不必那么"专"，当然，这不是说知识分子不必有自己的一个判断领域，事实上有自己的判断领域很必要，因为没有哪一个知识分子是万能的。

按照上面对知识的定义，韩寒博客里的杂文大多是对这个社会，以及对这个社会上的若干事件的分析判断，这就是知识啊。我们来看联合国经合组织（OECD）对知识的最新分类：知道是什么的事实知识，知道为什么的原理知识，知道怎样做的知识，知道谁有知识的人际知识。不难看出，我们传统的知识分子主要是第一类，知道什么的事实知识，也就是王朔的"知道分子"，大学里的老师多为此类。李敖对韩寒有无文化判断的标准大概也是这知识分类的第一类，而且单指人文方面的。第二类知道为什么的原理知识，这个主要指理科方面的知识，这里忽略不作讨论。韩寒的知识，主要指这第三类，知道怎样做的知识。韩寒写文章一针见血，他知道怎么做更能将事情说得漂亮且清楚，而且他言行一致。对于知识分子而言，我们这个时代并不缺知道是什么的事实知识分子，我们缺的是像韩寒这样的知道怎样做的知识分子。所以韩寒才显得尤其可贵。

第二十章 / 独唱没成团，成绝唱

问：如何评价上海这个城市？

答：我出生在这里，我始终热爱这里，希望这个城市真正美好，虽然我的老家已经被严重的污染所占领。公正地说，如果你有钱，上海是个好地方，无论是购物、规模、消费、玩乐，上海都不错。从经济上，总体来说，这里是冒险家的乐园。但是上海是一个没有什么文化的地方。别的国家大都市，你可以说，我们这里有什么建筑，什么酒店，什么大街，什么豪宅，这些上海市的领导也可以自豪地宣布，我们这里也有，但当人家要说，我们这里有什么作家，什么导演，什么艺术家，什么艺术展，什么电影节，上海的领导就没话说了。

问：为什么会造成这种状况呢？

答：发展真正的文化就必须放开尺度，放开尺度必然百家争鸣，百家争鸣必然开启民智，这是多么糟糕的一件事情啊。

——韩寒2010年4月19日博文《快来吧，快走吧》

　　2009年4月，韩寒在博客上说要办一本杂志，一时应者云集。韩寒更对作者开出了千字千元至两千元的高额稿费，他说："一个文人，如果在这样大压力的社会里不能够衣食无忧，我认为，他就不太可能有独立的人格和文格。虽然我们的杂志暂时不能让你致富，但是希望可以改善一下供稿者的生活。"几经周折，10月份该杂志始定名为"独唱团"，但差不多一年过去了，仍未见上市。2010年2月23日，韩寒发博文《太紧》解释不能上市的原因："我严格遵守《宪法》和关于出版物的相关法律条例，进行了组稿，在第一期的很多比较主要的文章和内容无法通过审查以后，经过妥协，我们准备并且替换上了第二期的内容，结果很遗憾其中的重要内容可能依然无法通过出版社的审查。我认为一直搞不成的主要原因不是我的东西太大，而是对方那里太紧。为了保证杂志的品质以及作者的基本权利，我们将继续沟通和组稿，所以依然延误。"

　　因为办杂志，韩寒这期间的博文大多与文化审查有关，因此，这期间也是他博文删除率最高的时期。也因为这个原因，当时网络上流传着很多伪造的韩寒被删的文章，甚至还有假借"韩寒被删博文"炒作自己的电影的[①]。判断这些文章是不是韩寒写得很简单，韩寒说："我的所有杂文的出处都会在我的博客中，如果博客里没有出现过（注意，是出现过，因为我不能保证文章出现以后能一直出现着），那就是没有写过。"怎么判别某篇文章有没有在韩寒博客出现过？有一个简单的方法，你用QQ订阅韩寒的博客，如此，即便韩寒的博文被删了，但在QQ订阅里，你至少还是可以看到文章标题的。

　　流传非常广的伪造的"韩寒被删文章"，主要有《不要给西南灾区捐水

---

① 韩寒博文《2010年05月27日》博文提道："因为最近有一些文章被删除了，所以有一些产品和节目想到了用此来做广告，比如最近有某个电影，他们的宣传团队就想出了替我PS了一张博客截图，发新闻稿说是我写了一篇文章，爆料两个明星为了抢着上这部电影而自降片酬，并评论一番，最后，这篇文章被删了，所以博客里并没有。"

了》和《我的祖国》，都是通过QQ广泛分享和转载传播，我的不少同学都转载了这两篇文章。当时我QQ还没有订阅韩寒的博客，看了这两篇文章，我说："这不是韩寒写的。"朋友问何以如此肯定，我说：文中的一些观点和语句明显与韩寒的风格不符。果然，不久，韩寒便写博文澄清。我为什么能够如此果断地判断文章非韩寒所写？这自然与我多年来一直跟读他的文章有关，对于韩寒文章的某些非常个人化的东西，我已经了然于胸，所以这之后再出现的所谓"韩寒被和谐的文章"，我对此的判断都没有出错，当然，我不敢保证以后一直能正确判断某篇文章是否韩寒所写，但百分之九十的正确率是能达到的。

我给大家讲一个真实的故事，我读本科时，系里教文学的某老师是个文艺女青年，经常在某杂志发表散文，她老公是她最忠实的读者。有一次，她在该杂志发了一篇讲述她和另一个男人之间故事的文章，她考虑到老公每期杂志都会看，便换了一个笔名，不想让他知道。这天她下班回家，发现老公正拿着杂志坐在沙发上埋头看她那篇文章，她老公愤怒地扔下杂志，说："文章里的男人是谁？"某老师假装一头雾水："哪篇文章？""你发在杂志上的那篇文章里的男人是谁？""你怎么会认为那篇文章是我写的？"某老师很惊讶。她老公向她咆哮道："我问你那男人是谁？！"

通过这个真实的故事，再联系到我自己对韩寒被和谐文章的判断，我想说，一个长期关注某作者的文字的人，对他的文字是具有相当高的识别度的。在韩寒众多的长期读者中，没有谁对文章的作者署名产生过任何疑问，但是突然有一天，有一个号称之前不关注韩寒，对韩寒不了解的人站出来说：韩寒的文章有人代笔。一些不能算证据的证据通过他众多的逻辑陷阱串联在一起，成了所谓的铁证。但是他居然能忽悠一些人，这是因为，这部分人本身对韩寒没多少了解，也没怎么读韩寒的文字，甚至有一些人对韩寒还很讨厌，因此，他们就不假思索地被忽悠过去或者说直接站队了。

2009年4月初，韩寒入围了《时代周刊》一年一度的100位"全球最具影响力人物"的200名候选名单，同时入围的中国人还有当时任国务院副总理的王岐山、百度总裁李彦宏等。于是，记者纷纷给韩寒打电话。当时韩寒正在农村老家挖笋，回来后，在博客上做了统一回复，文章的最后韩寒写道：

> 我只是一介书生，也许我的文章让人解气，但除此以外又有什么呢，那虚无缥缈的影响力？……影响力往往就是权力，那些翻云覆雨手，那些让你死，让你活，让你不死不活的人，他们才是真正有影响力的人……我们只是站在这个舞台上被灯光照着的小人物。但是这个剧场归他们所有，他们可以随时让这个舞台落下帷幕，熄灭灯光，切断电闸，关门放狗，最后狗过天晴，一切都无迹可寻。我只是希望这些人，真正地善待自己的影响力，而我们每一个舞台上的人，甚至能有当年建造这个剧场的人，争取把四面的高墙和灯泡都慢慢拆除，当阳光洒进来的时候，那种光明，将再也没有人能摁灭。

韩寒的这些话，让我想起他在博客中推荐的一部德国电影，叫《窃听风暴》。韩寒说：这是一部伟大的电影。我在若干年后才看到这个电影，这真的是一部伟大的电影，虽然它明显受了英国作家奥威尔《1984》的影响。看完电影我在想，也许韩寒也有过类似于电影里吉欧的遭遇。雅思卡说："来世我只想当一个作家，一名能随心所欲的作家。"这应该是所有有追求的作家的共同理想。

最终投票结果，韩寒以近100万的得票排在第二，超过Lady Gaga、奥巴马等人，仅次于68岁的伊朗反对党领袖穆萨维的得票。当然，这得益于中国人口多和韩寒粉丝多。最终在"艺术家和娱乐界人士"的总排名中，韩寒名列第24位，是排名最靠前的中国文化人物。半个月后，在北京大学百年讲堂正式公布的"中国首届心灵富豪榜"中，韩寒与曹德旺、陈光标、王菲等一同入选"心灵富豪榜风云榜"十大人物。

在必要的文化审查面前，韩寒开始反思自己：

> 我曾经无意识地带领你们去往各个博客铲除异己，如今我欣喜地看到我们共同的进步，四年前的我一定带不走今天的你。热血一定要洒在它该洒的地方，否则它就叫鸡血。在此我也正式向现代诗歌以及现代诗人道歉，三年前我的观点是错的，对你们造成的伤害带来的误会，我很愧疚，碍于面子，一直没说，希望你们的原谅与理解。愿文化之间，年代之间，国家之间都能消除成见……

我认为至此，韩寒算是成熟了，因为成熟的表现之一是学会包容与宽恕。

叙述到这里，关于《独唱团》的出版上市也终于有了点眉目。2010年6月10日，韩寒在博文里说：

> 《独唱团》终于在今天下厂印刷，20天以后和大家见面。它由山西书海出版社出版，华文天下文化公司运作发行。由于尚未获得刊号，所以暂以书号的丛书的形式出版，两个月来一次。在此期间，我和杂志社的同仁就不接受媒体的采访了，上市也将不单独召开任何形式的发布会，主要是想降低大家对《独唱团》的期望，虽然作者们提供了非常优秀的文章，但它终究只是一本文艺杂志，无论是从程序上还是从本质上，它都无法承载很多人对于改变现状，改善社会的期望……如果你抱着想看战争片的心态误看了一部文艺片，无论这部文艺片多好，你都会失望。

2010年7月6日，《独唱团》正式发行上市。推延了一年多的这本杂志总算千呼万唤始出来，首印的50万册几天就被抢购一空，一再加印，畅销150多万册。在中国的杂志史上，这是个巨大的数字，应该没有超过它的了，要知道，郭敬明先生主编的《最小说》也很少能到50万册。何以有这么高的销售量？我认为有这么几个原因：

一，前戏太长，加之相关部门一直不给刊号，一直通不过审查，这变相地为杂志做足了宣传，吊足了大家的胃口；二，韩寒承诺的高额稿费，获得了很多人特别是写作者的赞誉，这都成功地为杂志做足了广告；三，韩寒办的杂志，凡是与韩寒沾边，本身就是最大的广告；四，人家的杂志只卖一个月，而这个杂志由于夭折了，就只有这一期，一直卖下去，自然卖得多一些。

那么，杂志里的文章水平究竟如何？当然不可能有出乎大家意外的文章，韩寒名气太大，树大招风，文章太另类肯定通不过审查。就算这样，也是妥协了一年的结果。里面的几个短篇小说不错，很有情怀，相信也是韩寒喜欢的类型。韩寒的序言也不错，虽然短，但很有理想气息。我个人很喜欢"所有人问所有人"这个栏目，似乎大家也比较喜欢，它一本正经地回答一些很扯淡的问题，很是有趣。该杂志的所有篇章，几乎无一例外体现了"情怀"二字。

10天后，韩寒带着《独唱团》与之前出版的小说《他的国》以及两本杂文集参加了香港地区的书展。《独唱团》在香港销售火爆，一度被卖断货。主办方为韩寒安排了读者见面会，一周前网络预订报名人数过千。见面会安排在最大的演讲厅——除去原先准备的1300个座位的演讲厅，会展工作人员又临时开设两个小厅为未能排上队的读者现场直播。这场读者见面会在一问一答的交流中轻松愉快地结束。这时候的韩寒，已经能够泰然自若地面对媒体和观众了，回答问题机智风趣，妙语连珠，整场见面会笑声不断。

香港之行最具话题效应的，是台湾地区主持人陈文茜在记者见面会上转述了李敖对韩寒的评价：没文化。并且陈文茜还无礼地添加了自己的评断：韩寒说话就像放屁。这次陈文茜是陪李敖的小儿子李戡来参加香港书展的。李戡带来的是自己刚刚出版的新书《李戡戡乱记》，这也是李戡出版的第一本书，是批评台湾地区教育体制的。陈文茜在香港书展上骂韩寒，不排除为李戡出道护航推广的可能。一时间不少人将18岁的李戡与当年反对应试教育的韩寒相提比较。不久李戡便在其父李敖的陪同下来到了北大报名，李戡在接受采访时语出惊人：韩寒算老几，连大学都考不上。李敖更是在没看过韩寒作品的情况下点评韩寒的东西是臭鸡蛋。李家父子的言论让不少看客大跌眼镜，网友纷纷感叹李敖果真是老了，当年的斗士不复存在了。年轻时候的李敖也是韩寒喜欢的，韩寒上学的时候还将李敖的文学地位排在活着的作家里的第一位，也许他现在觉得曾经的自己很好笑。

　　基于此，就像送别王朔一样，韩寒对李敖的"挑战"也不会接招，只是以这样的回答聪明地选择回避——"以前我在博客上经常打笔仗，后来我给自己制定了一个规则，70岁以上老人，20岁以下小孩与全年龄段的女人，一概不动手。李敖，陈文茜，李敖的儿子正好卡在这三个原则之中，所以我选择不说话。我只在李敖的儿子的微博上祝愿他在大陆一切顺利，还留了一句话：可以不为自由而战，但不能为高墙添砖。这也是我想对李敖老先生说的一句话，最后想对他说，A和B有过节，A和你有过节，不代表你要投诚于B，还有一种姿态，叫独立。"①

　　回到杂志。韩寒因为办了杂志，当了一回主编，由此在2010年9月获得了《GQ》杂志颁发的年度传媒人奖。韩寒因为有事不能前往北京，便让他的老朋友黑狗达代他领一下奖，他在博客中向前去参加这个颁奖典礼的程益中先

---

① 韩寒2010年10月接受我国台湾地区媒体采访时的回答。

生、王锋先生、左小祖咒先生、姜文先生、刘北宪先生、白岩松先生和柴静女士问好，然后写道，"传媒……应该是一片开放的天地，只要善待，谁都可以使用和拥有它，它的上司只有一个，法院，它的罪名只有一种，诽谤。这便是我理想中的传媒。可是理想是每一个人都会说，大家都爱听的，就好比你我都愿面向大海，春暖花开，说一次心里爽一次，却始终无法走出脚下的泥泽。""在很长的一段时间里，我其实是一个被传媒的人，今年，我成了一个所谓的传媒人。好在这个奖项是年度传媒人，它并没有说年度最成功传媒人，我自认为是年度最失败传媒人。失败的原因，以后我会和你们讲来。我们知道，其实很多人宣称的'办一本杂志''做一份报纸'，都是理想化的称呼，从程序上，这些都是非法的，合法的说法是——某个国有出版社或者杂志社聘请你和你的团队来打理一下他们的杂志。"这或许也是《独唱团》第二期迟迟不能上市的原因。

按照原先的说法，《独唱团》两个月发行一期，可两个月过去了，仍不见第二期上市的消息。第二个两个月过去了，仍不见上市，答案仍然是没拿到刊号。一直到2010年年末，满怀期望的读者等来的却是失望，12月27日凌晨，杂志执行主编马一木在微博上说："这瓶酒本来是韩寒拿来准备给独2上市庆功的，现在要封存几年了。……独唱团团队宣布解散。岁月长，衣衫薄，同学们，就此别过，我爱你们。我不愿相信这是真的，我坚信我们会重新回来。We'll be back。那些久久等待支持我们的读者，谢谢你们，对不起。那些给我们撰稿的投稿的作者，也谢谢你们，对不起。"

次日，韩寒宣布杂志无限期停止，《独唱团》团队解散①。韩寒接着说："出版后由于被认为是以书代刊，所以相关合作单位受到牵连，为了避免牵连到市场上其他一些丛书的出版，做到完全符合国家的相关出版条例，所以

---

① 后来实际上是解而不散，杂志团队变成乐队了。

《独唱团》转到了磨铁图书之下作正规刊物化的努力，但所有的努力包括已经谈定签订的多家合作方，均会在谈判完成或者下厂印刷之际突然表示无法操作……具体我也不清楚是怎么回事，也不知道是得罪了哪位朋友，我在明处，你在暗处，山不穷水不尽，柳不暗花不明，若能知晓，恰能相逢，我不记恨，但请告诉我，这是怎么了。"

直到两年后，韩寒才向媒体透露，《独唱团》是被同行搞掉的。韩寒当时撒了个谎，其实他们的团队并没有解散，说解散只是为了避风头。他们偷偷摸摸做了杂志《幼稚园》，用的就是原本《独唱团》第二期和第三期的稿子。所有人都没有用真实的名字。韩寒用了他母亲周巧蓉的姓，取了个周总理名字的反义，叫"周怨去"。结果三个月后，还是被同行知道了，写了黑材料举报他们。结果他们又不能做了。韩寒说："我真不明白这种莫名其妙的仇恨，就是觉得你卖的太多嘛。有的你觉得身边处得挺好的同行，结果背后捅你一刀。"他后来还说，"我很多朋友都是车手，我们在台面上争得你死我活，私底下友好和睦，人生就怕反之。"

很不幸，独唱非但没能成团，成了绝唱。这让我想起《他的国》里左小龙流产的合唱团计划，最后，他骑上摩托，开始了一段新的旅程，他对萤火虫说：你能发光，你应该飞在我的前面。一年多以后，韩寒和他的团队组建了亭林镇独唱团乐队，亭林镇青年左小龙未实现的梦想将由韩寒等人来完成。

第
二
十
一
章 / 浪人情歌

在疯狂的世界里，有个女孩可以安静地随你而去，是多么幸运的事。

——韩寒《他的国》

2010年6月，有网友爆料，韩寒利用五一长假与女友金丽华在上海领了结婚证，还在金茂饭店摆了个小型婚宴。前文已经叙述过，金丽华与韩寒相识于2001年，那时候韩寒刚离开学校不久，生活一度很迷茫，赛车也还没起步，是他最困难的日子，好在这段日子有这么好的一个低调而安静的女孩陪他走过，并一路走下来，最终修成正果。金丽华走进人们的视野，是2009年在鸟巢举行的世界车王争霸赛上，CCTV摄影组一次又一次地把镜头切向观众席上的她。然后是在这年12月CRC收官战福建邵武站上，韩寒夺得首个国际组年度总冠军，喜极若狂的韩寒高高地将她抱起。而在这之前，其实金丽华经常陪韩寒去参加比赛，甚至韩寒那次去挪威训练也带上了她。因为出现在赛场周围的频率比较高，竟一度被韩寒的读者误认为是韩寒的疯狂粉丝。

　　金丽华小韩寒两三岁，也是上海人，父母都是知识分子，但她其实也是乡下人出生，她开玩笑说倒是与韩寒很门当户对。金丽华长相清秀，性格温文尔雅，是那种很乖很恬静的女孩，但骨子里却是挺倔的，只要是她认定的东西，她便会义无反顾地坚持。那时韩寒在上海已经很出名，很多慕名而来的女生来找他，金丽华的好友提醒她看紧自己的男友，她倒是很洒脱，笑说没什么可担心的。当时也有不少男生追金丽华，可她望都不望他们一眼。她似乎已经认定了韩寒。那会儿韩寒刚出道，手头并不宽裕，甚至有点拮据，《三重门》赚的稿费都拿去买车和玩了。但韩寒很大男子主义，出去消费一定要自己来，金丽华为了不让他破费，从不提过分的要求。

　　金丽华和韩寒都酷爱罗大佑的歌，不知道是谁受谁的影响，至今罗大佑还是两人的美好回忆。当时金丽华还在念高中，韩寒经常开摩托车去她的学校接她，然后两人一起去兜风，刚买车不久的韩寒肯定不会忘了炫耀一下车技。韩寒总会不忘把唯一的头盔留给Lily（韩寒和金丽华的朋友都叫她Lily），就像《他的国》里左小龙对待泥巴一样。是的，我觉得金丽华就是泥巴的原型。

　　可是，韩寒的生活里除了泥巴，还有黄莹。自从和初恋女友（Susan的原型）分手后，这10余年来，除了金丽华这位长线女友，韩寒还有不少短线的女友。他从来不讳言自己的多情风流花心，因为生活的确给了他很多选择。与那些所谓的浪荡公子不同——他们很多是出于深层的自卑和青春期创伤而心理病态、精神空虚的人，而韩寒非常清楚自己想要什么样的生活，生活决定他选择什么样的女孩。韩寒会管理自己的花心，一方面从生活的效率考虑，为了跑得更快，飞得更高；一方面他也知道"情到浓处情转薄"的古义，就像走在路上看到很多的流浪猫，但自己不能把它们都带回家去，只好把头扭到一边。

　　韩寒说："感觉就像拳击比赛，遇到不同的妞儿，你经常会在不同时间不同阶段被重重地击倒，或者有的时候互相击倒，有的时候是在事前被击倒了，一看到照片，心里哇一声，看到本人立刻站起来了，有的时候能马上站起来，有的时候要躺一会儿，力度也不一样。有的是当时没有感觉，但是过了几个月才发觉自己被击倒了，一回想，真不错。这就是感情在你心中留下的痕迹，每一个对手都有自己的套路招式，每一个招式都不一样，你也要用上不同的招式。感情里是没有办法互相平等的，一定要分出一个高下来的。但是到最后，你往往会选择一个被你击倒的人。"

很显然，金丽华就是那个被韩寒击倒的人，她不离不弃地守护在韩寒身边。但金丽华也是那个重重击倒韩寒的人，她就像韩寒车库里的好车，全新的在你这里一直用到老，而其他女人是家门口路过的跑车，无所谓新旧，也许二手更好，别人调教好，自己都不用去磨合。以上这个比喻也是韩寒接受采访时说的，我转述了个大概。

也许有的读者会觉得我这样写有损韩寒的形象，那可能是大家对形象的定义不同。我只是在着力陈述一个真实而饱满的有优点有缺点的韩寒，我不是在塑菩萨，更不是在造神，我要给大家展现的是一个活生生的有爱憎的人。和大多数男人一样，韩寒也爱美女，不同的也许只是，有的男人满嘴仁义道德一肚子男盗女娼，而韩寒真实地展现了自己所爱。可能他这方面的观念与大家不同，也可能是，你本有这些念想，只是你没能力去实践。

韩寒是幸福的，因为无论他如何，他的正牌女友都一直守候在他身边。高中毕业后，金丽华就读于中央戏剧学院编导系，属于"才女帮"的一员。那时候韩寒恰好也在北京，韩寒喜欢带着她在学校瞎逛，就像现在很多的大学情侣那样。金丽华也爱穿着韩寒送她的赛车服。那段时间也是韩寒赛车最低谷的时候，金丽华一直陪伴在韩寒身边，支持他，鼓励他，她说："赛车是他的爱好，喜欢就行。"

大学毕业后，金丽华并没有像她的很多同学一样到演艺圈发展，她选择留在韩寒身边，做韩寒的贤内助，据说韩寒曾导演的《毒药》的制片人就是她。后来韩寒办杂志，她实际上也是杂志的具体负责人，员工都称她老板娘。此外，韩寒的衣食住行都由她照料。韩寒不喜欢逛街，所以衣服全是金丽华买的，买的都是的纯色没有标志的衣服，但从来没有买超过两千块钱的衣服，因为韩寒不喜欢太亮或很高调的东西。韩寒喜欢逛数码商场，他们一起逛街就大多是逛数码商城，哪怕什么都不买，也能逛一天。韩寒睡觉很晚，晚上对他来说太重要，白天有太多别的事情要忙，只有晚上是真正属于他个人的，他自由选择用来看书或者写东西，他的文章大多是在半夜发的。肚子写饿了，就把金丽华叫起来给他煮东西吃，他说："没有哪个女孩心甘情愿半夜三点起床给一个乱玩晚归的士兵做饭吃，所以，避免成为一个士兵是最重要的。"至于"行"，韩寒几乎每次出行都由金丽华在身边照料，别看韩寒在事业上一帆风顺，在生活上他却是个白痴。

　　除了照顾韩寒，金丽华还要照顾一些小动物，像小狗啊小猫啊小鱼啊，还有大闸蟹。因为韩寒喜欢，但他主要负责和它们玩。韩寒经常喂流浪猫，他有专门喂流浪猫的猫粮。他会跟人家比，比如发现邻居的猫比他们多，他回来便会愤愤不平地对金丽华说："为什么人家有8只猫，我只有6只？"然后他会琢磨到哪儿再去找三四只。他们出去玩抓了小鱼，也会很认真地把它们养起来。有一次他们做大闸蟹吃，韩寒以为那个螃蟹死了就扔掉了。后来他们吃饭的时候，螃蟹从垃圾桶里爬出来了，他就决定把这只螃蟹养起来。金丽华说："人家都在网上搜索'怎么吃大闸蟹？'他去搜索'大闸蟹吃什么？'"第二天，那只螃蟹就死了，韩寒很伤心。

　　他们也会吵架，常常因为出门或不出门这样的小事情。金丽华也喜欢开车，除了赛车和摩托车，几乎所有韩寒的车她都开过，平时出行都是她开得多。金丽华也喜欢拍照，每次出行总是相机不离身，出现在赛道上的时候脖子上常常挂着相机。

他们的另外一个共同爱好是看电影。金丽华喜欢看港台浪子气息很浓的片子，比如《天若有情》和《阿郎的故事》。她觉得韩寒就是一个浪子。她有段时间内心也很纠结，因为她已经到了女人的尴尬年龄，"我不知道自己该继续坚持，还是向这个世界妥协。"作为一个女人，她渴望有个真正的归宿，有个自己的家。女人只有和男人结了婚，才算是有了家，无论你们有没有房子。如果没有结婚，即便你们有再好的房子，女人也没有家。家是由婚姻缔造的，不是一套房子就能给你的。韩寒这个浪子能给她想要的家吗？

"什么样的男人才是女人终其一生所追寻的？是浪子吗？那场情海深处的记忆留给盛夏足矣，热情过后的人间烟火才是真正的生活。浪子也许只适合谈恋爱，至于生活，还是交给稳重又顾家的男人吧。""但我想，即使有一天，我坐在家用旅行车里，身边是开车永远不超过70码的老公，当罗大佑再次唱起《追梦人》时，我还是会怀念那些坐在摩托车后座的日子，怀念那个把唯一的头盔留给我的你。"[1]她终究还是放不下，她只好一厢情愿地感叹，"最上乘的男人应该是浪子、才子和凡夫俗子的结合体，只是这样的男人实在太少了，如果你还要求彼此爱慕，这样的概率更是微乎其微。"

金丽华是幸运的，韩寒这个浪子最终选择和她"一起安分地过日子"。她终于等到了结婚这一天，他们去领了结婚证，还办了个小型婚宴。韩寒很大方，人均消费2000元。但韩寒并不想张扬，因此这只是个家庭式婚宴，只邀请了双方的家人，韩寒不想让外人知道。可是无孔不入的媒体朋友不久还是听到了风声，纷纷要采访韩寒。关于此事的电话和短信韩寒一概不回。韩寒不回的原因并非因为自己是明星怕粉丝知道影响自己事业，这是演艺圈艺人考虑的问题，韩寒才不管这个呢，他仅仅是不想让他的其他女人知道。

当网上传出韩寒已结婚的时候，另一个女人的微博满是哀怨。韩寒不得

---

[1] 出自《独唱团》中的文章《给你一些不给一些》。

不顾虑。他后来接受采访时说："我感谢陪在我身边的姑娘，我爱她；我也想念不在我身边的姑娘，我爱她。那是不同的感受，但都是深爱。命里有时终须有，命里无时须强求。因为命里本来什么都没有，只有诞生和死亡，而中间的都是你要强求的部分。缘分不是走在街上非要撞见，缘分就是睡前醒后彼此想念。"他也说过，"记得有一首歌叫《最爱》，里面有几句，'红颜若是只为一段情，就让一生只为这段情，一生只爱一个人，一世只患一种愁。'我觉得意境挺好，只是我已经做不到了。"

后来，越来越多的人知道了他们结婚的消息，这事差不多都成了公开的秘密。

当记者问他的世界里有"出轨"这个词吗，韩寒答道："没有，我又不是火车。但是有'对不起'和'责任'，这两者其实要比讨论出轨不出轨实际得多了。我会给予我能给予的，无论是对于爱的人，或者要离开的人。"后来在面对《时尚先生》里蒋方舟的提问时，他再次解释："婚姻和爱情从来不是火车开在轨道上，而是汽车开在停车场里，你可能有时候没有停在自己的车位里，甚至占了别人的车位，当然，也有可能你的车位不幸被别人占了，但你终究出不了这个停车场。"

在感情上，韩寒就是这样一个人，你可以说他放荡不羁，甚至说他风流。虽然在他的观念里，婚姻应该是开放的，甚至可以重复叠加的，男女都如此。但其实在他的头脑里，他的女人是不可以这样的。你可以说他很自我，说他大男子主义。事实上他就是这样一个人，他从未否认。他要是不自我，他就不会有那么多观点了；他要是不自我，谁都可以安排他谁都可以导他，他也就不是韩寒了。至于大男子主义，这并没有什么危害，相反他对女人很尊重，在2012年吵得很热的网络约架事件里，韩寒说："一个男的在自己的微博上公开侮辱一个女人，同意约架并欣然前往，这男的就欠抽，尤其今天还是世界接吻日，所以更欠抽。别扯什么公知、民主、法制，也别反咬他人，谎说自己被围殴。满地打滚是碰瓷犯的特征。就两个字，欠抽。"他自己就从来不和女人打笔仗，他说："和女人争论是不明智的，不管这个女人是不是明智。"他解释说，"不是男女不平等，不是好男不跟女斗。纯粹是礼让，就像电梯门打开让女士先进去一样。"这也是他绅士的体现。

事实上，韩寒在感情和婚姻上的这些观点态度，对别人一点影响也没有，他只需要找到一个正合他意的女人就是了。至于外人，你要是不认同，不这样做就是了。如果你是个女权主义者，你肯定对韩寒这些观点咬牙切齿。还好在韩寒回答记者提问"你喜欢的女孩子有什么共性"这个问题时，他已经明确表示："不女权主义，得体，喜欢看书看杂志，爱文艺，但不是文艺女青年，不会出门还是长头发，回家变成短头发了。'得体'是我喜欢的女孩子最重要的地方。"

显然，金丽华就是这样一个"得体"的女人，韩寒自然不愿意错过。只要遇到了对的人，你的有些不好可能变成好，再大的不好也无所谓，而且最关键的是，你的好那就是无限好。爱情就是遇到对的人，婚姻更要遇到对的人。在金丽华眼里，韩寒就是一个大孩子，偶尔会搞一下浪漫，但骨子里是很传统的中国人，她觉得韩寒最大的优点是：一、帅，五官挺端正的，收拾一下可以做小白脸，不过就是不爱收拾，从小就晒得黑黑的；二、善良大方；三、正直。

韩寒就这样征服了金丽华，或者说，金丽华就这样征服了浪子韩寒。

第二十二章 / 韩寒和流浪汉小说

关于小说的好坏，我不能说什么，这也不是什么公路不公路的小说，因为这种概念早已过时，很多创作者在创作新作品的时候都好似新认识一个姑娘，你总误以为自己那个是别人没玩过的，结果都是玩剩下的。好玩才重要。况且我总认为电影可以类型化，但好的小说一定类型化不了。我有我自己写小说的方式和风格，也不需要别人告诉我，常规的小说应该是怎么样的，这些都是我存在于这个世界上的意义，我不是要与众不同，我只是要能认出我自己。

——韩寒2010年9月22日博客日记

浪子结婚了，不再流浪了，对金丽华自然是好事，但对韩寒别的女人来说，却是一个很深的伤害。除了让对方慢慢接受这个事实，作为一个作家，韩寒还能做的，就是写一本书送给她们。韩寒写了《1988》，韩寒在这本书里以小说的形式将从小到大的情感体验梳理了一遍。

在生活中，韩寒是一个浪子，作为作家，韩寒的小说也有着浓厚的流浪气息，这源于韩寒这些年来在全国各地参加比赛，东奔西跑，四处流浪。受个人经历的影响，韩寒的小说也一直在路上流浪，我将他《三重门》以后的所有小说，统称为"流浪汉小说"。《1988：我想和这个世界谈谈》将韩寒的"流浪汉小说"创作推向了高峰。

2010年9月，《1988》出版。这个小说早已写好，本打算放在《独唱团》上连载的，不幸杂志只出了一期就夭折了，只好提前单独把小说出了。《1988》的普通版本定价25元，出版社制作了100本的限量版，每本定价988元。这条消息放出来，一时间关于天价《1988》的新闻铺天盖地。有人说，韩寒在炒作。有人说，韩寒缺钱了。

几天后，随着限量本在淘宝和当当刚上市一天便已经销售告罄，答案揭晓，并非韩寒缺钱了要赚读者的钱，为了做这100本限量版，他和出版社还倒贴钱呢。原来，这本书除了碳纤维制作成本接近千元以外，在每本书里还赠送了十克纯黄金，如此一来，每本书的成本接近4000元，卖988元一本后每本还要亏3000元，一百本就亏30万。韩寒说："如果你不喜欢这本小说，随手卖了这些黄金，拿3000块钱回来，我也不亏欠你。从小有人对我们说，书中自有黄金屋。这是句真理，但这在我们这里没能体现出来，往往书读得越多，日子还越不如意，我对此也无能为力，只能用最直接最粗俗的方式印证一回。"全中国也只有韩寒这个"粗俗"的人才会这么"愚蠢"。事实上，出版社并不是没有考虑过，当初《独唱团》热卖，发行方接到来自各地书店要求出珍藏版的订单，大约可以做8万本到10万本，出版社给韩寒说：印上编号，换个好点的工艺，卖个68元什么的让别人送礼或者收藏，然后可坐收利润300多万。韩寒对此非常反对，认为"卖这么多本的高价限量版对已经购买普通版的读者有所伤害，而且逼着人对一样没有什么收藏意义的东西进行重复消费也没什么意思。"在出版社的办公室争执了一个下午，僵持了很多天，最后终于什么版本都没有做。

在两个多月前出版的《独唱团》上，读者已经看了小说《1988》的开头部分，在杂志上这个小说的名字是"我想和这个世界谈谈"。小说出版的时候，韩寒在序言里说："1988是里面主人公那台旅行车的名字。本来这本书叫《1988》，序言是——我想和这个世界谈谈。不料日本的村上先生写了一本《1Q84》，我表示情绪很稳定，但要换书名……最后她还是叫《1988我想和这个世界谈谈》。如果有未来，那就是1988——我也不知道。"上面说过，这本书有送给他的某个女人的意思，生活中此人与小说的女主人公同样叫"娜娜"。如同《三重门》本来在扉页上有"写给我的×××"的字样，《1988》的序言里，也有这样的句子："以此书纪念我每一个倒在路上的朋友，更以此书献给你，我生命里的女孩们，无论你解不解我的风情，无论我解不解你的衣扣，在此刻，我是如此想念你，不带们。"

《1988》里有很多隐喻，比如突然发现自己是动物不是植物的作为人的觉醒，比如那个温水煮不了青蛙却被锅盖盖死所象征的本能与强权。与韩寒以往的小说不同的是，该小说增加了浓郁的抒情，它们是两位主人公内心的独白，比如：

> 你懂得越多，你就越像这个世界的孤儿。
>
> 我回忆过去，不代表我对过去的迷恋，也不代表我对现在的失望，它是代表我越来越自闭。
>
> 我坚信，世界就像一堵墙，我们就像一只猫，我必须要在这个墙上留下我的抓痕，在此之前，我才不会把爪子对向自己。
>
> 我从来不觉得我应该属于这个世界，这个世界是我们去到真正的世界之前的一个化妆间而已。我和她的感情里，其实从来没有出现过第三者。现实是最大的第三者。这还无关乎柴米油盐，仅仅和

自己卑微的理想有关。

生活就是一个婊子、一个戏子、一个你能想到的一切，你所有的比喻就往里面扔吧，你总是对的。因为生活太强大了，最强者总是懒得跟你反驳，甚至任你修饰，然后悄悄地把锅盖盖住。

这本书描绘了渺小的人在面对强大的现实时所显出的无力感，这或许也是这些年来韩寒关注时事的体会。小说成功地勾勒了一个男人的恋爱成长史和一个妓女伟大的母爱，尤其是后者，这是难能可贵的。

我认为，《1988》是韩寒迄今为止最好的小说，如果说《他的国》让韩寒的小说看起来像小说了，那在《1988》里，韩寒让小说变得精彩而精致。时间会证明这是一部经典之作。小说不长，就像昆德拉的《身份》一样，虽然《1988》不及昆德拉《不能承受的生命之轻》深刻与厚重，但与《身份》这个精致的小说相比，《1988》毫不逊色。该小说荣获2010年《亚洲周刊》十大小说，入选2010年中国"十大途书"。"途书"的"途"字很妙，暗示这是一本与路途有关的小说，与出版商宣传的"公路小说"的概念不谋而合。出版商给《1988》的标签是：韩寒首部公路小说。这不准确。事实上，这不是韩寒首部公路小说。为了更便于概括，我将用"流浪汉小说"统称之。到这里，我想有必要对韩寒的小说作一个总论。恰好大二的时候我写过一篇文章，放到这里刚好合适——

韩寒：中国流浪汉小说的探索者

20世纪90年代初，青年作家王朔着手给自己编订文集，并且要求出版社按照版税而不是稿费给自己付酬。无论是给年轻作家出版文集还是按版税付酬，都是前所未有的事情，谁也没有预料到，从这一刻起，中国的出版行业正在向市场化转变。而后文学场向商业

化原则的倾斜的表现愈加明显，畅销书机制开始建立，炒作也正在
蓄势待发，"身体写作"、"美女作家"、"青春文学低龄写作"
在炒作庇护下应运而生。

为顺应这种市场营销的趋势，一向以纯文学期刊著称的《萌
芽》杂志在1998年举办了第一场"新概念作文大赛"，一个叫韩寒
的16岁少年在这次比赛中摘得桂冠。尔后，这个少年通过7门功课
挂红灯留级、批评应试教育、拒绝上复旦大学的邀请等一系列惊世
骇俗的举动，特别是1999年，这个17岁的少年出版了25万字的长篇
小说《三重门》，"韩寒"这两个字迅速红遍大江南北，成为无数
中学生崇拜的英雄。

转眼12年过去了，这个当年的少年已不再年少，还当上了父
亲。在这12年里，伴随着韩寒的每件事几乎都可以用惊天动地来
形容，无论是他在赛车场上取得的无人企及的殊荣（拉力和场地两
个赛事上都取得年度总冠军），还是在博客上闹出的一连串动静。
从"韩白之争"到建议取消作协，再到他对各种社会时事的评论，
韩寒被网民和媒体奉为"意见领袖""当代鲁迅""公共知识分
子""影响世界百名人物"，而这些称呼韩寒本人却一律不认同，
他调侃道：我只希望，当我拿到一个自己中意的赛车总冠军的时
候，我将告诉大家，其实我是一个作家。

一

讽刺的是，韩寒红得发紫，而写到他的文章，却大多止于这个
人和围绕这个人的事，真正涉及谈他作品的文章，"几稀矣"。是
韩寒的作品不值得谈吗？在韩寒还没有出版《1988》以前，或许
我也认为他的小说艺术价值并不大，至少没有他杂文的价值大。

《1988》转变了我的想法，也促使我找到写这篇文章的视角。我认为，韩寒是当代市场机制炒作下最早出来的一位，也是这种炒作下最美好的部分。

我一直未找到好的角度叙述韩寒小说的价值，直到《1988》打出"公路小说"这一标签，我才恍然有得。事实上，公路小说是一个半新词，小说未有公路一说，公路电影却不少见，如《邦妮和克莱德》《我心狂野》《末路狂花》等，都是公路电影的经典之作。把公路一词从电影搬到小说并不十分恰当，也没有必要。而《1988》也不是中国首部公路小说，至少，韩寒之前的另类武侠小说《长安乱》也是，只不过不是公路是马路，马走的路（《长安乱》中的马叫"小扁"）。基于这个认识，我认为"流浪汉小说"一词比"公路小说"更能概括韩寒的小说。韩寒的小说，自《三重门》之后，另外的6本小说全部可以囊括在"流浪汉小说"麾下。写《三重门》的时候，韩寒尚是一个学生，困在校园，除了校园生活并没有过多的经历，只能在文字游戏的包裹下为学生呐喊，而这部模仿自《围城》（《围城》其实就是一本流浪汉小说）的小说，就如同韩寒自己的姿态一样，是韩寒文字的一次华丽表演。以今天的眼光回溯过去，这部小说艺术上并不成功，思想上也显幼稚，但它俯拾即是的文字游戏为韩寒打响了"天才少年"的旗号。之后，韩寒退学从事赛车事业，全国各地，甚至还要出国比赛，这些到各地比赛的经历，与其说是比赛本身的需要，不如说它们正是韩寒写作"流浪汉小说"素材的来源。这些"流浪"比赛的经历，增加了韩寒的阅历，丰富了韩寒的见识，而韩寒也以此为契机，开始了一系列"流浪汉小说"的探索。

二

　　韩寒的第二本小说叫《像少年啦飞驰》，这是一部半自传型的小说，也是韩寒开始流浪汉小说探索的开始。《像》在语言风格上延续了《三重门》，只是比喻更劲爆些，行文更粗犷些，描写故事已经基本跳出了校园，进入社会的韩寒写小说显然不再那么规矩。小说叙述了"我"和老枪等人浪迹于大学和社会所遭遇的种种困境。有人认为韩寒的《三重门》是韩寒文字最好的作品，但作者并不这样看，他在杂文集《通稿2003》中明确指出，自己文字写得最好的是《像少年啦飞驰》。我同意作者的看法，这是因为《像》的语言除了《三重门》里那种文字游戏所呈现的精辟比喻，还有一股浓浓的情怀。"情怀"是韩寒经常用到的两个字，韩寒在进行流浪汉小说的探索中，情怀与流浪相伴，情怀如同车一样与流浪气息形影相随，相辅相成。而在韩寒所有的小说中，我认为，最具情怀的小说当属《像少年啦飞驰》。情怀是韩寒小说的一大亮点，这一亮点在《像》中尤为突出，无论是当枪手经历的描述，还是追姑娘未遂的感慨；到小说后两页，这股情怀得到了完美的升华。但是，正是由于《像》太注重情怀，而削弱了故事的分量，小说故事分崩离析支离破碎，所以，尽管这本小说带入情怀，使得韩寒的流浪汉小说有了个很好的开端，但就如大多的开端一样，《像》并不是一部成功的小说。

　　《长安乱》是韩寒小说的真正转型，倒不是因为它是一部另类武侠的缘故，而是因为它的语言风格。韩寒早年说过，自己写小说最注重语言，"所谓文学就是文字的学问"。韩寒早年所喜欢的语言，是像《围城》里那种智者的比喻。但是，显然这种语言对韩寒来说，并非长远之计，首先是它从一开始便来源于模仿，并不属于韩寒自己的。其次是以韩寒的书面知识储备要把这种语言永远继续下去明显不可能（事实上，即便是钱钟书再写小说，也不可能一辈子继续这种弥漫书呆气的语言）。韩寒曾在博客文集里说，"从《通稿2003》开始，我的语言风格就那样了"，《通稿》比《长安乱》稍早，但《通稿》是一本杂文集，所以韩寒小说语言的转变，或者说，韩寒真正属于自己风格的小说语言，是从《长安乱》开始的。这种语言明白如话，流畅自如。从此，韩寒一方面继续对流浪汉小说的完善，一方面又继续对这种属于自己的语言的完善。

《长安乱》是一部借古讽今的小说，故事主要发生在从一地到另一地的路上，是韩寒除《1988》外最明显的流浪汉小说，或者像出版社给出的标签：公路小说。但是，这部小说大概由于韩寒把更多精力放在了赛车事业的缘故（那时他的赛车才刚刚起步），写得有头无尾，前半部分和后半部分风格脱节。

《一座城池》是韩寒的第四部小说。小说讲述了"我"和建叔因一起杀人事件逃到某城市流浪的经历，通过"逃跑犯"敏感的双眼洞察形形色色的社会现象。小说试图表达一些对时空等重大问题的看法。《一座城池》其实是《像少年啦飞驰》主题的延续，不过由于作者踏入社会时间长了，对某些问题有了更深层次的认识。然而，正如《像》因凌乱的故事出局一样，《一座城池》也没能摆脱故事混乱的局面。

有了前面的经验教训，韩寒决定着手在流浪汉小说的故事上下功夫，便有了接下来的《光荣日》。大致可以看出，韩寒试图在这本小说里讲一个精彩的故事，一群大学生为了自己的理想，主动放弃分配，在一个叫大麦的人的带领下，跋山涉水，流浪到一个城镇准备干一番暂时意图不明的大事。这个故事里有很多精彩绝伦的段子，插科打诨，幽默讽刺。但是，《光荣日》却在这些段子上流连忘返，忘记了对人物命运或者心理感受的刻画。所以，《光荣日》充其量只是一个有着流浪框架，却无流浪气息的小说，甚至韩寒自己可能也看到了这个故事流于表面的弊病，所以故事才刚刚展开便草草收场，并没有写完。《光荣日》可以说是韩寒所有小说中最失败的，韩寒在流浪汉小说的创作中遭遇了前所未有的挫折。

　　《他的国》是韩寒的第六部小说。这是韩寒的流浪汉小说走向成熟的标志，也是韩寒仅次于《1988》的最成功的小说。这部小说让我有理由相信，韩寒以后的小说会越写越好。小说的主人公叫左小龙，他是到亭林镇看守植物园的年轻人，他的追求是一个叫黄莹的姑娘和担任合唱团指挥；他爱好骑摩托，我们通过他的"车迹"可以了解到这个小镇的各种变化。这部小说结合了流浪、情怀、现实、理想等诸多元素；语言时而抒情，时而杂文式的批判；故事节奏适中，尤其是左小龙被逼跳楼的情节，既惊心动魄，又生动讽刺地揭露了人们的某种心理。有了《他的国》的铺垫，比之更完美的《1988》便呼之欲出，不足为奇了。

三

　　《他的国》结尾的时候，左小龙开着他的摩托车流浪于国道，他要去寻找他真正喜欢的姑娘泥巴；《1988》开始的时候，陆子野驾着1988去监狱接它的主人，并在路途邂逅一个叫"娜娜"的姑娘。姑娘是个怀着孩子的妓女，她虽然不知道孩子的父亲是谁，但她坚持要把孩子生下来。小说发生在两天的路途中，陆子野和娜娜各自把自己的经历回忆了一遍，故事便在这回忆与现实的交叉中推进。与以往的小说相比，韩寒放下了一贯的调侃，直接把面对强大的世界时心中的无力感写了出来，想笑不能，欲哭无泪。《1988》也是韩寒小说中结构最完美的，韩寒终于摆脱了让人诟病的不善讲故事的缺陷，这部小说"叙事前后颠倒，时空交错，但在逻辑上又非常严密"。小说情节安排巧妙而富有想象力，比如少年的陆子野在旗杆上锁定自己喜欢的女生，简直是神来之笔。此外，《1988》的语言也是韩寒转型后，或者说流浪汉小说中最好的，"有极简之美，实值得一赞；不耍酷、不装样，不像他的杂文，得理不饶人，绕着几十个弯骂人；你会感觉，这不是一个明星、偶像写出来的东西，这真的是一个有天分的小说家写出来的东西……不把不玩、不猥不琐，能在幽默中见郑重，玩世中见清醒"。

　　《1988》是一部真正的流浪汉小说杰作，故事发生在公路上（难怪出版社要打 "公路小说"的标签），让人想到美国作家杰克·凯鲁亚克的《在路上》。《1988》和《在路上》的故事都发生在路上，都有一辆车，而且出版社对《1988》的介绍文字——"试图用能给世界一些新意的眼光来看世界，试图寻找令人信服的价值；小说真正的旅途却在精神层面；如果说他们似乎逾越了大部分法律和道德的界限，他们的出发点也仅仅是希望在另一侧找到信仰"——都来自《在路上》一书。《在路上》中有这样的发问："你的道路是什么，老兄？——乖孩子的路，疯子的路，五彩的路，浪荡子的路，任何的路。到底在什么地方、给什么人，怎么走呢？"《1988》在结尾也有类似的话，"他们先行，我替他们收拾着因为跑太快从口袋里跌落的扑克牌，我始终跑在他们划破的气流里，不过我也不曾觉得风阻会减小一些，只是他们替我撞过了每一堵我可能要撞上的高墙，摔落了每一道我可能要落进的沟壑，然后

告诉我，这条路没有错，继续前行吧"。但与《在路上》所表现的
"垮掉的一代"的颓废气息不同，《1988》在严肃的主题下多了一
些无力感。

　　据村上春树所言，他的《1Q84》是向奥威尔《1984》的致敬
之作。韩寒的《1988》与村上的《1Q84》几乎同时上市，我也有理
由相信，《1988》也是向奥威尔的致敬。奥威尔《1984》起先名为
"世界上最后一个人"，讲述了在恐怖政权压抑下的普通党员温斯
顿·史密斯的反抗历程，也是一次"我想和这个世界谈谈"。奥威
尔反政治的同时他的作品又是政治的，他说，"有人认为艺术应该脱
离政治，这种意见本身就是一种政治"；韩寒也说过，"我讨厌政
治，爱好文艺，但为了我喜欢的文艺，我不得不写政治"。奥威尔
《1984》是一部反乌托邦小说，而韩寒，从一开始便是反体制反压迫
的，无论是《三重门》里对教育制度的嘲讽，还是《他的国》里对
官僚作风的反讽，还是《1988》中对社会的解构。奥威尔"1984"
这个小说名一度让人揣测，韩寒的"1988"却相对较为清晰，除了小
说中的车叫1988，小说中回忆的事情发生在1988年左右，而且，小
说里丁丁哥哥恰好在比1988多一年去与"这个世界谈谈"的时候不
知所终。

　　《1988》延续了传统流浪汉小说的渊源，暴露了现实社会方方
面面的问题，与韩寒之前作品相比，"《1988》在题旨的野心上更
为宏大；在结构上更加明晰、完整，安排了现实之旅与成长历程一
明一暗两条线索，并加强了两条线索之间的相互参照、对比，从而
强化了整个作品的思想涵盖力与讽喻性。"到此为止，韩寒成功完
成了对流浪汉小说的探索。

　　也许韩寒本人并不同意，也没有下意识探索什么流浪汉小说。然而，任何的概念或名词只是为了方便评论起见。而一个作品一旦完成，它便不再从属于作者自己，也不仅仅属于作者要献给的那个人，任何读者都有评论和发表见解的权利，只要你是真诚和善意的。如果你认真阅读过这些小说又对韩寒有一定的了解，你一定不相信它们是由韩寒以外的人写的，因为故事的叙述者（或主人公）在人格气质、人生经历上与韩寒本人有很多的相似性。由《三重门》里的林雨翔、《像少年啦飞驰》中的"我"、《长安乱》里的释然、《一座城池》中的"我"、《他的国》里的左小龙、《1988》里的陆子野等人的故事线索，隐约对应着韩寒本人从高中退学、辗转京沪两地做赛车手、成为当代中国文化名人处于风口浪尖上的人生轨迹，而且这些人物的某些故事也构成某种深层话语，成为作家对于个人生活的一种阐释和发言。

　　2010年11月，韩寒拿出自己珍藏的一本编号为088的珍藏版《1988》放在他自己的淘宝书店义拍，拍卖时间为期一周，最后该书以6.12万元的高价被一名网友拍得，此后韩寒再自掏6.12万元连同拍卖所得，一同通过淘宝工作人员换成一件件实实在在的物品，送达甘肃民乐县南丰乡的一所贫困小学。这些年来，韩寒做的公益不少，汶川地震后飞往四川成都，在自己博客上宣布捐款为零，实际捐出8万元现金，然后带着物资以志愿者的身份参与到救援中，后来又和李承鹏黄健翔三人分别捐出20万元，并拉到一家公司赞助，所有钱用以在灾区建一所地震震不倒的学校。玉树地震后，电视屏幕下方拉出的字幕显示，韩寒捐款30万，韩寒本人从未提及过此事。2012年4月，韩寒因赛车与宇舶表结缘，此后双方特别精心设计了一枚充满个性色彩的F1限量腕表，表背镌刻有韩寒亲笔书写的自由宣言"For Freedom"（崇尚自由）以及中文签名。后来这枚腕表被一名网友16万元竞拍得到，韩寒个人再出资10万元，连同拍卖所得总计26万元的全部善款悉数捐赠给壹基金。

　　11月23日，韩寒的朋友，盛大文学CEO侯小强在微博上说："韩寒做父亲了，是个女儿。"然而不久这条微博就删了，发了另一条："韩寒生小孩的消息是朋友转发来的短信，未经证实，向各位道歉。"但是随后，上海某资深媒体人也发微博证实韩寒当爸爸了："求证过了，韩寒确实当爸了，生的是个女儿！"韩寒有女儿了确是事实，而且五一长假他和金丽华就有点奉子结婚的意思，金丽华当时已经怀孕三个月，到现在十月怀胎喜获一女也就不足为奇了。

　　《1988》结尾的时候，陆子野"带着一个属于全世界的孩子上路了"，"小家伙突然对着录音笔喊了一声'咦'"，"这第一声，她既不喊爸爸，也未喊妈妈，只是对着这个世界抛下了一个疑问"。韩寒后来说，他的女儿说的第一个字也是"咦"。这是一个奇妙的巧合，他的女儿比小说中的孩子还要晚出生几个月呢。

第二十三章 / **像韩寒一样活着**

BQ：涉及态度，我联想起你给雀巢咖啡做的一则广告："写作最快乐的事莫过于让作品成为阅读者心中的光芒。只要你敢，总会有光芒指引你。"

韩寒：所谓"活出敢性"，也许又是一个契合我的标签。可以后悔不留遗憾，有很多事情做了以后发现自己傻了或者失败了，但是还是要去做这些事情。在我从学校出来以后其实到现在做过很多很多的事情，经历了无数的失败，我觉得我算是挺勇敢的，挺敢性的，当然那些失败你们都不知道，因为凡是失败的我都没说，只把成功的告诉大家了，但是如果没有那些失败也没有现在的我！

——BQ《北京青年》周刊专访韩寒

2010年年尾，韩寒除了获"中国赛车风云榜年度领军人物"这个奖项，还获有《杨澜访谈录》颁发的进取奖，入选美国著名杂志《外交政策》年度

"全球百大思想家"，12月被《环球周报》评选为2010年"十大直言君子"之一，一同上榜的还有郎咸平、时寒冰等人。这是继上一年韩寒轮番上杂志封面的延续，都是他的博客带给他的荣誉。然而，相较之前，韩寒发博文却越来越少。从《1988》出版上市的9月底到这年结束，两个多月里韩寒总共只发了5篇博文，而且实际上韩寒自己写的文章只有两篇。

为什么更新会如此之少？我想除了韩寒这段时间正忙于比赛（这其实不是主要理由，因为韩寒有赛车期间发文章的习惯），除了很多文章不能写、写了又不能发、发了又要被删外，还有另一个重要的原因：

这些天一直没有更新这里，我发现在中国写杂文其实是一件很痛苦的事情，虽然这个国家给我们提供了大量的杂文素材，但是你突然发现，写了一阵子以后，当再有新闻出现，你恨不得直接写一句，观点请参考我某年某月写的某一篇。……因为大部分的作家都讨厌反复阐述，结果事儿又是反复发生，这对我们的遣词造句提出了很大的要求。

我不止一次地说过，韩寒首先是一个作家。作为一个作家，他的写作是要求质量的，他之所以要写这件事而不是那件事，除了这件事比那件事更具有普遍意义更能说明问题，另外一个原因是他认为这件事在题材上他更有话说更能把文章写好。所以有人说他是那个说皇帝没有穿衣服的小孩，这是小看他了，光说皇帝没穿衣服断不会有他今天的成就。关键在于，怎么把话说得好看，这才是韩寒的本领。韩寒说："我相信自己是一个好作家，这才是最重要的，所以我无所畏惧。因为不管皇帝有没有穿衣服，我只管写好我的文章。""我认为不光要说真话，还要尽量说得出彩一些。"当然，也有特殊情况，当一个事件实在太扯了，你就容不得多想什么文章结构或写得好不好了，你必须一吐为快。这也是为什么韩寒一些个别的博文也写得一般的原因。有的人故意挑出这样一些文章中的某些段落句子，然后扭曲信息告诉别人，韩寒的文章也就中学生水平，这种做法是很有趣的。

2011年年初，影响最大的公共事件要数钱云会案了。在之前的诸多公共事件上，韩寒几乎都是第一时间发出了声音，而在钱云会事件上，韩寒迟迟到钱云会死了第七天才发了一篇博文叫《需要真相，还是需要符合需要的真相》。文章说，自己之所以这么久才动笔，是因为不确定真相，"有时候，真相并不符合人们的需要，但真相大于感情，感情大于立场。我觉得，不能假定一个事实再去批评对方，毕竟，那是他们的套路。"

2011年1月11日，在这个带着5个数字"1"的这天，韩寒博客点击量突破4亿。

2011年，帝王威士忌以"值得的，就去做"与众人共勉，鼓励人们大胆实现心底的声音，并邀请韩寒担任品牌代言人。

2月，《南方人物周刊》弄了一个特辑，标题是"像韩寒一样活着"，杂志写道："新世纪的这十年，我们在韩寒身上，看到了一种可能性。可以在很难撼动的体制高墙下松松土、伸伸腰，没必要硬扛着，也没必要低头哈腰。韩寒证明了一点，直起腰杆子生活，把那个被无数阴影湮没的自我找出来，并不是不可能的。所以，有人评价为，'韩寒是什么呢？我觉得，他什么都不是。他只是我们经过异常泥泞的、曲折的、阴郁和黑暗的跋涉之后所看到的那一片平原。'"

"像韩寒一样活着"，这个标题很感性，但对于大多数人来讲，像韩寒一样活着，那是何其难啊。《独唱团》停刊后，韩寒每天的生活都很规律，睡到自然醒，起床看看新闻，做做锻炼，下午为爱车做做保养。晚上看碟上网，就跟任何一个普通的网友一样。但是，还是有很多不一样，对韩寒而言，他更多的是在享受生活，而对我们很多人来说，还是在为了生活。所以，即便我们做着一样的事，但心态是不一样的。况且，有多少人能像他这样睡到自然醒啊！韩寒是一个性情中人，他的很多性格早在年少的时候就已养成，他后来所走的路又很好地适应了他的性格。韩寒确实感染了不少人，也有很多人想像他一样生活，但真正做到像他一样生活的，恐怕没有几个。石康可能算是一个，他说："也许不久的将来，我不得不再买一辆大排量的后驱车，来体验一下车手的感觉，本来我已经觉得对于一个40岁的人是不可能的了，不过韩寒令我觉得也许可以，因我坐他的车时，他示范侧滑与原地360度，我并不觉得害怕，在北京，我坐一个业余车手的车，遇到同样的情况，差点被吓出心脏病。"石康有一段时间住在上海，经常在晚上和韩寒一起打台球消磨时光，他说："我们都好胜，生活作息都很随意。"

"好胜"很重要，否则光是随意，你是不会获得成功的。曾经，为了写作，韩寒放弃了学业，后来又为了赛车放弃了写作，可以说到现在，赛车和写作他都已经做得很不错了，尤其是赛车，因为成绩是看得见的，实打实的，谁跑在前面说明一切，不像写作，各人有各人的看法。韩寒觉得这两者的区别是，赛车是一个"安静"的运动，在强大的发动机轰隆中，车手的冷静非常重要，倒是写作，需要激情和想象力，故而韩寒有"安静赛车，疯狂写作"一说。它们的相同点就是，都是坐着干。这点恐怕只有海明威不同意，因为该作家喜欢站着写作。

为了写作，放弃了学业，为了赛车，又放弃了写作，以至于到现在赛车和写作都做得很成功。这得需要多大的魄力和专注精神啊。奇怪的是，现在有些人却开始质疑韩寒的学业了，仿佛韩寒应该按部就班像他们一样好好上学一路到大学毕业，这才是好孩子。可问题是，这就不是韩寒了，那是你我这样的普通人，你不能以你我的道路去要求一个传奇式的人物。他之所以成为传奇，便在于他的独特，也在于他的能力和才华。更何况，韩寒只是没有在学校学习，他并未放弃学习，他每天花在阅读上的时间大概是3到5个小时，每次坐飞机都要买十几本杂志。只是，你和他的观点不同，你们看着不一样的东西，你不能认为你看的就是知识，而他看的资讯就不是在学习。

好在，韩寒并不为这些观点左右。如果别人的态度能轻易改变他，他也就不是今天的韩寒了。韩寒带给年轻人最大的启发，恐怕就是坚持自己，独立思考。"我们的社会本已是一个超厉害的规训武器，偏偏还能出来个带点独立性和野性的年轻人，不但敢于自己思考，还敢于用一种巧妙的修辞把自己的独立思考表达出来。"这才见出韩寒的可贵——光坚持自己，光独立思考还不够，须得"敢于用一种巧妙的修辞把自己的独立思考表达出来"。这是韩寒作为作家身份广为人们喜爱的根本原因。

但是，光"敢于用一种巧妙的修辞把自己的独立思考表达出来"还不够，要获得人们深度喜欢，成为一个明星级的作家，还需要饱满的"艺术人格"。余光中说："每一位作家在自己的作品里都扮演一个角色，或演志士，或演浪子，或演隐士，或演情人，所谓风格，其实也就是'艺术人格'，而'艺术人格'愈饱满，对读者的吸引力也愈大。"具体到韩寒身上，无论是他在作品里扮演浪子，还是斗士，或是别的角色，无疑他的"艺术人格"都是相当饱满的。这种饱满并非屈原似的伟岸，过于伟岸反倒会让读者产生距离感；但又不至于像郁达夫小说里的人物一样猥琐，猥琐会让人厌恶。韩寒所呈现出来的"艺术人格"是有正义感的，有良知的，但又是有七情六欲的，是食人间烟火的。这与他本人的形象完美地统一了起来，所以他才赢得了众多读者的喜爱，甚至成为他们的偶像。

当然，无论这种"艺术人格"如何，它都不完全等于作家自己的人格，"往往是他真正人格的夸大、修饰、升华，甚至补偿……'艺术人格'应是实际人格的理想化：琐碎的变成完整，不足的变成充分，隐晦的变成鲜明。"所以，一旦你真正与自己的偶像在生活中接触，你会发现他们身上也有很多"不好的东西"。但是，这种"不好的东西"却最好不要出现在作品里，非要出现也应该是潇洒地出现，因为"读者最向往的'艺术人格'，应是饱满而充足的；作家充满自信，读者才会相信。"

　　然而，即便韩寒作品中所展现的"艺术人格"并非完全是他的实际人格，但已经很接近了，故而一些人才常常将韩寒小说里的主人公看作是韩寒自己。韩寒无论为文，还是为人，都比较真实，而且在这两方面又不至于言行不一，相差太大，让人觉得虚伪。"活出敢性"，"值得的，就去做"，这是韩寒为他代言的产品写的广告语，都很好地切合了他自己。

　　学院派说："韩寒其实就是一个不怎么正常的社会里的一个正常人，或者比较接近正常的人。通常的那种名利欲望和野心，那种生存压力，那种不得不然的曲意逢迎，他那里都没有。在此基础上，他刚好有几技之长，仅此而已。"① 这段话有两个地方值得商榷，其一，韩寒不是没有名利欲望和野心，而是这些他都体验过了，无所谓了；其二，一个人只要有一技之长就能活得不错，何况韩寒还是"几技之长"，这不是"仅此而已"。

　　我们很多人并非没有一技之长，我们甚至可能像韩寒一样有"几技之长"，只是我们没有找到自己的这些长处，我们才活得浑浑噩噩碌碌无为。韩寒在微博中说：

　　　　我只是比很多人幸运，找到了自己喜欢又适合的……每一个人，纵然缺点一身，但必然有一些地方是长于他人的，那是你区别于他人的标记，也是造物者公平的地方，就看你能否找到这些标记。

　　所以说，像韩寒一样活着，不如说学习像韩寒一样活着，学习找到自己身上的标记，学习找到属于自己喜欢的东西。韩寒让很多人学会了独立思考，也让很多人树立起了自己的理想，激发不少人奋勇向前。

_____

① 见 L. A. W《谁制造了韩寒？——关于韩寒的对话》。

2011年6月8日，韩寒的好友、与韩寒一起肩扛中国赛车领军大旗、中国最优秀的拉力车手之一、"拉力神童"刘曹冬，因酒精中毒缺氧造成脑水肿，在抢救18天后去世，年仅26岁。刘曹冬17岁便投身赛车事业，与徐浪、韩寒的竞争，成为他生前职业生涯的主要经历。2008年徐浪去世后，刘曹冬一度感觉参加比赛再也没有那么大的动力了。不过，当时的他并非没有对手，韩寒就是刘曹冬敬佩的另一位车手。2009年韩寒夺走了CRC年度总冠军，刘曹冬曾经在接受采访时说，韩寒平时还有那么多事要打理，"人家平常都不怎么练车都能赢你，这很说不过去嘛。"不过，2010年他将这个CRC年度总冠军夺了回来（这一年韩寒是年度总成绩亚军），也是他个人的第四个年度总冠军，如今这个总冠军成为他留给人们记忆中最后的回忆。

在得知刘曹冬去世的消息后，韩寒两个晚上没睡好。刘曹冬和徐浪都是他赛车圈的好朋友，也是最强的对手，如今却只剩他一个。记者发短信问韩寒关于刘曹冬去世的事，韩寒在短信里表示："他两个小孩还那么小，我感受深切，非常难过。准备去重庆看最后一眼。冬冬和浪浪都走了，拉力赛于我意义已经不大，萌生退意。"几天后韩寒在刘曹冬的灵堂前说："明天是你的追悼会，我非常非常难过，因为这样一位对手和朋友离开了我，我甚至觉得我很多时候不得不去重新思考一下比赛和人生的意义。"

《南方人物周刊》倡导"像韩寒一样活着"，而韩寒却开始重新思考人生的意思。这其实并不矛盾。

第二十四章／如何走到"韩三篇"

　　问：如果革命到来，有影响力的文人应该扮演什么角色？

　　回答：文人到时候就应该扮演一颗墙头草，并且扮演一颗反向墙头草。文人需有自己的正义，但必须没有自己的立场。越有影响力就越不能有立场，眼看一派强大了，就必须马上去帮另一派，绝对不能相信任何的主张……不听任何承诺，想尽办法确保不能让一方消灭其他方而独大。……我愿牺牲自己的观点而换取各派的同存。只有这样，才有你追求的一切。

　　　　　　　　　　　　　　——韩寒2011年12月24日博文《说民主》

　　2011年6月，李承鹏等公众人物去参选人大代表。有不少人希望韩寒也能参加。但韩寒是不会参加的，这不符合他的性格，按他的话说：

　　我如此散漫的性格也不适合参政，那就真的是误事了。无论时代如何的变更，我只是一个文人。我之所以写下很多批评，不是因为我有心从政，只是因为我是一个文人，否则总感觉配不上这两字。我将不依附任何个人或势力，不追随任何政党或权力，无论一切权势看上去多好或者闻上去多臭，我都不会吃上一口。

然而，在接下来的这几个月里，韩寒的批评愈发少了。理由大体和我在前一章说得差不多。整个6月，他就发了两篇文章，一篇是饱含悲悯的《我在上海，活得很好》，另一篇是对中国慈善机构中饱私囊和无作为的批评。

整个7月，韩寒只发了一篇博文，叫《脱节的国度》，写在温州动车脱轨以后，不久即被删。文中说："这个社会里，有产者，无产者，有权者，无权者，每个人都觉得自己很委屈。一个所有人都觉得委屈的国家，各个阶层都已经互相脱节了，这个庞大的国家各种组成的部分依靠惯性各顾各地滑行着，如果再无改革，脱节事小，脱轨难救。"

从这些文章中，其实可以看出，"韩三篇"的出现是迟早的事情了，甚至或许这三篇中的某些篇章已经写就好了——后来韩寒在接受采访时说，那几篇文章早写好了的，本想在年中发，但那时刚出《青春》，怕人说炒作，才拖到现在。

10月16日，韩寒在沉寂了3个月的博客上发了一个标题，叫"测试"，标题之下没有内容。这篇只有标题没有内容的博文让人产生无限遐想。整整3个月没动静，就发了一个"测试"，这是什么意思。除了指赛车方面10月15日排位赛的测试，我还有两种猜想：一、上篇文章被删，有关部门对韩寒禁言3个月，因此韩寒实际上是在测试博客能不能发文了；二、3个月没发文章，韩寒在测试自己博客的人气还在不。这两种猜测都有可能，这两种猜测又都与韩寒博客巨大的影响力有关。

这些年来，韩寒博客文章的阅读量持续上升，从2005年年末刚开博客时候的每篇20万，一年后是40万，到2008年后是80万，基本呈等比数列增长。
2008年5月15日，韩寒记述他在汶川见闻的日记，是韩寒的单篇博文阅读点击
量第一次超过100万，截止到目前[①]，这篇博文的点击量是155万多，评论数接
近23000条，评论数居该年度第五名。2008年韩寒超过100万点击量的博文还
有在家乐福、莎朗斯通等一系列事件后写的《不要动不动就举国暴怒》，
该文的评论数量是该年最多的，接近40000条，而且超过排在第二名的《大
师们，我等无条件臣服于您》13000条。足见此文的与众不同。与那篇写地
震的类似于新闻报道的日记不同，此文以感情和思想见长，对众网友进行
苦口婆心地劝导和开解，是我很喜欢的一篇文章，也是比较集中展现韩寒
思想观、爱国观的一篇博文。

　　从2009年开始，韩寒博文点击量接近和过百万已经是家常便饭了，点击
量排在前10名的几乎都上了百万，即便是一篇不怎么起眼的文章，也能够轻
轻松松达到八九十万。同时我发现，他点击量排在前面的博文不一定是好文
章，很可能只是话题比较有吸引力，而评论数排在前面的则一定是好文章，
看来网友们还是比较喜欢评价好文章的。这两项当然有交集。

　　到了2010年，韩寒博文点击量再次上了一个台阶，博文点击量不上百万
都很难。在全年能留下来的35篇博文中，只有4篇没上百万，其中这4篇中
的3篇都是90多万，只有一篇转发的视频韩寒只取了一个标题叫"海豚湾"
的博文是82万多，创全年最低。这一年点击量排在前10名的博文都高于160
万，其中达到200万以上的有两篇，其中《青春》一文创最高247万，同时韩
寒该年度被评论最多的也是这篇文章，共42000余条，是名副其实的双冠王。
《青春》一文以韩寒两个邻居的艰辛生活开头，以富士康员工跳楼结尾，是
韩寒最悲悯的文章，很能引起工薪阶层特别是低薪阶层的共鸣。《青春》就

---

① 本书关于韩寒博客所有数据皆为2012年7月统计。

算不是韩寒最好的杂文，也是他最好的散文。

到了2011年，在留下来的23篇博文里，只有3篇低于100万。一篇就是上文提到的《测试》，3个月没发文章了，很多人都以为韩寒博客搁置不用了，所以这篇没有内容只有标题的博文点击量是86万。4天后，韩寒发了一篇博文叫《格调不高怎么办》，不久此文被删只留下标题，这个标题的点击量是111万多。第二天也就是2011年11月3日韩寒发了一篇以当天日期命名的博文，内容只有一句话："这我也没办法，手快有，手慢无。"显然是在说自己昨天的博文被删。这句话的点击量接近80万。该年第三篇低于100万的博文是11月9日上传的《序言一篇》，内容是出版的《青春》一书的序言，点击量是97万。这本杂文集在台湾地区出版后，删掉一些不合时宜的内容后在大陆得以上市。韩寒2011年点击量最高的仍是一篇散文，叫《马上会跌，跌破一千》，该文曾用名《当时的月亮》，点击量240万。文章叙述了自己从上海到北京再回到上海这段时间中国房价和油价的变化，抒发了自己的无奈，同样充斥着悲悯情怀。看来人们还是更喜欢悲悯情怀的散文，而不是嬉笑怒骂的杂文。

在我看来，开博客以后的韩寒可分为三个阶段，2008年家乐福事件以前为第一个阶段，家乐福事件至"韩三篇"以前为第二个阶段，"韩三篇"及其之后是第三个阶段。现在，前两个阶段都已完成。因此，有必要再将韩寒开博客以来每年的博文数量作一个统计和比较。

韩寒是2005年10月开的博客，10月28日发了第一篇博文。虽然2005年只剩两个月了，但韩寒这年发博文数量高达43篇，平均1.5天一篇，内容多是比赛照片和日记，以及日常生活情绪，或是对电影的简短评价，或是自己狗狗木木的特写，很少有独立成篇的文章。

2006年249篇，也是平均1.5天一篇，韩寒打了几次笔仗，像文章样的博文数量增多了。但主要还是以记载生活、赛车、电影等零星的片段日记居多，当然也有一些对社会事件的评价，但基本还没把它们当正儿八经的文章认真写。

2007年150篇，将近2.5天一篇，发文频率明显放慢了。虽然仍有笔仗，但对时事的评价却相对增多了，像样点的文章也增多了，出现了诸如《不问安全期，就是没文化》《小不点的大不列颠》《上海的磁悬浮》《华南虎还是灭绝了吧》这些可读性较强的文章。

2008年，总共发文112篇，平均3.2天一篇。虽然发文频率再次降低，但像模像样的文章大大增多了，好文章不计其数，如《爱国，更爱面子》《一场民族主义的赶集》《不要动不动就举国暴露》《没头脑还不高兴》《点火猜想》《搞什么搞》《熄火猜想》《北京长期单双号限行之后》《驯化和孵化》《衣不如新，人还如旧》《郑继超影视基地》等等。这一年值得注意的是，韩寒没再和具体的个人打笔仗，至少有一半的文章与时事有关。

2009年，总计发文82篇，留下来的有80篇，两篇被删。这年的博文几乎都与时事有关，几乎不再有赛车和生活方面的日记，基本都是成篇的文章。

2010年总计发文48篇，急剧减少，平均一周多（7.6天）才发一篇，留下来的有36篇。

2011年总计发文25篇，再次急剧减少，平均两周多（14.6天）才发一篇。

从上面的统计可以看出，韩寒现在有这么大的影响力，并非一蹴而就的，这是一个循序渐进的过程。他的影响力到底有多大，如果单单从抽象的博文点击量你还看不出来，那么接下来要说到的这个具体的事件，可能让你感受得更深切一些。是的，我们要说到"韩三篇"了，韩三篇所形成的冲击力，连反对他的人都说：韩寒虽然不玩微博，但他三篇文章一扔出来，顿时搞得微博界鸡飞狗跳一片大乱，大学生、公知、明星、教授、学者、商人、政客，都在积极地讨论这三篇的内容。

在正式进入韩寒2011年12月抛出的这三篇文章之前，还有必要将韩寒笔下的民主、革命、自由等观念梳理一番。

有的人以为，韩寒仿佛是一下子就有了"韩三篇"中的观点，因为这似乎与他之前激进的言论不符。这是假象。不熟悉韩寒的人都以为，韩寒是个激进的人，我想这是他之前给外界的叛逆形象造成的错觉。韩寒叛逆吗？一点也不叛逆，他不过是大胆地选择了自己喜欢的事。之所以人们认为他叛逆，一方面是大家都不敢选择自己喜欢的路，总是有太多顾虑；另一方面，那就是韩寒的文风尤其是不少杂文给人一种酣畅淋漓咄咄逼人的感觉，但这只是一种文章风格，不幸的是大家把这种风格理解成了韩寒的激进。

要看一个人是否激进和叛逆，应考察其言行，而且是言行的实质内容，而不是言行的外表形式。通过我长期的观察，在行为方面，韩寒除了在男女关系问题上表现得比较"激进"外，其他方面都还挺温和的，待人处世礼貌客气，一点也不叛逆。至于他的杂文，我认为他取胜的并不是文章的思想，因为这些早就被别人说过，一点也不新鲜，他不过是用了很好的表达包装了这些思想，更便于人们接受和理解。

因此，与其说韩寒激进，不如说他只是做了一个作家本应该做的分内的事。只是这个时代作家们都不屑去做，去做的报刊评论员们文章又写得不好看，于是韩寒便显得很酷。但其实，韩寒骨子里还是个很传统的文人，他远没有大家想象的激进，甚而可以说他太过理智和保守，比如他的朋友小饭就说："有人说韩寒变得保守了，其实他一直都比较保守，相比之下我比较激进。"随即他又修正，"不叫保守，而是现实。"

我能够发现的韩寒最早对自由观、革命观的表达居然是出现在一首歌里的，那就是2006年他发布的专辑《十八禁》中的《最好的事情》，来看看他写的歌词——

　　一次一次的战斗 / 再一个一个的割喉 / 一坨一坨的血肉 / 换一
寸一寸的自由 / 一次一次的颤抖 / 这战场再不能久留

　　一次一次的割喉 / 再一个一个的战斗 / 一坨一坨的自由 / 换一
寸一寸的血肉 / 一次一次的颤抖 / 这战场再不能久留

　　要自由 / 鲜奶换来的自由 / 雅典娜偶然展露了歌喉 / 有情人终
于床上在怒吼 / 走在新时代向右看向左走

　　来！起来！起来！来！起来！ / 来 起不来 来不起 都起来 起来 /
那一堆一堆残骸 你的你的明白 / 明白明白 我的明白

　　起来！起来！来！起来！ / 不愿不愿做奴隶 / 那就做个做个奴才 /
从哪儿来 问你的奶奶 / 奶奶奶奶 我从哪里来

　　在这个歌词里，韩寒呼吁不要鲜血换来的自由，而要鲜奶换来的自由，
因为"一次一次的战斗"，"一坨一坨的血肉"，只换来了"一寸一寸的自
由"，因此"这战场再不能久留"，它让人"一次一次的颤抖"。也就是说，韩
寒并不提倡暴力革命，代价太大，而且不一定能换来自由，或者说换来的自由太
微少，不值得。因此，韩寒呼吁："要自由，鲜奶换来的自由。"也就是说，
韩寒提倡和平的改革。但和平的变革就真能换来自由吗？韩寒自己在这个问
题上也是犹豫和彷徨的。可能韩寒在这个点上自己也没摸透，但出于作家似
的浪漫情节，他还是高呼大家"来！起来！起来来！起来！来！起不来，来
不起，都起来，起来"。至于起来做什么，估计韩寒当时并不明白，他明白
且坚定的，就是不要做"那一堆一堆的残骸"，终于，他再次呼吁大家"起
来！起来！来！起来"，他好像明白了起来做什么似的，最终也只是无奈的
一个。于是，他再次陷入困惑，只好问奶奶："奶奶奶奶，我从哪里来？"
　　在韩寒的很多小说里，都有对民众爱凑热闹的嘲讽，比如在《长安乱》
里观看比武的群众，在《光荣日》里脑袋叠脑袋看抓人的情景，在《他的

国》左小龙跳楼的时候，这些群众就好似鲁迅笔下的看客。具体到现实事件，比如在家乐福事件中，韩寒形象地称那些去捣乱的人是"赶集的"。

他说："这是一个复杂的国度，人们并不是那么渴望文人范畴里的自由，如果你上街问问，大家都觉得自己过得挺自由。"当然，他也并不认为这完全是人民的错。

因此，在关于自由、革命、改革这些问题上，韩寒的思想是非常复杂的，很难用简简单单的几句话概括清楚，更不是一个"素质论"就能概括的。在他看来，中国今天的这个局面，是多种原因影响下的结果，并不是单纯的某一方面，要改变起来异常困难。韩寒在还不到30岁就有这些意识，着实不易，以至于反对他的薛涌先生都说，韩寒的观念非常老，差不多是20世纪五六十年代那批人的想法。

韩寒的思想何以如此老到？我认为原因有这样几个方面：一、韩寒十多年前就退学踏入社会，参加拉力赛又让他跑了很多偏远落后的农村，见到很多稀奇古怪的事情，你自然不能把他与从大学里毕业的80后等量齐观，那是小看他了；二、韩寒早年读了不少书，后来又看了那么多的社会新闻，几乎每个重大时事都有他的发言，通过这么多年的观察、分析、历练，已是相当老练；三、韩寒骨子里是个文人，不是士兵或将军。因此，我觉得，韩寒思想之复杂老练并不奇怪，而且，这些都是一步一步累积发展起来的，并非写《三重门》那会儿就是这个样子，后来还经过了不少矛盾变化，比如在2006年6月的一篇叫《今年烟火特别多》的文章里，韩寒写道："也有人希望世界和平，万物安详。世界不是生来就能和平，这过程中包含了无数的争斗。哪天世界完全和平了，离人类的毁灭也不远了……在乱世里内心平和却不断杀人卫国的男人永远比在教堂里祈祷在广场上放鸽子的男人有价值。我理解在这和平年代有如此多的奶油，但和平是用鲜血而不是鲜奶换来的。"这和他在《最好的事情》这首歌里唱的自相矛盾。

我是这样理解的，韩寒对革命、改革等问题的理解尚处在摇摆不定的状态，如果鲜奶代表懦弱和妥协，那他是不会赞成的；如果鲜血代表残忍和暴力，那也是不为他所取的。他试图在这二者之间寻找平衡点。

他找到了吗？我想应该没有。总之无论如何，无论他对这些问题有没有研究清楚（我想多半也还不甚清楚），他休整了数月的博客再次沸腾了，而且是前所未有的沸腾。这一切，都是因为他抛出了被后来人们概括为"韩三篇"的《谈革命》、《说民主》、《要自由》，只要他们的作者是韩寒，且不管内容如何，这三个标题就足够火爆。它们就像三颗定时炸弹，瞬间在网络炸开了火，一时间评论铺天盖地。

我们还是先来看看这三篇文章说了些什么。首先说2011年12月23日清晨发布的《谈革命》，这篇文章以一问一答的形式，回答了与革命相关的若干问题，我把它们归纳成以下几点：

1. 中国不可能革命，因为革命需要一个集体诉求，在中国很难找到一个这样的诉求。中国需要的是一场有力的改革。

2. 中国大部分人并不关心民主与自由，事不关己高高挂起，因此自由与民主这些词汇对他们没有感染力，他们只是希望有钱，所以很多人在革命中会被训练成只认钱的自相残杀者。

3. 中国社会太复杂，国家太大，一旦天下大乱，权力真空，乱上五年十年，老百姓肯定特别盼望出现一个铁腕独裁者整治社会秩序。

4. 民主是一个复杂、艰难而必然的过程，关键是现阶段人民的素质还达不到，他们对民主自由什么的并不关心。只有当人民的整体素质提高到了，才到了革命的时机，但那时候已经没有必要了，因为民主自由等一切都是自然而然的事情了。

此文一出，立马引起人们的疯狂讨论，网上立即划分为挺韩和反韩两个阵营。挺韩派认为韩寒说得很实在，这就是中国的现实。反韩派的阵营则比较复杂，大致可以划分为四类：一、激烈的右派、愤青，这些人当然不会认同韩寒的观点；二、薛××等部分学者教授：你小子（指韩寒）连民主、革命与暴力革命这些词汇都没搞懂，还敢谈论它们，建议你回家多读几本书去，这些问题不是你能谈的；三、特别讨厌韩寒的人，无论韩寒说什么，在他们看来都是错的；四、本来对韩寒印象还不错或者对韩寒没什么印象，只是纯粹地不赞成他这篇文章观点的。说实话，在这些人中，我比较欣赏的是第四类，大家有观点说观点，对事不对人，并不牵扯其他。最不喜欢的是第二类，这类人迂腐至极，仿佛人人写文章都要像他们写论文那样。无所谓的是第一类，因为社会上总有这样一群人。懒得理的是第三类，他们太傻太意气用事。

第二天下午，韩寒发了第二篇博文《说民主》，文章题目与内容其实没多大联系，因为还是在以问答的形式谈革命，其实是对《谈革命》一文的补充。《说民主》在观点上与《谈革命》一脉相承，但文章本身的"问题"少了，连有学术洁癖的人都说没有再犯名词概念性错误了。

其次，上一篇文章中韩寒用了过多的文学范畴的比喻，比如用开车交汇时不关远光灯来比喻人们素质低，遗憾的是很多人并没有看懂。所以在《说民主》里，韩寒就说得更加直接一些：

　　文人的地位和角色远远比文人和学者想象的要低，更别说能作为领袖了。而且国民素质越低，文人就越什么都不是。你也不能用完美的民主，完美的自由，完美的人权应该是什么样子的来逃避现实。改革和民主其实就是一场讨价还价的过程，你不能盼着执政者看了几本书忽然感化把东西全送给你。

所以我的观点很简单，暴力革命我们都不愿意发生，天鹅绒革命不可能在近期的中国发生，完美民主不可能在中国出现，所以我们只能一点一点追求，否则在书房里空想民主和自由憋爆了自己也没有意思，改良是现在最好的出路。

同时，韩寒再次谈到人民素质。

民主不是适合不适合的事情，它迟早会到来。国民素质低并不妨碍民主的到来，但决定了它到来以后的质量。

给执政者压力当然重要，但遗憾的是，执政者的配合更重要。这的确需要运气和人品……文化界很多人认为一切的问题就是体制的问题，仿佛改了体制一切都迎刃而解，他们虽然善良正义，疾恶如仇，但要求农民和工人和他们拥有一样的认知，甚至认为全天下都必须这么思考问题。可事实往往有些让人寒心。

……改变了人民，就是改变了一切。所以更要着眼改良。法治、教育、文化才是根基。

此话一出，《环球时报》《人民日报》都公开表达了对韩寒的赞赏。

两天之后，韩寒发布了《要自由》。与前两篇文章相比，这篇文章不足观，文中观点韩寒在之前一篇被删掉的博文里也都大致谈到过，这次得以幸存不能不说与前两篇的铺垫有很大关系，当然，这些铺垫也都是韩寒的真实想法。虽然内容在"右派"看来很保守。为什么要取这么危险的标题？韩寒在上一篇文章末尾已经说道："我标题取的都很大，从学术的范畴来讲的确愧对标题，但你如果是聪明人，你应该可以理解。"可惜一些有学术癖的人就是不能理解。

　　当然，这次大家得以讨论这个敏感的话题，本身就是一个进步。最后，韩寒写道："我觉得在这场让大家都获益良多的讨论里，研究该是什么样，不如想想应该怎么办。"而韩寒也在接受采访时表示，从很多批评当中，得到了很多进步，但是他仍然坚持认为自由民主是在协商和妥协中争取的，他说："在那里大谈自由谈民主的时候，他们忘了民主和自由的精神，第一就是你要尊重每个人的生活，很多知识分子往往不尊重他们所看不惯的生活；第二，除了尊重每一个个体以外，你要知道协商跟妥协在民主制度当中的重要性，你既不协商也不妥协，那事实上你只是把民主和自由拿来做词汇使用，并不具备民主和自由的精神，民主和自由是在不停地协商跟妥协之中才能够前进的。"

　　自此，前后历时4天，韩寒的3篇文章算是发完了，但关于此事的讨论远远没有结束。在韩寒发《要自由》4个小时后，李承鹏发话了，在博客发表了《民主就是不攀亲》，4天后再发《民主就是有权出演眼前戏》。韩寒和李承鹏的主要分歧在于，李承鹏认为，一个好的制度可以促进人民素质的改善，而不是有了好的素质才配享受好的制度。在这一点上我是认同李承鹏的，我猜测韩寒也应该基本是同意的，只不过韩寒着眼的是现实，韩寒的意思是用好的教育、文化、科技将人们的素质先提上去。所以，后来韩寒又在《说民主》一文后面补充了一个问题的回答——

　　　在能出现好的制度的时候，无论素质的好坏，都应该保障好的制度，因为好的制度恒久远，一颗永流传，制度是实在的，素质是空幻的。问题是，当好的制度由于种种原因迟迟不能到来的时候。咱不能天天期盼从天上掉下来一个好的制度，然后一切才有开始的可能和动力，否则反正好的素质也没必要，又缓慢又不见得有效……

这应该算是对李承鹏的回应。

只是，韩寒未免太现实了，现实得让人觉得没有一点儿冲劲，这是不能为很多理想主义者所容忍的。

半个月后，韩寒在博客发了一篇《我的2011》，可以看成是对"韩三篇"事件的总结，其中，他谈到自己文章的变化——

2011年，我自己的文章也发生了很大的变化。这些变化其实是从2009年和2010年开始的。那时候我写文章，针砭时弊，完全发自内心的痛恨……我从这些批评中获得了很多的赞誉，于是我开始在意于这些赞誉，甚至不自觉地迎合。然而悲悯都抵不过悲剧的重复。到了2010年，我做的很多批评几乎都是有罪推论和变种八股——腐败，悲剧发生，群众可怜。我想在任何社会里，这样的批评都会受到民众的欢迎……我这么写文章，再加几句俏皮话，大家肯定都觉得我说得特别好，而且凡是不赞同者，皆会被民众说成五毛，是权贵之走狗，民主之敌人……当我发现批评我的人越来越少或者越来越小小心翼翼的时候，我自然高兴了一阵子，但后来我总觉得不对劲，我知道无论我说得多么对，我必然有地方错了。

于是，想了很久，我逐渐觉得，一个好的写作者在杀戮权贵的时候，也应该杀戮群众。2011年间早些的一些文章，从写钱云会村长的《需要真相还是需要符合需要的真相》，我就开始有所变化。当然，在批评中，如果两者并列，则应先批权贵，因为很简单，权贵捞着利益了，苦全是平民受的。但这不代表一个好的作家应该无穷尽无底线地讨好民众……

　　然而，韩寒对自己心路历程以及思想变化的疏解并未获得大家对他"韩三篇"的谅解，博客上论坛上微博上反对他的人逐渐纠集并壮大。2012年年初，韩寒接受了《南都周刊》的专访，内容就是我们后来看到的《南都周刊》第三期《"公敌"韩寒》，这个大标题很吸引眼球，但也不乏真实，韩寒要杀戮群众，自然便成为"公敌"。

　　中国的知识界一直存在"左"和"右"的争论，韩寒具有如此大的影响力，无论是右派还是左派，其实都希望韩寒加入到自己的阵营，比如在这三篇文章发表后，《环球时报》等媒体立即表达了对韩寒的好感。但韩寒写文章发表观点，都是依循自己的内心走向，他又不站队，他又没立场，他才不管什么左右。当然，纵观他这些年来的文章，总体上讲思想还是偏右一点。因此，在很长一段时间，右派都误把韩寒当成自己的队友，给他各种赞誉，颁发给他各种头衔，企图以"公共知识分子"等身份"绑架"他。但韩寒偏不吃这一套，他不是狗，他是狼，狼被绑架是要反抗的，狼不可能被驯化。

　　韩寒遵循自己的内心思考，通过这些年来对社会现实的观察，写了那3篇文章，并发表了它们。这下不得了了，3篇文章一出，即刻得罪了右派，尤其是激进的右派，有人甚至将韩寒说成是最大的五毛，是混迹于右派的卧底。这一切，都是因为他们太小看韩寒了，或者说对韩寒太不了解了。韩寒不属于任何派别，他甚至也不是骑墙派，因为常常骑在中间的就是左右逢源两面讨好或者事不关己高高挂起的群众，他老早就说过群众是愚昧的，这次他更是明确表示要"杀戮群众"。如此一来，韩寒似乎必然处于孤立无援的境地。他只要做他自己，他要做那个"虽千万人吾往矣"的韩寒，他具有这样的气概。可是他没有想到的是，这一场大讨论，会让反对他的人迅速站队到一块，并在他们"选出来"的"领袖"的带领下，打着"人造韩寒"的口号，掀起了一场声势空前浩大的代笔构陷。

第二十五章 / 麦田是个守望者

我出道十多年，堂堂正正，光明磊落。我对得起这八个字。我对得起我的职业道德。作为一个写字人，我从不玩阴的，从不做亏心的，我没有任何把柄在任何人手里，所以我敢把话说这么绝。从近年几乎从不回击他人的质疑和辱骂，但这次的确突破了我作为一个写作者能忍让的底线。

——韩寒2012年1月16日博文《小破文章一篇》

事实上，这些年来，韩寒的反对者从来没有减少过，只是由于近年来韩寒介入公共事件，影响力扩大，获得越来越多的尊敬，支持他的人不断增多，反对他的人力量相对分散。单打独斗没有用，力量太过薄弱，会被韩寒的粉丝一人一口口水淹死，甚至粉丝都不用动口。因此，反对者不得不暂时隐藏起来，伺机而动。

由于"韩三篇"，这些人终于找到了聚集力量的契机，他们的队形都站整齐了，就差一个喊口号的了。不久，这个喊口号的人出现了，他便是守望多时的麦田。早在两年前，麦田先生就在博客发了一篇《警惕韩寒》，恰逢当时许知远先生也在杂志上发表《庸众的胜利》对韩寒及其读者（主要是对读者）进行批判，二文合力，还算形成了一点波澜。然而这终不成气候，由于韩寒的不理睬，这点波澜不久便自行消散。可是到了2012年年初，情况有所不同，一方面，因为"韩三篇"，网络上反对韩寒的人和情绪都已经迅速汇聚在一块了；另一方面，由于微博的出现，事态极容易传播和扩大。因此，当2012年1月初麦田先生在腾讯博客抛出《人造韩寒：一场关于"公民"的闹剧》这篇文章的时候，迅速吸引了不少网友前去观望、转载和评论，甚至连路金波也看到了，因为麦说韩寒的文章是由他代笔的。路金波立即撰文《阴谋论、钝感力、慈悲、粉丝》进行驳斥，这一驳斥可以说正中了麦田先生下怀。

到2012年1月16日，韩寒也终于坐不住了，写博文回应。曾说不再和单个人打架的韩寒此时何以会站出来，我想韩寒不是不知道他一回应事态就会愈发扩大，而是错估了这个事，他兴许还想转移人们对"韩三篇"的批评，他压根儿就没想到这件事就是"韩三篇"事件的继续。在网上混了这么多年，身经百战的韩寒，这还是首次估算失误，从一开初就估算错了，后来再轮番出错，以至于越陷越深。

事实上，以麦田文章所呈现的观点来看，根本用不着韩寒出来解释，明白者自然明白，不喜欢你的你再怎么说也无济于事。

我们先来看看麦田的论点。这事还得从两年前那篇《警惕韩寒》的文章说起，文中说"我个人一直比较欣赏韩寒。当我梳理韩寒全部博客时，我才发现自己的这个'一直'，其实恰好也是从2008年开始……也就是说，至少对我而言，韩寒是因为从2008年开始关注公共话题，才成为现在之韩寒"。

这个对韩寒博客的分析基本是没有错的，虽然在2008年前韩寒其实也关注公共事件，但由于相对少些随意些也不注重文章质量，所以没能引起人们的注意也正常。然后，麦田提出，"韩寒的价值＝永远的'热点'＋一流的'文字'＋正确的'立场'"，他还显出一副客观的语气说道，"第一点可算'炒作'，但无可厚非。第二点可算'才华'，绝对值得敬佩。在这点上，所有玩文字的朋友都可以向韩寒学习。"做足了准备工作，麦田才抛出他的核心观点，"需要警惕的是'正确的立场'。这里，韩寒的'正确'并非对事实的尊重，而是对公众情绪的迎合。你真的找不出一篇文章，韩寒是站在大众的'对立面'！这太可疑了。大众情绪难道永远正确吗？！肯定不是。"对此，我们逐一分析。

首先，麦田关于韩寒的价值论的那三点，除了第二点见仁见智外，喜欢韩寒的人会说韩寒的文字是一流的，不喜欢韩寒的比如冯唐先生会说那只是玩小聪明。关键是另外两点，韩寒的博文是在永远迎合热点吗？不是的，他有选择的，这一点我在前面章节就说得很清楚，选择的对象一定是自己熟悉和感兴趣的领域，比如上海钓鱼事件就是先由他在博客捅出来新闻媒体介入报道后搞大的，而不是他看到了这个东西很热才去评论。至少，麦田在"热点"二字前加"永远的"，这是有失公允的。

当然，麦田的三点论最大不当之处是第三点"正确的'立场'"，也就是说韩寒是在迎合公众情绪而忽略事实。这是在睁着眼睛说瞎话吗？在家乐福事件里，在莎朗斯通事件中，韩寒有迎合公众情绪吗？非但没有，还反而站在了大多数人的对立面，苦口婆心地对他们讲道理说事实。至于在麦田文章之后的钱云会一案中，韩寒所表现的对事实的看重而不是迎合人们的情绪我就不说了，免得有些人自作多情以为韩寒是受了自己文章的影响才改变的。

关于麦田先生说韩寒的父亲韩仁均与新概念出题者李其纲是同学，前面也已经解释过，这里再啰唆几句。首先，韩仁均比李其纲早一年进入华东师大，在李其纲进入该校以后，韩仁均早已因肝炎退学，根本没有交集。其次，退一万步讲，就算是同届同学，但又不同班，就一定认识吗？再次，就算认识还是朋友，就一定联手起来作弊吗？在这里，有人挖了一个巨大的陷阱，那就是同校就一定是认识（不管是不是同一届同一班），认识就一定是朋友，是朋友就一定联合起来作弊，联合起来作弊就一定能办到（事实上以当时韩寒家的实力，根本不可能办到）。这么多小概率事件加在一起，我们都知道小于1的概率相乘会变得越来越小，但麦田先生却得出了百分之百。尽管后来李其纲一再强调自己直到现在都还不认识韩仁均，只在那次韩寒去参加比赛他们有过匆匆的一面之缘，甚至不知道韩仁均也是华东师大毕业①的学生。当然，这些在不喜欢韩寒的人那里是不足信的，他们只相信于自己有利的证据。

麦田于是写道："《三重门》和其后署名韩寒的杂文中，流露出的对中国教育切齿'恨意'，似乎更像来自于一个肝炎退学生积郁了二十年的愤怒，而不只是一个十七岁孩子浅白的感受。"

如果你认真阅读过《三重门》又有一定的创作经验，你一定不相信那书是中年人写的，尽管作者扮老成爱显摆掉了很多书袋，但这些很明显是少年人才有的卖弄。

那么，《三重门》到底写得怎么样？我的看法是，如果将其放在成人文学作品里来看，相当一般，甚至是不合格的，尽管有不少精辟的语句成人也未必能想出，但通观整本书你会发现很多地方存在幼稚。但如若把它放在一个十六七岁的少年身上，那就是一部非常了得的作品。而这个非常了得也不是因为小说的故事情节和结构，在这些方面同样的年纪比韩寒做得好的大有人在，非常了得还是因为小说的语言，尽管略显稚嫩，但出自一个少年着实不易。

---

① 如果你看了前面的章节，你就会知道，韩仁均其实还不是在校毕业的华东师范大学生，因为他得了肝炎被劝退学，华东师大的文凭是后来他通过在家自学考试取得的。

但不管怎么说，《三重门》注定是一部稚嫩的小说，韩寒后来的任何一部小说都比它成熟。当然，这里的成熟不完全等于写得好，成熟是一个属于年龄的问题，少年人尽管也可以装成熟，但难免不经意间露出本该属于他那个年龄的人才有的话语思维。基于这个原因，在《三重门》再版的时候，韩寒还一次次地修改那些幼稚的句子。但麦田等人是不会这么看问题的，就算是这么想的也不会这么说，他们会无限拔高《三重门》的老练，甚至认为韩寒后来的小说都没有超过《三重门》。

麦田文章的第二个部分，则承接了他两年前那篇文章的一些观点。这一次，其统计的韩寒博客从2005年到2011年的时政评论文章数量就极大地在歪曲事实。他的做法是，在2008年以前的年份，尽量减少韩寒时评博文的数量，可看成时政文的一概不算，短小的时政评论也不算。这样一来，他居然得出了2005年只有一篇时政博文这个数字，而对于2008年及其以后年份，但凡稍稍提了一下某时事的，一律算作时政文。如此统计，给人造成一种韩寒在2008年突然介入公共事件的感觉。其实这些变化都是循序渐进的，我在前面的章节已经说过。

麦田的方法可以总结为，完全按照事先假定好的结果去找"论据"，而且是为了达到假定好的结果不惜歪曲事实的论据。甚至于，麦田连韩寒比赛时间和博文发布时间都篡改，得出的结论就是韩寒居然如此频繁地在赛车期间发表文章，他不可能有这个精力。当然，韩寒确实有在赛车间歇写文章的习惯，一则这也是赛前放松的一个方法，另外因为比赛期间回到酒店无事可做，只好写文章，但比例远远没有麦田"统计"的那么大。

最后，麦田得出的结论是韩寒早期的文章是靠其父韩仁均代笔，博客以后是路金波代笔和包装。麦田这篇文章的特色在于，把所有自己没有真凭实据的猜测都写得自己仿佛在场一样，让不了解事实的人觉得跟真的似的。在文章后面的附录里，麦田终于露出了他写作此文的目的："写此文目的有三，不妨明说：一是因为'韩三篇'以商业炒作为目的，侮辱了哈维尔，此事激起本人愤怒；二是路金波和韩仁均辱骂嘲讽本人，激起本人更加愤怒；三是因为媒体和知识界抓不住重点（韩寒之伪），看得本人着急。只好赶鸭子上架，自己动手。"说到底，还是不同意"韩三篇"的观点嘛，但有观点说观点，何必如此做法。他还说自己"从事IT行业"，"不靠文化吃饭"，既然如此，你一个文化界以外的人士，又没有真凭实据，凭什么就敢把自己的猜测说得跟真的似的?! 你都能发现的所谓"惊天谎言"，靠写文为生（可以根据写作经验判定一个人是否有代笔）、有良知（不畏惧各种势力或利益，敢于说出真相）又认识韩寒（更容易发现一个人是否具有真才）的李承鹏、慕容雪村等人难道会发现不了吗?

《人造韩寒：一场关于"公民"的闹剧》一出，那些一直就反对韩寒的，抑或是部分因"韩三篇"而反对韩寒的人仿佛立即找到了倒韩武器。看到此文，路金波先生"怀着颇有点不好意思的心态，假装漫不经心"地和韩寒说起此事，韩寒却大方地说："这玩意咱没法证明啊。我就算当面写两篇文章，人家还会说是我背熟了去默写呢。刚出道时就有人说我的书是我爸写的。咱也别解释，过两年就好了。"

但是路金波还是没忍住，2012年1月4日在博客发文章《阴谋论、钝感力、慈悲、粉丝》进行回应，他写道："我经常夸韩寒。都是真心的。我不是韩寒的经纪人，也不是他唯一的出版商（《独唱团》、《1988》及最近的赛车写真书《韩寒最好的年代》，都和我没关系）。作为生活中的好朋友，我了解他多一些。这个比我年轻7岁的小伙子，他的正直、善良、洒脱、大气，确实卓尔不群，堪为我师。例如他面对这个阴谋论，包括出道十几年中的各种质疑，'不回应、不解释、不辩论'。例如他背着银行数百万房贷，但为了'清静'而拒绝各网站动辄上千万的开微博邀约。例如他写《论革命》《谈民主》《要自由》'韩三篇'，各方面争议比较大，他也不懂'藏拙之道'。本身就是那么想的，写了就写了吧。挨点批评不耽误每天练游泳……
对了，韩少目前最感兴趣的事似乎是游泳，准备练两年好去参加'铁人三项
赛'。""韩寒的确是个'野小子'，但是他最核心的那一套价值观、品质，
是浑然天成、弥足珍贵的。""他有一种'钝感力'。"

　　十多天过去了，关于韩寒文章有代笔的谣言并没有停止，反而越演越
烈，都有人亲自跑上门来问韩寒的文章到底是哪个团队写的。韩寒再也坐不
住了，于2012年1月16日写了一篇博文进行回应。从这篇博文可以看出，韩寒
确实是动怒了，以至于连文章的水准都降低了，向来不怎么修改文章的韩寒
这次破例反复删改，题目也是一改再改，最终定名为《小破文章一篇》。这
篇博文是凌晨4点发的，然而发了以后，韩寒还是睡不着觉，顾虑到文章的一
些句子以及语气会造成不好的影响，又反复对文章进行了修改。

　　这是韩寒首次有这么多顾虑。韩寒这么自信的一个人，说他文章有人代
笔，这已经突破了他的底线，是他无法容忍的，作为作家，他很看重这个，
他被激怒了，才有了这次大失水准的发挥。但他又怕自己回应得不够恰当导
致更多的人误解自己，因此他反复修改。然而事实证明，回应方式是不恰当
的。他在文章中这样说：

　　　　所以就悬赏，凡是有人能例举出身边任何亲朋好友属于'韩寒
　　写作团队'或者'韩寒策划团队'，任何人接触过或者见到过'韩
　　寒写作或者策划团队'中的任何成员，任何人可以证明自己为我代
　　笔写文章，或者曾经为我代笔，哪怕只代笔过一行字，任何媒体曾
　　经收到过属于'韩寒团队'或者来自本人的新闻稿要求刊登宣传，
　　任何互联网公司收到过'韩寒团队'或者本人要求宣传炒作的证
　　据，均奖励人民币两千万元（20000000元），本人也愿就此封笔，
　　并赠送给举报人所有已出版图书版权。之所以用这样幼稚的方法来

说事是因为我没有办法证明我的文章是不是我写的，因为我没在大家眼皮底下写，就算我在大家眼皮底下写，阴谋论者也能说我是在默写。这种有罪推论的诽谤其实是可以推及到所有活着和死去的作家身上的。

他说："我无义务自证，也无能力自证，你既然怀疑我，拿出证人证据来，领走两千万加我的所有版权。"这是他最终敲定的版本，在之前的版本里，他甚至发这样的毒誓：如果我的文章有人代笔，我诅咒自己不能活着看到女儿成年。因为没有代笔，所以他敢把话说得这么狠。

然而，这样的回应方式，除了说明韩寒确实动了大怒，还说明他还是太善良了，他不是鲁迅，他不会以最坏的恶意来揣测别人。他还是把这个世界想象得过度美好，他以为只要是自己没做过的事，别人是拿不出证据的。他不知道，这个世界上证据是可以通过各种手段伪造的。怎样的一个人才能够经受得起被人一个一个零件地拆开来分析？接下来的几个月，韩寒将承受这一切，像"文革"一样，讨厌他的人开始疯狂地罗列"证据"，甚至不惜编造"证据"。

就目前的状况来看，一切都偏向于反对韩寒的这一方发展。这本身就是一场不公平的争论，无论如何，受害的都是韩寒。这就好比你先给人身上泼了粪，然后你说人家真臭，居然往身上抹粪，他说不是我自己抹的，你说那你证明，他说谁要证明我身上的粪是我自己抹的，我奖励他两千万。可想而知，有多少等着泼他粪的人会继续向他一边泼粪一边证明。而对于被泼粪者，无论如何，他都被泼得一身臭了，就算最终证明这个粪不是你自己抹的而是别人泼的。对于很多路人来讲，他们是不关心这个粪到底是谁泼的，他们只关心粪太臭，就像很多人不会去深究韩寒到底有无代笔，但他们会觉得代笔确实可耻。

对于泼粪的人来说，他们万事俱备，只差一个领头的。以麦田的影响力自然难担此大任，麦田只是一个守望者，相当于一个望风放哨的，是个小角色。这时候，有人听到了麦田的哨子声，适时地站出来。说韩寒一边悬赏一边删除博客文章。经常关注韩寒博客的读者都知道，这些文章是韩寒在2008年5月份出版《杂的文》的时候就删除的，因为这本书里的文章来自博客，为了保证销量删除掉自己博客里的文章实在是情有可原。有人还列举了很多"发现"，这些"质疑"韩寒都在2012年1月18日发表的《正常文章一篇》一文中进行了解释，在这里我就不再一一赘述了。

应该说，《正常文章一篇》里的解释还是具有一定力度的，文末还附了几个网友关于质疑者的漏洞和歪曲。在看到韩寒博文6个多小时以后，麦田在博客发表了《致韩寒韩仁均李其纲等人的道歉信》，文章称由于证据不足放弃对韩寒的质疑，将删除之前质疑的所有文字，并向韩寒等人道歉。

但是，直到这个时候，韩寒还是没有看清形势，至少他低估了某些人的战斗力。首先，韩寒不应该在博文里调侃某些人秃顶了，虽然这话放在其他人身上可能没什么，但是万不能拿去招惹某些人。其次，韩寒在麦田道歉后，有点喜出望外了，立即发表《超常文章一篇》。在这篇只有200多字的文章里，他仍不忘对先生的调侃："……一副不太工整的对联，上联是：'千硬万硬嘴最硬'，下联是：'东算西算是失算'。横批是由大家发挥。希望×××新年快乐，扛到元宵节晚会。"

这表明，韩寒确实是有点高兴得过头了，他大大低估了×××，他甚至以为×××坚持不到元宵节晚会，不久即会像麦田一样向自己道歉的。他哪想到，这才是个开始，甚至连头都还没有完全拉开。他又哪想到，这场打着质疑的口号的争端，会持续近一年之久，甚至永不会结束。他可能直到两个月后才明白这个道理，某些人可能是陪伴他一生的"伴侣"，就像妻子盯着丈夫在外面的一举一动一样，估计韩寒这辈子的所有事情，是逃不出某人的"虎视眈眈"了。

第二十六章　光明与磊落

真善美之间，真虽然排在第一，但一定要抱着善去求真，结果才可能美。

——韩寒2012年4月16日博文《各自万古流》

2012年4月1日，韩寒之前在博客上承诺出版的《三重门》手稿集《光明与磊落》上市。《光明与磊落》分为上下两册，上册《光明》是本200页的笔记本，只收了两首少年韩寒写的诗歌；下册《磊落》除了已出版的《三重门》的手稿，还有几十页写废了的手稿。上下两册共计将近700页，但定价只有10块钱，韩寒说："该书为致谢读者。无论是我或者出版方，均无任何收益，印刷和物流成本已超越售价。"当然，当初韩寒想出版这个手稿集，是为了证明自己的。但后来他其实也知道，这本书在构陷者那里，只会被说成是抄稿而不是手稿，他们定会开始新的一轮"证据"寻找。

首先遭到质疑的是书前韩寒新写的序言《写给张国荣》。在某些人还没有买到书的时候，就已经开始质疑了。这源自韩寒的微博。4月1日这天早上，韩寒重新启用了他的微博。其实早在2010年的时候，韩寒就开通了一次微博，但只开通了8天的时间就关闭了（关闭的理由参阅他2011年11月的博文《这事儿都过气了》）。现在重启微博，按韩寒的话说，是因为有了长微博软件的出现。其实一个多月前（2月20日），记者就发现新浪加V认证的韩寒微博出现了，韩寒当时还没发任何消息，关注的人数为0，但粉丝有74万。直到4月1日早上9点41分，韩寒才发布了他重启微博来的第一条微博，是条长微博文章，即《写给张国荣》。因为4月1日这天，是韩寒的偶像张国荣去世9年的忌日。

这条微博在发出两天后，转发量超过30万，成为新浪微博自开通以来转发量最大的一条微博。当然，作为很少写散文的韩寒，这篇散文其实写得一般，远没有他很多杂文写得好。但是，有人却说韩寒写这文章是在消费张国荣，连死人都不放过，话语很难听。接着有人通过淘宝上《光明与磊落》的介绍，发现这篇文章即是这本书里的序言，于是说这篇纪念张国荣去世的文章是早就写好了的。这话让人觉得奇怪，难道纪念文章必须当天写就。而韩寒之所以选择在4月1日这天发，自然是因为这天是张国荣的忌日，更合适。况且"光明与磊落"这个书名都是出自张国荣《我》里的歌词，这也是韩寒很喜欢的一首歌，还翻唱过。

《光明与磊落》由于定价过低，只出版了10万本，在淘宝上已经被炒到了高于原价数倍的价格。当当网保持了他们向来的打折习惯，他们打了他们史上最高的折扣九九折，也就是10元的书卖9.9元，象征性地意思意思。一上市就引起抢购。我也抢下了一份订单（后来我还是没买到，告知我货已售完，最终我室友将他买到的转让给了我）。

关于《光明与磊落》这个手稿，后来还有人说《三重门》的笔迹不是韩寒的，针对这一质疑，全国公安机关重点文件检验鉴定试验负责人、高级工程师方舟在微博发文《对韩寒〈三重门〉手稿笔迹鉴定之一》、《对韩寒〈杯里窥人〉手稿笔迹鉴定》，文中将韩寒参赛现场写的《杯里窥人》手写稿与《三重门》手稿作了比较检验，得出它们是一人所写，而并非一些业余人士所谓的非一人所写。方舟先生是文检方面国内顶尖级专家，毕业于中国刑事警察学院文检系，这是我国培养笔迹鉴定专家的唯一一个地方（一些政法院校也有类似专业，但没有中国刑事警察学院那么专业化）。

我觉得这个世界上可怕的是，很多人纯粹是因为讨厌你所以要抹黑你，而更可怕的是，我既不讨厌你也不喜欢你，只是因为为了利益所以我要搞黑你。前者的受害者，如英国女作家夏洛蒂·勃朗特的《简·爱》，故事主人公简·爱在成长道路上，无论她做得多么好，身边的人就是讨厌她，不分事实地讨厌她。这也是我们常常犯的错误，那就是我既然讨厌你，我干嘛要管你的对与错，无论你对或者错，并不改变我对你的讨厌。好在简·爱并没有因为这处境而放弃自己，终于寻找到了自己的价值。与几乎一边倒处境的简·爱不同，在韩寒这里，存在两种极端，讨厌他的人，不管你作品、做事好坏，我就是讨厌你；喜欢他的人，不管你作品好坏、做事好坏，都不能影响我对你深深的喜爱。

我认为这两者都是不可取的。对待一个人，应是从与之有关的东西出发，具体问题具体分析，即便是你喜欢的作家，他也有不好的作品；即便是你讨厌的人，他也有可取的地方。这事不同于谈恋爱，不喜欢就是不喜欢，无论对方做得多好就是不喜欢。我极其赞扬付昂的一段话："我最见不得的人，一是没有情怀的，二是没有理性的。情怀和理性并不相悖，即使偶有冲突，只要对人有情、对事言理也就是了。就我看来，理性的获取并非易事，但是若论及情，人莫能外。没有情怀，有点情趣也好；没有情趣，有点情意也好；没有情意，有点情味也好；如果连情味都没有了，如何是好？"

我希望自己能做一个情怀与理性并存的人。而事实上，韩寒就是一个情怀与理性并存的人。遗憾的是，很多人不明白这点，或者说讨厌他的人根本不去理睬这点。

具体到韩寒是否有人代笔这件事上，除了不明真相不关心真相被忽悠的网民，其他的网友是因为讨厌韩寒所以要搞黑他。

和先前不同的是，现在韩寒懒得理某些人了。因此网上出现了不少恶搞的文字、图片和视频，无一例外将某些人比喻为暗恋韩寒的单相思者，这个事件的发展越来越娱乐化，甚至到了后来，连凤姐也发微博表示愿意下嫁。然而，在这个流行娱乐的年份，却有网友认真了。2012年4月中旬，有个网友（此处省略名字）扬言如果韩寒不站出来承认自己有人代笔的事实，不向大家道歉认错，就将让韩寒付出血的代价。该网友还给韩寒身边不少亲朋好友发了死亡信件。这应该是网络时代暴民的代表了。

我曾写过一篇《从方韩之争看网络时代的暴民》的文章，放在这里正合适。

在韩寒的文章到底是不是自己写的这个问题上，明眼人或者熟悉韩寒作品的人一看便知。

有人说，质疑无罪。是的，我完全赞同质疑，但问题是，这叫质疑吗？到处是逻辑陷阱……其实网上指出质疑者逻辑错误的文章很多，但是大家都不愿意看，只是一个劲儿地说韩寒哑口无言了，韩寒道歉吧，不是自己写的就不是自己写的，像个男人一样认错吧。

看，这就是网络时代暴民的逻辑。早先韩寒曾尝试过对质疑进行解释，但这样琐碎的写作肯定会影响文章质量，于是这时候网民又有话说了：这个文章才是韩寒本人写的嘛，这么烂，这才是他真实水平，这与之前那些文章简直判若两人。

不得不说，这人真难做啊。朋友说，这次韩寒表现得不够大气，居然拿女儿发咒文章是自己写的。我说这已经不错了，要是我——明明文章是自己写的，但别人愣是要你道歉认错，并且怎么说都一副有理的样子——早急了，我他妈文章是我自己写的难道我自己不知道吗！要你说了算？

但是，按网友的意思，既然文章是你写的，那证据呢？好在韩寒当年在教室和寝室写的时候还有同学看到，好在韩寒早期的两本书还是用笔写的，还保存有将近1000页的手稿。如若是现今完全靠电脑写作的人们，真是百口莫辩。但网友又说，有人证也不行，谁知道你是不是背诵了默写呢；有手稿更不行，凭什么证明那些手稿就是你自己写的而不是别人写的？什么，是你的字迹？难道世上就没有两个字迹相似的人么？再说了，听说你的字和你父亲的很相像……

要是谁和我这么胡搅蛮缠，我直接拿手稿抽他了：得了，这些都是你写的行了吧？

事实上，如果谁提出某人的文章不是他本人写的，恰恰是需要质疑者拿出证据的。什么是证据？在写作这件事上，你要说甲的书不是甲自己写的（甲当然认为是自己写的，所以这得排除古代很多书的作者存在争议这种情况，因为没人明确说那本书是他写的），那你就找出这本书可能的作者乙，当然，乙也得承认文章是自己写的而不是甲。如果这时候甲仍然坚持文章是自己写的，而乙也坚持文章是自己写的，那好，这才到当面对质的时候。

现在的情况是，有些人说韩寒的文章不是自己写的，但他所认为的文章的作者韩仁均①并不承认那些文章是自己写的，相反却竭力说是韩寒写的，与自己无关，但这些人非要说那些文章是韩仁均写的。我想如果韩仁均是别人的话，就算文章本来不是自己写的也

① 在"质疑"韩寒的文章中，说韩寒早年的文章是韩仁均代笔，后又说是路金波代笔。最后发现说路金波代笔讲不通，就改口全都是韩仁均代笔。

很可能干脆就承认了，这多好啊，无劳而获，名满天下。但问题就在于韩仁均是韩寒的父亲，有些人就在这个关系上做文章。而这层父子关系是无法改变的，大家可以看出多么阴险。

但却有网友死缠着要求韩寒证明自己。可以想象，对韩寒来说，这是多么无辜的事情，就好比某天外出天上突然就掉下来一坨屎砸到了自己：我干嘛就这么霉运啊，那么多作家怎么偏砸中了我？

网络上开始有无知的网友赞扬这种面对官方的大无畏精神。并强烈建议双方在电视上搞一场辩论，辩论的主题是那些文章到底是不是你韩寒写的。韩寒当然不会去辩论，首先，辩论的结果能说明啥呢，输赢都只能说明谁的口才更好一些罢了，而口才和写作才能并无关系。其次，我干嘛要满足你啊，你不就是想让博客多点点击量嘛，你不就是想让微博多些粉丝嘛，你不就是想让更多的人知道自己嘛。于是，很多网友说，韩寒怂了，不敢了，这不正是心虚的表现吗？

于是，再有网友建议，把韩寒独自关在一个屋子里，用摄像头监督着，临时出一个题目让他写作。你这是在对待犯人吗？这是对写作者的侮辱，你知道不？退一万步说，假如韩寒真顶着被侮辱通过这样一种途径证明自己，可是在这种情形下，在众目睽睽之下，有谁能保证自己能正常发挥，况且，就算韩寒心理素质极好、正常发挥了，以麦田这样认为《1988》没《三重门》写得好的人的欣赏水平，照样可以说文章很烂。

说白了，质疑者就是利用了作家无法自证这样一个漏洞，再利用网民遇到这样的事情一般要求的是作家自证而不是让质疑者证明来大做文章，从而达到扩大自身知名度的目的。

第二十七章 / 韩寒的高度

　　　　没人能让所有人满意，所以让自己和你中意的人满意就可以。
你所判定的一切，也许就是你自己内心的投影。人生就是一个不断
接纳和抛弃的过程，就是一段迎接冷眼嘲笑、孤独前行的旅途。
KO不了你的，也许让你更OK，没让你倒下的，也许让你更强大。我
也将尽我所能，向在乎我的人创造各种东西，绝不向厌恶我的人解
释这是个什么东西。

——韩寒2012年4月5日博文《写给每一个自己》

　　《CQ》杂志2012年4月期公开信专栏发布了一篇冯唐先生写给韩寒的
信，题目叫《大是》，文章说："文学是雕虫小道，是窄门。文学的标准的确
很难量化，但是文学的确有一条金线，一部作品达到了就是达到了，没达到就
是没达到，对于门外人，若隐若现，对于明眼人，一清二楚，洞若观火。"从
此，"冯唐金线"成了一个网络词汇，名噪一时，互动百科上是这样解释的：

"冯唐金线，类似班门弄斧的意思，主要用以文学领域，表示一个文学水平差的人，拿着自己的线到处评论别人的文学水平。"不管某些人的文学水准如何，也不管某些人自己有没有达到这条金线，反正在冯唐先生看来，韩寒是没有达到这条金线的，他说："我尝试读过《三重门》，老气横秋，不好玩，没读下去，看了《长安乱》，翻了《一座城池》，偶尔看你的博客短文。坦率说，我不喜欢你写的东西，小说没入门，短文小聪明而已。""至于你的文章，我认为和文学没关系。"

韩寒达没达到这条金线，每个人看法不同，不是某个人说了算。某些人当然有发表自己观点的权利和理由，但理由是有问题的，因为评价韩寒的小说有没有入门和达到金线，不能看《长安乱》和《一座城池》，更不能看《三重门》。韩寒15岁开始发表文章，到跨过30岁，十几年之间，韩寒在成长，文章也在成长，作品参差不齐是很正常的。你不能拿他16岁时候写的作品去评价他的文学水平，就像你不能拿《摩罗诗力说》去评价鲁迅的文学水准一样。要评价韩寒的小说，你得看他2010年出版的《1988》，最起码也得看2009年上市的《他的国》。

如果这种"高论"发表在2009年以前，我完全没有意见，作家石康也说过韩寒之前的小说没入门之类的话，但石康是这样评价《他的国》的："我以为这本书是80后作家第一次进入文学性写作的标志。""顺便说一下，在我眼里，一本书写得具有文学性，已是很了不起的成就了，它是个人与作风格与小说历史很好地融合在一起，创造出一种属于文学的新趣味，中国的前辈作家，虽然终身写作，作品里真正具有文学性的作品又有几部呢？"很遗憾，这些人没有阅读《他的国》或者《1988》，或者读了却装着不知道。

韩寒是一个有观点、有想法、有思想的作家，虽然这些思想未必有多深刻。甚至可以就像作家麦家说的，"韩寒是一个常识作家，鲁迅也是"。但韩寒绝不仅仅是个只会玩小聪明的作家，小聪明能玩到现在这个样子，那也是大聪明了。路金波先生评价韩寒的杂文，"在他还不到30岁的时候，就到了简单、质朴、举重若轻、泥沙俱下、自话自说的境界，真心觉得是金线以上。"

这些都无所谓，最关键的是有些人作为韩寒的"朋友"，就不应该在这个当口跳出来；跳出来也就算了，还介入了抹黑韩寒这事。从这些人列出的理由中，可以看出其对韩寒的了解还是不够，一方面，没有通读韩寒的作品，尤其是没有读韩寒一些中间地带的缓冲过渡作品，所以造成了其认为韩寒文章风格前后变化太大的感觉。另一方面，这些人对韩寒如何走到了今天，走了一条什么样的路，以及韩寒这个人的性格都还是不了解，所以才造成了其不理解韩寒何以这次反应这么大，何以很少谈自己的作品。

2012年5月初，韩寒受"两岸三地和平红利论坛"的邀请去了一趟中国台湾地区，该代表团受到了马英九的接待。第二天的新闻报道中有这样一段话："马英九与韩寒初次见面握手时，韩寒看起来有点腼腆，马英九则一直说'久仰、久仰'，握手长达5秒之久，韩寒脸上一直挂着微笑，没有说话。周围的人笑成一团，还有人说，'没办法，（韩寒）太有名了。'"

当韩寒从台湾地区回来，正值前些天他为湖南卫视成人礼录制的以《远行》为题的演讲播出。在这个演讲中，韩寒回顾了自己离开学校前往北京闯荡的一段经历，他告诉年轻朋友们，化解迷茫的办法就是给自己确定一个目标，然后努力拿下。这段视频里，有个男生问："韩寒老师，如果你回到18岁，你最想做什么？"韩寒的回答非常霸气："在那年我喜欢的事我都做了，了无遗憾，我估计我回到18岁，也只是yesterday once more（昨日重来），再做一遍。"

此时，对韩寒新一轮的质疑点出现了，那就是韩寒的身高。这本来是个很无聊的话题，但有人说，一个连自己身高都说谎的人，其他地方难保不说谎，韩寒是个大骗子，其作品必然有人代笔。于是开始搜罗韩寒的各种照片，然后再以各种理论进行计算，最终得出韩寒只有一米六四，而不是韩寒对外宣称的一米七三，说韩寒出席活动穿增高鞋。于是，韩寒说：这个夏天，我都将穿拖鞋，欢迎大家来比来量。

微博上对韩寒的身高争论得不可开交，甚至还有不少人针对韩寒的身高下赌注。以一米七为分界线，死咬住韩寒只有一米六四的人当然认为是低于一米七的，赌注最低的有20万元，最高达1000万元。我觉得这些认为韩寒只有一米六四的人真厉害，居然真敢与经常接触韩寒的朋友打这个赌，他们的证据居然仅仅是凭借着几张韩寒与别人站在一起拍的照片。这些人似乎不理解拍照的时候角度不同，会造成很大的视觉错觉。

后来有些人还"认真"地分析了韩寒的运动鞋。这双鞋是金丽华送给韩寒的，韩寒穿了3年，这些人愣是把这双普通的运动鞋说成增高鞋。韩寒在出席《1988》话剧①的闭幕式上说，愿意把这双鞋送给这些人，然后隆重地祝贺这些人终于成立了"鞋教"，并恭贺有人成为鞋教教主。

后来事情发展到韩寒要被朋友叫出来量身高，这时候有人却说，还是建议韩寒别逞强站出来量，我们担心他会做傻事，因为通过一定的医学手段人的身高是可以增加七八厘米的，我们担心韩寒不顾自己身体采取这一措施。看吧，身高没有一米七就是说谎，超过了就是做了医疗处理。怎么样都占理。反正你就别想证明清楚了，你的作品有无代笔我说了算，你的身高有无一米七也是我们说了算。

2012年5月17日晚上，韩寒等人去六六（《蜗居》作者）家做客，刚到，六六等人便开玩笑要量身高，韩寒倒也无所谓，礼貌地脱下鞋和袜子（避免被"鞋教"说是穿了增高鞋或者增高袜），站着等人量。六六在微博公布了测量结果，一米七一点五。事实证明，韩寒并没有说谎，一米七一点五是净

---

① 韩寒的小说《1988》被邵泽辉导演改编成话剧，于2012年5月在上海话剧艺术中心演出，后来又于8月在北京保利剧院演出。

身高，穿上鞋一米七三很正常。但这一事实，有人是不会承认的，他们说：六六是谁，他们说是一米七一点五就是一米七一点五吗？他们的话可信吗？

后来，这件事情的发展是，一个微博号叫"人欲即天理"的人，和微博号"五岳散人"打赌20万元韩寒没有一米七，后来五岳散人请出了韩寒。于是，很明显地，人欲即天理输了，他于2012年6月29日下午发微博说："时间有限，加上准备不足（没有尺子），故没有精确测量……但以我的目测，我输的概率要大些……如果我见到的韩寒就是韩寒的话（身形相貌和谈吐与视频无甚差别，若有这么相似的替身，我也就认栽了），个人建议身高的话题，大家就不要再扯了……具体的身高，我不想表态，也不想再谈这个话题。"

6月30日凌晨，五岳散人在微博上说："我们离开后，人欲即天理找我要账号，要把款项汇过来。正在此时，韩寒再次给我发短信说：散人，我建议打赌什么的都算了，你也别让这哥们自己给自己添堵了。韩寒早上就跟我说，让我赢了也不要钱，让他们知道自己错了就是。惭愧，我一个40岁的人，不如这个年轻我10岁的人通达。"人欲即天理发微博回复："@五岳散人，您这不收钱搞得我很被动！虽然受限于时间和测试手段，未进行精确测量，但我认可你说的：'见到真人后，你就会知道165cm是多么恶心的事情'，鉴于您请出了韩寒，未让我白跑一趟，我认为还是有必要支付……"

这期间，韩寒的比赛也开始了。2011年韩寒的比赛还不错，全国锦标赛一共11场比赛，除了两次赛车故障以外，他9次登上领奖台，为上海大众333车队以及涡轮增压赛车获得了第一个全场冠军，同时也为斯巴鲁车队[①]获得了第一个年度车手总冠军。

相比去年，2012年的比赛对韩寒来说应该压力更大一些，因为已经有人

---

① 2010年拉力赛韩寒从FCACA转会到了斯巴鲁车队，这是因为FCACA车队决定自2010年起致力拓展海外赛事，对CRC的投入大大减弱。

在质疑他的赛车也是别人代开。这场"质疑"发展到现在，已经完全是无理取闹，总之，在不喜欢韩寒的人眼里，韩寒所取得的成就都是别人代替的，文章是别人代写的，歌曲是别人代唱的，就连赛车这样光天化日之下的比赛，都是别人代开的。微博上还注册了一些新号公开反对韩寒，比较著名和有意思的是一个叫"海外倒韩派联盟"的微博，该微博一开始旗帜鲜明地反对韩寒，注册该微博的人扬言要到赛场上揪出韩寒赛车是别人代驾的事实。于是此人果真去了，从后来此人的微博中，我们仿佛已经看到此人慢慢转变了看法。这件事情说明，只要你愿意了解真相，还是不难发现事实的。

韩寒每年的比赛几乎都是低起高收，2012年4月29日CTCC中国房车锦标赛第一站上海站韩寒因赛车故障退赛，到6月3日第二站珠海站的时候他就已经拿到了冠军。这场比赛很富戏剧性，排位赛拿到了第一，但正赛因为车队换胎时间延误被罚到了最后一位即第19位发车，可谓是经历了大喜大悲，幸运的是最终的比赛结果又是大喜，韩寒超越前面的18辆赛车，最终拿到了冠军。我认真看了这场比赛的视频，确实很是精彩，韩寒经常采用的超车方式是假动作，在快进弯道的时候，他先是将车的方向盘极速地向左打，造成前面的车手以为他要从左边超车的假象，于是跟着快向左防守，没想到韩寒冷不防又迅速将车极速向右打，快速从赛道右侧超越了过去。

这年年底，凭借着各个分站的积分，韩寒夺得2012年中国拉力汽车锦标赛年度车手总冠军和CTCC中国汽车场地锦标赛年度总冠军，是2012年的"双冠王"，这样的成绩在中国赛车史上还是第一次。

韩寒曾说："只有赛车才是男人应该做的。"韩寒也曾说，"参加赛车之后，我的经历变得丰富，这也是一个作家最需要的，更重要的是赛车让我的生活变得健康。"从事赛车运动不仅强健了韩寒的体魄、丰富了他的创作，也野蛮茁壮了他的个性。相信今天韩寒智勇兼备的人格魅力，一方面是他固有个性一贯发展的结果，另一方面也跟他这么多年来长期混迹在一帮非常粗豪同时又特别讲究技术细节的糙老爷们中间有很大的关系。

作为赛车手，无论是拉力赛还是场地赛，韩寒都是中国最顶尖级别的。在中国活着的车手里面，把这两项赛事都开到这个成绩的，除了韩寒，很难找到第二个。他已经是中国收入最高的车手，年薪早已突破7位数。

除此以外，韩寒的代言费也步入了明星中的最高行列。给雀巢咖啡的代言中，有报道称，韩寒的代言费已过千万。路金波接受记者采访时说："见证了一个作家成为中国代言费最高的大明星。""成龙不一定，至少比梁朝伟、刘德华、葛优、孙红雷高。"迄今为止，韩寒代言过的产品有雀巢咖啡、斯巴鲁汽车、帝王威士忌、凡客诚品。这些商家之所以找韩寒，自然是因为他巨大的影响力和商业价值。

当然，韩寒对代言的产品是有所选择的，除了产品真实可靠，还有就是代言费的多少了，按他的话说："我不靠这个生存，我出书和比赛的收入，已经足够我生活得很好。除此之外，都是锦上添花的事情，那既然是我没有必要一定要做的事，在别人愿意的条件下，我为什么不让自己的报酬更多一些？"

熟悉韩寒的人都知道，韩寒对金钱向来持"千金散尽还复来"的态度，尽管自己在衣着上从不考究，但对待朋友却很大方，他还经常以自己的方式捐款帮助他人。但这并非说，韩寒不喜欢金钱，相反，他很爱钱，但君子爱财，取之有道。他不认同"文人固穷"这句话，他认为文人就应该要富有，不然人家房地产商让你吹捧一下他们的楼盘你就写文章无耻赞扬了。只有腰包硬了，腰板才会硬，作家才有骨气。

大概写杂文的作家都有这个看法，比如李敖和鲁迅也有类似观点，鲁迅在1923年就公然宣称："钱这个字很难听，或者要被高尚君子们所耻笑，但我总觉得人们的议论是不但昨天和今天，即使饭前或饭后，也往往有差别。凡承认饭需钱买，而以说钱为卑鄙者，倘能按一按他的胃，那里面怕总还有鱼肉没有消化完。须得饿他一天之后，再来听他发表议论……钱，高雅地说罢，就是经济，是最紧要的了。自由固不是钱所能买到的，但能够为钱所卖掉。"

与前些年赛车刚起步时砸钱不同，现在的韩寒不缺钱，加之他又游离于体制之外，宽裕的经济是他自由写作的保障，"在当下中国，自由写作需要通过自身以外的东西得以拯救。也就是说，如果你想随心所欲地写点什么，首先你得能养活自己。靠公共写作吃饭的人，如学院内的学者、作家和媒体人，基本都要仰仗体制的供养。举国之下，所谓体制外、边缘者的说法，更像是一种掩耳盗铃。在这种情况下，知识分子要么躲在书斋中，在愈益精细的学科分类里消磨才智，要么曲意迎合。一个靠写作为生的人需要考虑太多东西，当然第一位还是生存。"韩寒是一个难得的例外，他几乎完全游离于体制之外，为了写文章不受体制的干扰，他甚至让体制内工作的父母都提前退休了。如果说2003年前后韩寒写作还有赚钱赛车的嫌疑，那么现在的韩寒，完全可以自由写作了，完全不再去考虑钱的问题。

当一个人桎梏和顾虑愈少，心态愈发自由，打开自己便愈多，常常便能超常发挥，达到常人所不能达到的境界。

第二十八章 / "其实我是一个作家"

　　不同的媒体有不同的性格，所以我被贴出各式不同的标签，我就像个旅行箱一样，被这样贴满。这没有办法，但我也不会去拒绝这些标签，那也显得太刻意了。车手算是，至于作家，在2008年之前，我还不愿这样自称，特别是《长安乱》之前的作品，有太多模仿的痕迹，比如模仿钱钟书等等，没有自己的风格。但2008年之后，我觉得可以称得上作家了，我的写作已经入门，自认还不错，《长安乱》之后的作品，有了自己的风格，而且没有再模仿任何人。

——2012年7月韩寒接受《北京青年》周刊专访如是说

迄今为止，人们对韩寒有多种多样的评价，如下摘录几种——

张鸣："现在的中国大学教授加起来对公众的影响力，赶不上一个韩寒。"

陈丹青："韩寒……就是做我自己，我表达我自己。我们身上奏效的那些意识在他那儿不奏效了。你拿现在各种大道理哄他吓唬他，不可能了。他在几个问题上的发言很过硬。我们这代人的人格还很幼稚，动不动就喜欢讲大概念，老一套教育又没变，所以70后、80后许多青年也遗传了我们的基因……到了韩寒他们，终于换了一套思路话语了。"

崔卫平："一个属于体制之外的人，他又能写小说，又能赛车，又能办杂志，还能写那种文章。那种文章不好写，因为某个事件大家都有感受，要把那种感受描摹出一个框架来并带来阅读的新鲜感，是很不容易的。在不止一个方面同时进展、势如破竹的韩寒，体现了一个人的丰富潜能和力量，他的独立、他的勇气、他的多才多艺。韩寒说过，他不想移民。实际上他在这片土地上找到了自己，找到了力量。需要更多的人像韩寒这样，而不是纠结于每天感到自己是一个垃圾，什么都不是，人应该成为一个有力量的个体。这是有可能的。"

梁文道："再写几年他就是另一个鲁迅，他只是少些鲁迅身上的深沉和悲剧感。"

……

细读这些评价，你会发现，他们几乎都是在评价博客韩寒，换句话说，就是公民韩寒。张鸣的评价是说韩寒博客对公众的影响力，而陈丹青的话则是从韩寒身上所体现的精神品质来讲的，崔卫平提到了韩寒的多重身份，但主要还是集中在韩寒这个人的公民品质上。引起最大争议的评价当属梁文道。我想梁文道的话之所以引起很大的争议，是因为一方面有的人把鲁迅看得太高，一方面有的人又将韩寒看得太低，于是便在这些人心里形成了巨大的落差。鲁迅在死后的相当长一段时间是被当作神来供奉的，而韩寒在不少时候被一些人看成坏小子、叛逆青年。

其实梁文道的话可以有多种解读。其一，再写几年，韩寒就有了鲁迅的影响力。如果是这个意思，我会不认同梁文道，因为韩寒现在就已经比鲁迅活着时候的影响力大了。鲁迅活着的时候远远没有他死后被当作神像供奉以后的影响大，他曾经有一段时间被他的论敌称作青年叛徒的领袖。这一点上他与韩寒倒是很像，都被人指责叛逆（虽然他们都不叛逆），都被说成是青年人的领袖（韩寒曾被媒体封为意见领袖）。但韩寒的影响力其实是比当时的鲁迅大的，当然，这是由于时代的原因。首先，现代社会识字的人大大多于那时，其次，网络等现代媒体的传播速度是那个时代的报刊无法比的。所以，如果单从影响力上说，韩寒现在已经是鲁迅了。

第二种解读：再写几年，韩寒文章上的造诣就达到了鲁迅的高度，他的作品只是少了些鲁迅的深沉和悲剧感。我看了梁文道谈论韩寒的一些视频，综合下来，我认为这种解读比较符合梁文道的本意。梁文道后来在节目里说，韩寒的杂文写得很好，和鲁迅有得一拼，但韩寒的小说没有鲁迅的深沉和悲剧感。我认同这个看法。我曾很认真地将韩寒的文章与鲁迅的文章作了对比研究，得出的结论与梁文道类似。

单说杂文，韩寒的确已经差不多可以和鲁迅平起平坐了，但由于鲁迅还是学者，韩寒没有他那样的学识，所以很少谈论文化尤其是古代文化方面的东西。但单比社会时事以及论战方面的杂文，韩寒一点也不弱于鲁迅。但如果针对散文和小说而言，目前的韩寒是比不过鲁迅的，因为韩寒的小说缺少鲁迅小说的"深沉和悲剧感"，比如鲁迅的很多小说，尤其是散文诗《野草》，文字里具有浓浓的悲剧美。韩寒有点这方面倾向的小说是《1988》，但这美缺乏一气贯通，甚至有的地方有点刻意，没有鲁迅来得那么自然。所以，总的来说，韩寒要成为另一个鲁迅，还得再写几年。

当然，兴许韩寒对此并不感兴趣。他只要做他自己就好，他才不想成为另一个谁。况且，这个时代不可能再有鲁迅，这个时代有个韩寒就已经很不错了。毕竟时代不同了。而韩寒的文章之所以缺乏鲁迅的那种悲剧美，主要也是时代的原因。这个时代虽然也有无数的悲剧，韩寒虽然也写出了《青春》这样悲悯的散文，但比起鲁迅所处的时代，除了作家，不少人都应该感到幸福了，毕竟我们还吃得饱穿得暖。韩寒对未来还是抱有希望的，他没有鲁迅那么悲观，断不会发"铁屋子论"什么的。另外，还有韩寒个人的原因。我认为，一个能写出悲剧美文字的作家，他身上必然具有一点诗意，韩寒虽然过着一种随意的生活，但他不喜欢诗，他很早就讽刺诗，他专横地将诗排斥在了他的门外。这是一个遗憾。

当然，这也没有什么可遗憾的，成为一种什么便注定你不能成为另一种什么，不能什么都让你一个人占了。况且，韩寒一个人还占了那么多身份，他是畅销书作家，是冠军赛车手，是意见领袖，还出过专辑，办过杂志，上过《时代》，做过"思想家"（2010年年底被美国《外交政策》评为年度"全球百大思想家"）。人们给他冠上了这么多的身份，不管他自己同不同意。那么韩寒自己认可的身份有哪些呢？有赛车手，这是无可置疑的；有公知，以前不同意，后来认可了。至于作家，在相当长的一段时间里，韩寒都称自己是"作者"，直到2008年以后他才改称自己是作家，这件事大概发生在他的小说《他的国》上市以后。那么，韩寒的自我认同是什么，或者说韩寒最希望被大家认可的身份是什么？还是作家。

韩寒先前之所以一直称自己是"作者"，那是因为他对作家这个身份太看重了。和冯唐先生类似，作家在他心里也有一根金线，那是他自己的金线，他不拿它去丈量别人，但是他却用它丈量自己。在2008年以前，他认为自己是达不到这根金线的，他觉得称自己是作家那是对作家这个称号的亵渎，就像他在去参加《萌芽》"新概念"十周年纪念活动上说的："当代活着的写书的，能被称为作家的没有几个。"

在2010年上映的贾樟柯的纪录片电影《海上传奇》里，韩寒说："有一天，我拿到了一个我自己终于中意的赛车总冠军以后，我一定会很高兴地向大家宣布：其实我是一个作家。"这话有些《喜剧之王》里"其实我是一个演员"似的幽默调侃，但我认为这却又是最真诚严肃的。正如同电影中周星驰渴望别人认同他演员的身份，韩寒其实也希望别人叫他作家。但遗憾的是，人们却更爱给他冠以"意见领袖"这样的名号，韩寒说："哪有什么意见领袖，我其实希望自己是一个纯粹的作家，甚至艺术家。这么说可能挺装×，但事实上，在大部分国家，艺术家就是扮演着对公共事务参与和发言的角色。但是由于我们的特殊国情，导致你如果对此发言了，是左右不讨好的。向着官方，你就成了五毛和御用文人，不向着官方，你又往往会变得有些敏感，很多事情会遇到很多阻力。所以大部分国内的作家选择避而远之。参与公共事务不是不务正业，而是大部分男性艺术家的天性使然，这也会帮助他写得更好。"

2008年以后，韩寒之所以自信地承认自己是作家，不是因为他赛车拿到了总冠军，这个他在2007年就已经拿到了。而是因为，从2008年以来，他确实写了不少高质量的杂文，2009年年初还出版了小说《他的国》，他已经达到自己心里的作家标准了。2010年他又有了《1988》。为了写这本书，我又看了一遍《1988》和《他的国》，这是我第三遍看它们。我认为，就算韩寒今后不再出作品了，单就这两个小说，韩寒就已经在新世纪文坛上留下了自己的身影。我将这两个小说与昆德拉的《身份》进行比较——《他的国》和《1988》的篇幅和类型都与《身份》类似——它们一点也不输给《身份》。《身份》也算是昆德拉主要的作品之一了。当然，昆德拉最重要的作品是《不能承受的生命之轻》。好在韩寒还很年轻，昆德拉在28岁才开始写小说呢。

遗憾的是，由于韩寒本人名声太大，远远盖过了其作品的名声，因此人们并未注意到这两部小说的价值。还有一个原因，中国是一个讲究传承的社会，儿子娶媳妇是为了传宗接代，作家创作自然也要传承上一辈作家的衣钵。很多人说他们在韩寒的小说中没有看到这个传承。我不否认，我们讨论一个作品的价值的时候，是要放在一定的文学传统中去评价。但这并不意味着，作家就要一味地继承传统，一个伟大的作家，一定要打破传统并开创一些前所未有的东西，至少他应该是有所创新的，对文学的发展是有所贡献的。目前还不能说韩寒就是一个伟大的作家，但韩寒正在朝着这个创新的路子上走，连学院派也不敢否认"假设他是在探索某种超现实的创作思想""韩寒在探索新的小说写作技巧""可能他会成就出某种新的'成人寓言小说'"。

时代不同了，我们不能以传统作家的小说来要求韩寒。中国现当代作家队伍里，虽然也有一些人尝试着写现代后现代的风格，最显著的例子就是王小波先生。但这毕竟是极少数，对于绝大多数作家而言，他们写的其实都还是传统的现实主义风格。这是由中国的社会现实影响的。老一辈的作家，大多出生在农村，即便在城市出生的，也经历过"文革"，下过乡，遭受过不少苦难。这些经历成了他们人生的一笔财富，但也成了很多人创作的一个桎梏，那就是，他们忘不了过去，提起笔写的都是现实题材。这与同一时代同一年代的西方是脱节的。这时候西方作家的创作，几乎都不约而同地进入现代或者后现代了。这是因为，他们的社会生活优裕了，作家也没有经受过太大的磨难，养尊处优，只能写他们这样的生活，便需要在手法上创新，于是出现了《追忆逝水年华》这样的作品，出现了《寒冬夜行人》这样的作品。

中国的社会比西方大概滞后了50年，50年后的今天，也就是他们的昨天了。韩寒等人正是在这样的背景下成长起来的一代，相对来说，他们没有受过什么苦难，很顺利地走到今天。韩寒虽然出生在农村，但作为20世纪80年代上海的农村，经济条件也还马马虎虎。但韩寒身处在这样一个国度，其实与西方早在几百年前就经过民主启蒙的社会还是有极大的差异的，一方面是经济上大致达到了他们50年前的样子，一方面人们的觉悟却还停留在他们200年前的时代。这是一个滑稽的时代。这样的社会更像几十年前的拉美国家，因此韩寒写出《他的国》这样的具有"魔幻现实主义"的小说就不足为奇了。我们这个时代确实挺魔幻的。

因此，其实韩寒正在更新着中国小说创作的传统，也更新着人们话语表达的方式，"韩寒这一代人或者他所代表的这些人是旧时代的掘墓人。"一个新的时代正在向我们走来，在新的时代里，你不能要求还是旧的时代文学。

对韩寒而言，他对自己的小说比杂文更加看重。然而，在大多数读者眼中，他的杂文的光芒是要盖过小说的。他因小说《三重门》在中学生中声名鹊起，但又因为他这些年来的博客杂文，打通了各个阶层，真正实现了声名大振。人们更热衷于讨论的是他的杂文，或者说写杂文的韩寒。韩寒身上的很多标签，皆因杂文而起。

据说一个人少年和童年时代所受的影响会伴随着他一生，小时候看金庸看古龙的步非烟成了一个武侠作家，小时候看琼瑶看张恨水的郭敬明成了一个言情好手，小时候看鲁迅看李敖的韩寒则成了一个杂文高手。韩寒的杂文与鲁迅的有很多相似，韩寒与李敖的杂文却有很多不同。

我是这样看的，写杂文和小说的李敖更像是一个评论家，而不是作家，他的很多杂文有理有据，旁征博引，博古通今，但却缺乏文学的趣味性，没有鲁迅和韩寒的杂文那么酣畅淋漓。李敖与韩寒关注的重点不一样，李敖偏向于怎么把一件事说清楚，怎么辩倒对方并说服对方，所以他会给你不厌其烦地摆事实说道理。韩寒则不然，韩寒考虑的是如何将文章写得更有趣更耐看，他曾说："写文章最重要是文笔，其次是想法。"

有的知识分子拿作家韩寒去分析公知韩寒，淡淡地丢下一句：韩寒所言，皆常识而已。常识作家也是作家。复旦大学严锋教授说："在现实中要获得常识，不仅需要勇气，更需要智慧。"但知识分子想在韩寒的文章里了解一点自己不知道的，或者说获得学术上的启发，那我只能说你们找错人了。韩寒不是学者，更不是前沿学者，正如韩寒说的，你抱着看战争片的态度来看文艺片，无论人家片子拍得多么好，你都会觉得不好。

事实上，知识分子也不需要具体的某个人启发，只需要那些高端的学术著作启发就行了，而世界上从来不缺这样的著作，只是你不愿意去看。你既希望有看文学作品一样的轻松，也希望了解一些世界前沿思想，哪有这么简单的事。况且，如果韩寒是那样的一个韩寒，那就不是韩寒了，那就是另外一个人了。悲哀的是，现在中国缺少这另外一个人，所以大家希望韩寒能够把这"另外一个人"的活也一人干了。这是不可能的，牛可以勉强当马骑一会儿，但牛终究不是马。

学院派认为韩寒的杂文写作算不上"硬"和有分量，写的全是常识，但还是承认了一点："韩寒的语言特色，正是一般意义上的知识分子很难做到的……嬉笑怒骂皆成文章的文风，去此久矣。很多人也因此把韩寒看作'鲁迅转世'。"这才说到了点子上。韩寒博客引起这么大的关注，与他的文字技巧有很大的关系。韩寒创作非常重视文字，年少的时候甚至说文学就是文字的学问，他早期的写作对自己的要求是每段文字都要出彩。这个"彩"，通常就是比喻修辞。韩寒未学过修辞学，但钱钟书、梁实秋等人就是他早期最好的老师，因为他们也很爱比喻。柏拉图曾不遗余力地批评修辞学，他的学生亚里士多德却坚持为修辞学正名，亚里士多德认为正确而精彩的表达方式是获得和阐述真理的重要条件。韩寒的杂文可谓是对这一观点的有力佐证。

当然，韩寒不全是这种嬉笑怒骂的杂文，他也有温情悲悯的杂文，这样的篇章虽然不多，但几乎都很经典，比如《青春》《来，带你在长安街上掉个头》《我所理解的生活》等。复旦大学的谢佑平教授对这些博文是这样评价的："读韩寒的博文是一种享受，文章从小处着手，娓娓道来，叙议结合，观点鲜明；平实中有起伏，波澜中有浪花。最让人着迷的，是不经意间在文字背后透出的玩世不恭舍我其谁的态度和自信，是若隐若现的唯有年轻人才具有的朝气和灵光；是内心深处流露的爱憎和对美好生活人类真理的向往。"这个评价是很中肯的，因为他把韩寒当作了作家。

韩寒的成功，首先在于他是一个作家，他表达幽默有趣，文章比很多人要写得耐看。很多人之所以认为韩寒的写作与文学无关，甚至把韩寒完全当作"公知"评论，是由于韩寒不是大家所理解的一般意义上的传统作家，因为中国的作家们都不怎么关心时事政治。这给人们造成一种假象，仿佛作家就应该是这样，不问世事，不要"折腾"，安静写作。其实不是的。再前推几十年，你看五四时期那批作家，他们其实也是很关注社会时事的。再与西方作家进行对比，连学院派都说："中国当代作家成熟的政治意识和现代公民意识的觉醒，往往是模糊的和若有若无的……如果一定要比较当代作家和西方作家的实质区别，我个人以为这一点可能是很核心的区别……与他们相比，韩寒的杂文让我感受到了作家中少有的一种精神强健和自信。"因此，与其说韩寒与传统作家不符，不如说他是向传统作家的回归，他做了一个作家本应该做的分内的事。

韩寒说：

> 无论时代如何的变更，我只是一个文人。我之所以写下很多批评，不是因为我有心从政，只是因为我是一个文人，否则总感觉配不上这两字。我将不依附任何个人或势力，不追随任何政党或权力，无论一切权势看上去多好或者闻上去多臭，我都不会吃上一口。

韩寒是一个真正的文人。

第二十九章／三十岁

蒋方舟：对于想成为你的年轻人来说，你的人生路上最不可复制的经历（或者阶段、拐点）是什么？

韩寒：我不是唐骏，我的人生不能复制。当然，我也不会很做作地告诉他们做自己就好。我觉得生命就是一场歪打正着，我都已经忘记自己曾经是歪在哪儿了。

——2010年《CQ智族》九月刊

《独唱团》杂志编辑部解散后，成员并未离去，因为每个人都会一样乐器，他们便组成了一支乐队，叫亭林镇独唱团乐队，韩寒担当主唱，吉他手是青年作家小饭和马一木，其余各人玩转别的乐器。这可能是中国第一支作家乐队了，乐队的成员就是原先的编辑，几乎都是作家，至少都写过文章。事实上，韩寒曾经出版的音乐专辑《十八禁》，也是一张作家专辑，里面的每一首歌词都代表着他对这个世界的理解，是解读韩寒的一条捷径。

乐队成员常常聚集在一起排练，被描述成过着《老友记》里人物一样的生活。我想到的却是《在路上》的作者杰克·凯鲁亚克和他的朋友们一样的生活。韩寒名义上是他们的老板，但其实大家私底下都是很好的朋友，练练歌，玩玩《使命召唤》，相约出去踢踢足球，打打桌球，拍拍乒乓球。和韩寒过过招的朋友说，韩寒游戏打得不错，球踢得也挺好，桌球这些年来进步非常，但乒乓球就一般。

2012年6月份乐队接到了一个新活：与腾讯网合作办电子杂志。于是在亭林镇独唱团的微博上有了这样的介绍："韩寒的屌丝朋友们之公用账号。主业是音乐，副业电子读物《一个》，地址http://hanhan.qq.com，每天上午8点更新。"电子杂志分为两个部分，主体是《一个》，即电子杂志；另一个叫《韩寒》，是韩寒的动态新闻，相当于韩寒精装版的非官方网站。至于《一个》，他们希望办成一份——聚焦当下，力图在纷繁复杂的世界里，为读者挑选"一个"报道，"一个"评论，"一个"文艺，"一个"问题的电子杂志。杂志的宣传语很性感："复杂世界里，一个就够了。对待不停涌现的热点，我们不强调速度而强调有趣的视角；对待海量资讯我们不强调数量，而强调文章的质地；对待纷繁万象，我们不强调浅尝辄止，而强调慢速的纵深的阅读。"《一个》延续了当年《独唱团》杂志的风格，所选的文章也好，新闻也罢，都比较注重趣味和情怀，很文艺，不过它们大多不再是原创，是从其他报纸杂志上选出来的。当然，延续最多的是"一个问题"，这直接脱胎于《独唱团》"所有人问所有人"，这也是这个电子杂志中我最喜欢的部分。

韩寒重回到了他正常的生活工作状态，只是相比以前更加勤奋了，微博上每隔几天就有更新，几乎都是长微博发的正儿八经的文章。有人说，韩寒把微博当博客使用。当然，韩寒也转发，但转发极其稀少，韩寒说：因为我一时半会儿不知道别人说的是真是假，等到研究清楚后，这事又过去了。我在想，假如韩寒也像别人一样任意转发，以他微博的影响力，不出一个月就足以把某些人搞臭。但是，从长远来说，这是不可取的，就好比越往后发展，越来越多的人渐渐明白了事实真相一样。况且，这不是韩寒的风格。况且，韩寒已经不打算理睬这些人了，且让他们玩去吧。

韩寒在微博上发了不少文章，有几篇写得相当不错，比如《写给每一个自己》《来，带你在长安街上掉个头》《我所理解的生活》。这些文章在微博发表的同时，博客上也贴了出来，有细心的网友说经过韩方争议，韩寒的影响力大不如前了，你看，现在博客每篇文章的点击量都没以前高了，不少文章连百万都没过，而这在之前是轻而易举的事情。很显然，这些网友忽略掉韩寒微博的读者了，因为很多人已经在微博看了文章，博客里的点击量自然就相应地减少了。韩寒每篇长微博的转发量动辄一二十万，很多人是只阅读不转发的，阅读量至少得在这个数字上乘以5。所以，其实阅读韩寒文章的人是增加了。

这也算是韩方争议事件以来客观上对韩寒的一个好处。《光明与磊落》《青春》都登上了排行榜的第一、二名，包括以前的作品，像《三重门》《零下一度》《1988》等，销量也都不同程度同比增加，尽管不少买书阅读的人是来找茬的。而且对韩寒自身来讲，历经这次，他变得更加强大和成熟，正如袁敏所说："韩寒在成长的路上总有这样那样的声音，但总的来说还是比较顺利的，我觉得这个挫折来得晚了一些，再早一些出现的话，韩寒会更成熟得早一些——当然他现在也挺成熟的，但挫折和磨难还是少了一些。"

我想袁敏所说的成熟，一个是指思想上的，一个是指作品上的。对于韩寒而言，思想上已经比较成熟了，但作品其实还是不够成熟的，尽管我一再赞扬《1988》是韩寒最好的作品，但《1988》也谈不上深度的成熟，它所缺少的这个"深度"，就是因为"磨难"还不够。很多东西人类可以通过学习获得，不少事物人们能够凭借天赋领悟，但经历是别人没有办法给你的，还得靠自己去经历。韩寒小说中所缺少的，或许就是这个磨难吧。相信通过这次，他以后的小说会越写越好，创作的态度会更加严肃认真，他自己也说：

> 我也增加了很多的经验值，我看到了很多的人情冷暖，我看到了很多的世事沧桑……我以前写文章有很多缺点，比如说我写小说，我会把人物描写得很简单，好就是好，坏就是坏，好坏之间的转换也只是像好莱坞的那种商业片的转换，人的性格都很浅。那我想经过这一次，我写小说将有很多不同。

他也很清楚别人何以不满意他："很简单，为什么人家会觉得你韩寒如何如何，就是因为你的名字和你的作品分量没有画上等号，因为你个人带来的争议、个人的名声超过了你作品的名声，所以会有很多人怀疑。那很简单，你要做的事就是把这两者画上等号。"

经历此次，韩寒在创作上态度更加认真严谨，他后来在微博上说："现在觉得好的小说应更加纯粹，描述每一种世界之大，探寻每一枚人心之复杂，要贴着现实，但不能黏着现实，要控制自己的叙述而不是一味控诉，小说里的人物是你穿透世界的面具，而不是批判世界的道具，更不是承载段子的玩具。不能把大量的时事评论和社会热点放置其中，那些是杂文新闻和微博论坛要做的事。在写《1988》时开始意识到这些，反思和进化中，没想透之前不会随手将就一本。朋友们就不用再催促新的长篇小说了，后会无期。"他越是这么说，就越是让我们对他的下一本小说充满期待。不缺钱不缺名的韩寒，缺少的其实是一本厚重的小说，《1988》虽然可以，但还谈不上厚重，还不足以与韩寒的名声画上等号。有了这些认识，相信韩寒离诞生厚重小说的日子已经不远了。让我们拭目以待。

从十几年前开始，韩寒就不断向人证明自己，第一次是向体育老师证明自己的长跑能力，然后他进入了松江二中；第二次是向同学们证明自己不是"差生"，他动笔写作《三重门》；第三次是向新概念证明自己的写作能力，然后去复赛并拿了一等奖；第四次是面对媒体对他赛车玩票的质疑，他死磕赛车直到一次又一次地登上冠军领奖台；第五次，这一次，他面对了更大更难的证明题，别人说他当年的《三重门》是抄的，比赛文章是假的，他的赛车比赛是别人代开的，他的音乐专辑是别人代唱的，他的身高也是假的，总之，他整个人的一切都是假的，他以前所有的对自己的证明都是假的。至此，韩寒得重新证明以前的证明，也就是证明的二次方。这将是一条艰难而长远的证明之路，但证明的方法其实也很简单，就是不停地写，一直写，写出更好的作品，写出让质疑者心服口服的作品，写出轰动文坛的作品。

试想，倘若有一天，韩寒获得了诺贝尔文学奖，如果有人再说韩寒获得诺贝尔奖的作品是别人代笔的，你还会相信吗？一个枪手的作品要是也能获得诺贝尔文学奖，那这可真是一个神枪手了，而且这个神枪手还不会跑出来说其实东西是我写的，那这个神枪手简直就是普度他人的神啊！

所以，不必着急，时间将是最好的证明。

后 记

1. 韩寒教会我最重要的东西就是独立思考。

2. 我只是韩寒的一个读者，我不认为自己是他的粉丝，如果说"粉丝"就意味着对偶像的一味支持。读完全书，你会发现我对韩寒的一些观点也不认同。

3. 我从12年前开始读韩寒的书，是读着韩寒的书长大的。在我阅读的岁月里，他也在成长。我对韩寒的认识先后经历了感性、理性等阶段，到现在由于自身专业的原因，可能上升到了一点理论。

4. 这本书二稿写完后有30万字，两年里，出版颇费了一些周折，几经修改，几番删改，剩下20万字，是为定稿。

5. 在写作过程中，我务求事事有出处，不虚构、不捏造，仔细核对资料，在客观事实的基础上进行评点。本书的主要任务是描述韩寒是如何一步一步走到今天的，还原一个真实的韩寒，而不是造神。

6. 为了写这本评传，我除了一遍遍读韩寒的书（包括已出版、未出版、所有公开过的博文），还参看了几乎所有与韩寒有关的新闻报道，阅读了现在已出版的几乎所有写韩寒的书。原本，但凡引用的地方我都加了注释，我虽然做的不是学术，却在用学术的道德要求自己。但编辑考虑到，一本书几百个注释太繁了，会影响读者阅读。因此才删去了大部分注释，只列了一个"征引书目"名单。对它们的作者表示感谢。

7. 此外，本书在出版的过程中，得到了疏桐女士，北京的张老师，陕师大的李跃力老师的鼎力帮助，没有他们，这本书出不来。借此机会向他们表达我万分的感谢。

最后陈述一下，本书写作过程中征引了如下资料：韩仁均先生的《儿子韩寒》；王帆先生的《韩寒H档案》；方肇先生的《韩寒最好的年代》；L. A. W先生的《谁制造了韩寒？——关于韩寒的对话》；韩寒所有的书（包括已出版、未出版、所有公开过的博文）；各种报纸、杂志、网络上写韩寒的文章和对他的报道。